MERIAN *momente*

KÄRNTEN

CHRISTIAN EDER

W0172732

KÄRNTEN ENTDECKEN 4

KÄRNTEN ERLEBEN 20

KÄRNTEN ERKUNDEN   58

Bergwelt
Großglockner   Die Nockberge und   Das Lavanttal
               Kärntens histor. Kern   und Ostkärnten

Drau- und Lesachtal   Rund um den
                      Wörthersee
                   Das Rosental und
                      Südkärnten

TOUREN DURCH KÄRNTEN   152

KÄRNTEN ERFASSEN   166

KARTEN UND PLÄNE

Die Antoniuskapelle auf der Moharalm, Etappe auf dem faszinierenden Alpe Adria Trail.

KÄRNTEN ENTDECKEN

MEIN KÄRNTEN

Ein gastfreundliches Land im Herzen Mitteleuropas mit den meisten Sonnenstunden Österreichs, herrlichen Bergen, kristallklaren Seen, beschaulichen Städten und aufgeschlossenen Menschen stellt sich vor.

»Papa, da ist ein Nest« – meine Tochter kommt ganz glücklich zu mir gelaufen. Sie hatte ein Nest mit Heidelbeeren gefunden, das Eingang finden sollte in den Kuchen, den meine Frau in der Zwischenzeit vorbereitet hatte. Nest war vielleicht etwas übertrieben: Vereinzelt hängt eine Beere an einem Strauch, den andere Heidelbeersucher nicht komplett abgeräumt haben.

Aber ein Töpfchen voll haben wir bereits gesammelt, also wird ein Kuchen daraus, den meine Frau in ein paar Stunden aus dem Holzofen holt. Noch warm wird er dann auf der Holzbank vor unserer Almhütte gegessen, mit einem frischen Glas Milch, das wir beim Bauern nebenan geholt haben. Idylle pur.

◄ Der mühsame Berganstieg wird mit einer
zünftigen Jause auf einer Hütte belohnt.

Wir sind auf einer kleinen Alm in den Nockbergen, im Herzen Kärntens: Eine Woche Natur haben wir uns gegönnt, weitab von Arbeit und Schule, auf 1400 m Seehöhe. 20 Minuten mit dem Auto vom nächsten Supermarkt entfernt. Dort haben wir vor unserer Anreise eingekauft, ansonsten ernähren wir uns von Pilzen, Beeren und klarem kalten Brunnenwasser.

EINFACH SCHÖN

Urlaub auf einer Alm in Kärnten, das ist ursprüngliches Leben mit Wanderungen, Holzhacken vor dem Haus, einem Plumpsklo, morgendlichem Zähneputzen am kalten Hausbrunnen, am Abend Uno-Spielen beim Licht einer Petroleumlampe. Aber vor allem ist es viel Natur, viel Panorama mit den Karawanken, der Villacher Alpe und der Gerlitzen im Hintergrund.
Ferien in einer Almhütte in den sanften Nockbergen ist nur eine der Facetten eines Urlaubs in Kärnten: Am Morgen kann man im warmen Heilwasser einer der Thermen entspannen, mittags in einer Mostschänke auf eine Jause einkehren, am Nachmittag über den Wörthersee surfen oder einen Burgberg besteigen und am Abend bei einem Bummel durch die Altstadt von Villach oder Klagenfurt mediterranes Flair genießen.
Kärnten bietet noch mehr: Es ist die südlichste Region Österreichs und historisch ein Gebiet, in dem schon die Römer ihre Spuren hinterlassen haben. Später kamen die Bajuwaren und Slawen, bis das Land ein Teil der Habsburgermonarchie wurde. Die slowenische Minderheit, die hier lebt, trägt neben Einflüssen des nahen Friaul zum multikulturellen Flair der Region bei.

SÜDLICH GEPRÄGT

Vor allem ist Kärnten ein gastfreundliches Land: Geprägt von der südlichen Seite der Alpen, von der Nähe zu Italien, von einem milden, niemals besonders alpinen oder kargen Klima, versprühen die Kärntner Wärme in ihrem Umgang mit Fremden. Der Hotelier oder Pensionswirt hilft einem gerne mit Tipps auf die Sprünge, wo man essen oder ausgehen kann; mit dem Carinthischen Sommer in Ossiach hat Kärnten ein Musikfestival, das zu den renommiertesten in Österreich gehört und mit dem Stadttheater Klagenfurt eine der bekanntesten Theater- und Musikbühnen Österreichs. Volksmusik und Heimatverbundenheit feiern fröhliche Urstände, heißt es doch, dass, wenn sich drei Kärntner treffen, sie sofort einen Chor gründen. Leider bringt das mit sich, dass die Heimatverbundenheit manchmal in Deutschtümelei abrutscht. So wurden bei den Ulrichsberg-Treffen, die an den Kärntner »Abwehrkampf« erinnern sollen, schon Personen aus dem weit rechten Lager gesichtet. Und dem verstorbenen Kärntner Landeshauptmann Jörg Haider war ein Hang zu nationalem Gedankengut wohl nicht abzusprechen.

Bei manchen Dingen muss man aufpassen: Man sollte die Kärntner Politik am besten nicht erwähnen und auch nicht, dass die vor allem blau und später orange dominierte Regierung von Haider und seinen Erben das Land fast in den Bankrott getrieben hat. Für den milliardenschweren Schuldenberg, der durch die Turbulenzen der Landesbank Hypo Alpe Adria angehäuft wurde, haftet inzwischen der österreichische Steuerzahler. Und auf keinen Fall sollte man in Villach allzu sehr Klagenfurt loben und umgekehrt. Denn diese unterschwellige Rivalität zwischen der Landeshaupt- und der zweitgrößten Stadt tritt nicht nur am Villacher Fasching – der wichtigsten der traditionellen Karnevalsveranstaltungen – zutage.

MULTIKULTURELL

Ein drittes Thema, mit dem man vor nicht allzu langer Zeit noch ins Fettnäpfchen treten konnte, ist inzwischen nicht mehr wirklich ein Thema: der Umgang mit der slowenischsprachigen Minderheit. Zwar gab es auch hier über Jahrzehnte hinweg Deutschtümeleien und Ausgrenzungsversuche, die sich im »Ortstafelstreit« manifestierten: Damals wurden doppelsprachige Ortstafeln von einigen Ewiggestrigen demontiert. Schlussendlich können die Kärntner inzwischen gut mit ihrer Minderheit leben. Nicht nur das. Inzwischen sind sie sogar stolz darauf, ein multikulturelles Land zu sein. Das sieht man bei einem Spaziergang durch Villach oder Klagenfurt allein beim gastronomischen Angebot: von amerikanischen Fast-Food-Ketten über Döner-Buden und Sushi-Bars bis zu italienischen Eisdielen und Pizzerie. Im Kontrast dazu wird die traditionelle Kärntner Küche gepflegt, wie sonst kaum in einem österreichischen Bundesland. Kärntner »Kasnudeln« und einen »Reindling« gibt es häufig, die Villacher »Kirchtagssuppe« ist nicht nur am Villacher Kirchtag, der größten Brauchtumsveranstaltung Österreichs zu finden, und auch der Kärntner Wein findet neuerdings Anhänger. Die Genussregionen in Kärnten haben einer Reihe alteingesessener Produkte wieder zur Verbreitung verholfen: von der Jauntaler Salami über das Nockalmrind bis zum Carnica-Bienenhonig. Irgendwie hat man in Kärnten alles, was man begehrt – abgesehen vom Meer: Kletterer kommen in den Hohen Tauern und in den Karnischen

Alpen auf ihre Kosten, Wanderer in den sanften Nockbergen, der Saualpe oder den Karawanken, Familien und Wassersportler an den Kärntner Seen und Kulturinteressierte rund um Villach oder Klagenfurt. Und in jedem Eck des Landes gibt es etwas zu entdecken: vom romanischen Gurker Dom über die wildromantische Tscheppaschlucht in den Karawanken bis zur Kunststadt Gmünd.

ULTIMATIVES KÄRNTEN-FEELING

Die Berge sind auch für Nicht-Wanderer (über die Großglockner-Hochalpenstraße, die Villacher Alpenstraße, die Nockalmstraße oder zahlreiche Seilbahnen) bestens erschlossen, und von oben hat man immer einen besseren Blick auf das Ganze. Ein herrlicher Kontrast dazu sind die Kärntner Seen, die fast alle mit ihrem kristallklaren Wasser locken, manchen davon, wie dem Millstätter See, sagt man sogar nach, dass sie durch ihre positiven Schwingungen noch etwas mehr zur Balance beitragen. Übrigens: Baden kann man in den Kärntner Seen nicht nur im Sommer: Einige Hotels bieten ein beheiztes Schwimmbad mitten im See an.

Zu welcher Jahreszeit soll man nun nach Kärnten reisen? Natürlich ist es an den Seen im Frühling und Sommer am schönsten. Schwimmen, Segeln, Surfen, den späten Nachmittag an einer Bar am Wasser verbringen, ist vielleicht das ultimative Kärnten-Feeling. Dem steht im Sommer und Herbst Wandern oder Klettern am Berg gegenüber, eine Jause auf einer Almhütte oder eine Tour im Nationalpark Hohe Tauern. Und im Winter kann man Skifahren, Snowboarden oder Eislaufen auf einem der dann zugefrorenen Gewässer. Und das ganze Jahr locken Thermalbäder mit heilkräftigem Wasser und die Theater und Museen von Klagenfurt oder Villach.

Es ist all das zusammen, das Kärnten so besonders macht: Einerseits der höchste Berg Österreichs, andererseits kristallblaue, klare Seen, die einen an einem strahlenden Sommertag fast an die Karibik erinnern. Als Krönung ein Kuchen aus selbstgepflückten Heidelbeeren auf einer Alm mit den Nockbergen mit einem Blick über eine grüne, noch weitgehend natürliche Landschaft. Was will man mehr?

DER AUTOR

Christian Eder, im nahen Salzburg geboren, ist Reise- und Weinjournalist. Nach Kärnten kommt er seit vielen Jahren zum Wandern, Klettern oder Golfspielen, aber auch, um mit der Familie Ferien am See oder auf der Alm zu verbringen. Es gibt immer wieder etwas Neues zu entdecken, wie die Süd- und Ostkärntner Täler, in die sich noch selten Touristen verirren.

MERIAN TopTen

Diese Höhepunkte sollten Sie sich bei Ihrem Besuch auf keinen Fall entgehen lassen: Ob Wörthersee, Burg Hochosterwitz oder der Nationalpark Hohe Tauern – MERIAN präsentiert Ihnen hier die wichtigsten Sehenswürdigkeiten Kärntens.

1 Lindwurmbrunnen, Klagenfurt
Einst hauste der Drache im Klagenfurter Sumpf, seit fast 500 Jahren ist der wasserspeiende Lindwurm das Wahrzeichen Kärntens (▶ S. 63).

2 Wörthersee
Die »Riviera Österreichs« mit ihren eleganten Villen, den mondänen Promi-Treffs und dem kristallklaren Wasser lockt Jahr für Jahr zahlreiche Besucher an (▶ S. 70).

3 Terra Mystica, Bad Bleiberg
Die Welt des Bergbaus lässt sich in einer der ausgedehntesten Minen Europas entdecken (▶ S. 87).

4 Weissensee
Kärntens höchstgelegener Badesee ruht in einem herrlichen Landschaftsschutzgebiet. Im Winter ist er ein Refugium für Eisläufer (▶ S. 92).

5 Nationalpark Hohe Tauern
Das größte Naturschutzgebiet der Alpen erstreckt sich über die Bundesländer Kärnten, Salzburg und Tirol (▶ S. 105, 180).

6 Großglockner Hochalpenstraße
Dem höchsten Berg Österreichs kann man sich über eine der schönsten hochalpinen Bergstraßen der Welt nähern (▶ S. 106).

7 Burg Hochosterwitz

Sie ist das Musterbeispiel einer uneinnehmbaren Ritterburg und hat schon Walt Disney im Jahr 1950 zu seinem Märchenfilm »Cinderella« inspiriert (▸ S. 112, 115).

8 Gurker Dom, Gurk

Der von der Kärntner Landesmutter, der hl. Hemma, gestiftete Dom beeindruckt durch seine romanische Schlichtheit (▸ S. 118).

9 Nockalmstraße

Durch den Nationalpark hin zu sattgrünen Almen, stillen Bergseen und duftenden Speikwiesen. Dazu gibt's Bauernhof-Eis und Heilbäder (▸ S. 113, 128).

10 Stift St. Paul, St. Paul im Lavanttal

Die »Schatzkammer Kärntens« glänzt mit einzigartigen Inkunabeln, Druckwerken, Kirchenschätzen, Münzen, Medaillen und kostbaren Gemälden (▸ S. 130, 137).

MERIAN Momente
Das kleine Glück auf Reisen

Oft sind es die kleinen Momente auf einer Reise, die am stärksten in Erinnerung bleiben – Momente, in denen Sie die leisen, feinen Seiten der Region kennenlernen. Hier geben wir Ihnen Tipps für kleine Auszeiten und neue Einblicke.

1 Benediktinermarkt in Klagenfurt · J 4/5

Bei italienischen Salsicce, Risotto und einem Glas Rotwein vom Alltagstrubel erholen! Nirgends ist das genussvoller wie am Stand 17 am Benediktinermarkt in Klagenfurt an einem Donnerstag oder Samstag. Dann bieten die Bauern am Wochenmarkt rundherum ihre Köstlichkeiten feil, es duftet nach frischen Äpfeln, Tomaten, Pilzen und Kräutern. Die Klagenfurter flanieren und degustieren Spezialitäten wie Jauntaler Salami, Gailtaler Käse und

Speck. Oder sie gönnen sich zwischendurch – wie hier am Stand 17 – einen kulinarischen Ausflug über die Grenze nach Italien

Klagenfurt | Benediktinerplatz | tgl. ab 7 Uhr

2 Werzer's Badehaus am Wörthersee · H 4

Fast mystisch ist die Atmosphäre: Rundherum hängt der Nebel über der Landschaft, auf den Bäumen liegt der erste Schnee, doch im dampfenden Wasser mitten im See ist es wohlig warm: Im alten Werzer's Badehaus wird ein Becken im See auf rund 30 °C erhitzt, so kann man auch bei Minusgraden im klaren Wasser des Wörthersees planschen. Richtig genussvoll wird es, wenn Sie danach die Füße in den ungeheizten Teil des Sees tauchen. Pfarrer Kneipp lässt grüßen!

Pörtschach, Werzerspromenade 8 | Tel. 0 42 72/22 31 | www.resort.werzers. at | Eintritt 19 €

3 Weissensee ⬥ D 4

Springen Sie hinein und nehmen Sie ruhig einen Schluck! Der Weissensee im Westen Kärntens rühmt sich nicht nur des Titels »höchstgelegener Badesee der Alpen«, er hat auch wunderbar weiches, kristallklares Wasser, das seit langem die Weissensee-Forellen zu einer besonderen Spezialität macht. Im Winter können Sie auf dem zugefrorenen See auf Schlittschuhen Ihre Spuren im Eis ziehen – und das kilometerweit!

Nördlich von Hermagor

4 Feuerinsel im Millstätter See ⬥ E 3/4

Ein Platz zum Chillen: die Feuerinsel im Millstätter See. Langsam versinkt die Sonne im Westen über dem Drau-

tal, schickt ihre letzten Strahlen über den See. Ein Mojito steht auf dem Tisch, kubanischer Salsa lässt die Holzbohlen unter den Füßen vibrieren. Aber nicht nur die Stimmung ist relaxt, auch der See selbst strahlt Ruhe aus. Er liegt auf einer Kraftlinie, die sich vom Großglockner bis zum Mirnock zieht. Seine Ausstrahlung – so sagt man – wirkt nicht nur bei einem Bad am See, sondern ist sogar an seinen Ufern zu spüren.

Mitten im Millstätter See

5 »Blutstropfen der Nocke« ⬥ F–H 3

So werden Granate (Karfunkelsteine) genannt, die seit Jahrhunderten aus dem Gestein der Millstätter Alpe gespült werden. Man findet die Edelsteine sogar an den Ufern des Millstätter Sees und an manchen Orten in den Nockbergen. Begeben Sie sich auf die Suche nach den kugelrunden Schmucksteinen, erforschen Sie das Granatium im Zentrum von Radenthein im Biosphärenpark Nockberge und genießen Sie den Rundblick vom Mirnock, einem der schönsten Gipfel der Nockberge, der hoch über dem Millstätter See thront.

Nockberge

6 Bartgeier im Nationalpark Hohe Tauern ⚜ B 2

Begegnung im Hochgebirge: Hoch droben nahe der Felswand zieht der Vogel seine Bahn, gewaltige Schwingen treiben seine kraftvollen Flug. Mit einer Flügelspannweite von mehr als 2 m ist der Bartgeier der größte Vogel der Alpen. Einige dieser prächtigen Aasfresser haben im Nationalpark Hohe Tauern eine neue Heimat gefunden. Mit etwas Glück können Sie sogar Bartgeier in freier Wildbahn beobachten, z. B. wenn sie auf ihren langen Flügen ins Kärntner Seebach- oder Fleißtal zurückkehren, wo sie als Jungtiere einst ausgesetzt wurden.

Nationalpark Hohe Tauern

7 Skifreuden am Mölltaler Gletscher ⚜ C 3

Unten im Tal ist es bereits grün und die Bäume blühen, oben am Berg liegt noch eine dicke Schneeschicht, durch die man seine Spuren zieht. Skifahren oder Snowboarden ist am Mölltaler Gletscher auch dann noch möglich, wenn andernorts bereits der Frühling einkehrt. Der »Mölli«, wie er von den Einheimischen liebevoll genannt wird, ist der höchste und schneesicherste

Berg Kärntens. Einzigartig ist auch der Panoramablick auf rund 30 Dreitausender der Hohen Tauern.

Mölltaler Gletscher, nahe Flattach

8 Der Speik, Nockberge ⚜ F–H 3

Schon der Duft hat eine beruhigende Wirkung, erinnert an Baldrian und Almkräuter: »Valeriana celtica« heißt die Heilpflanze auf Latein und wurde schon vor Jahrhunderten im Orient wegen ihrer wohltuenden Wirkung geschätzt. Der Speik, wie er in Kärnten heißt, wächst zwischen Juni und August auf den Almmatten der Nockberge. Heute wird er vor allem zu Kosmetika verarbeitet. Ein frisches Speik-Fußbad ist gerade nach einem Tag in den Wanderschuhen eine Wohltat.

Nockberge, in 1800 m Höhe

9 Burg Hochosterwitz ⚜ K 4

Trutzig ragt sie auf ihrem Bergkegel empor, fast uneinnehmbar wirkt sie vom Tal aus: Die Burg Hochosterwitz hat mit ihrer einzigartigen Lage schon Walt Disney beeindruckt, der hier Maß nahm für Cinderellas Schloss. Noch heute wirkt die stolze mittelalterliche Trutzburg abweisend, geschützt durch 14 Tore entlang des Wegs. Einst mussten die Angreifer mühsam Tor für Tor erobern, um bis ganz nach oben zu gelangen. Heute genügt etwas Kondition für den – zugegeben – steilen Pfad.

St. Georgen am Längsee, östl. von St. Veit an der Glan

10 Vierbergewallfahrt, Magdalensberg ⚜ J 4

Tausende Gläubige haben sich bereits am frühen Morgen unterhalb des Magdalensbergkirchleins versammelt. Es ist »Dreinagelfreitag«, der zweite Freitag nach Ostern, der Tag des »Vierbergelaufs«. Die größte Wallfahrt Kärntens führt vom mittelalterlichen Kirchlein hinab ins Tal und wieder hinauf über den Ulrichsberg, den Veitsberg bis zum Lorenziberg. Die 52 km lange Strecke windet sich rund um St. Veit und dauert 17 bis 18 Std. Danach fühlen Sie sich angenehm erschöpft und haben das gute Gefühl, etwas für Gesundheit und Seelenheil zugleich getan zu haben.

Magdalensberg, nordöstl. von Klagenfurt

11 Ferien auf einer Alm in den Nockbergen 🚶‍♀️ F–H3

Bei Sonnenaufgang am Brunnen die Hände in das eiskalte Wasser tauchen und die Lebensgeister wecken. Dann der erste Blick über die sanfte Bergwelt, hinüber zu den schneebedeckten Gipfeln der Hohen Tauern und weiter südlich auf die bewaldeten Hänge des Drautales. Rundherum die frischen Almmatten, ein paar braungefleckte

Kühe knabbern an den taufrischen Gräsern, dahinter die urige Almhütte, in der Sie die Nacht verbracht haben und in der schon der auf dem Holzherd aufgebrühte Kaffee wartet. Das Beste: kein Handyempfang, fließendes Wasser kommt nur aus dem Brunnen, und für etwas Licht am Abend sorgt die Petroleumlampe. Das ist Entschleunigung pur.

Nockberge

12 Tscheppaschlucht J6

Wasser in unzähligen Blauschattierungen donnert zu Tal, sein Getöse verschluckt jeden anderen Laut. Die Urgewalt hat Täler geformt, Schluchten ausgewaschen und gewaltige Felsformationen abgeschliffen, so auch in der wildromantischen Tscheppaschlucht in den Karawanken. Werfen Sie auch einen Blick auf die herrlichen Kaskaden des Tschauko-Wasserfalls und seine Gischt, in der sich die Farben des Regenbogens spiegeln.

Loiblbach in den Karawanken, südl. von Ferlach

NEU ENTDECKT
Worüber man spricht

Kärnten befindet sich stetig im Wandel, Sehenswürdigkeiten werden eingeweiht, Attraktionen eröffnen, die Region verändert ihr Gesicht, durch neue Museen, Restaurants und Geschäfte erlangen ganze Landstriche neue Attraktivität. Hier erfahren Sie alles über die jüngsten Entwicklungen – damit Sie keinen dieser aktuell angesagten Orte verpassen.

◄ Ausguck und Hingucker zugleich: der Aussichtsturm Pyramidenkogel (▶ S. 17).

SEHENSWERTES
Aussichtspunkt Pyramidenkogel
🚩 H 5

Der höchste Holzaussichtsturm der Welt und die höchste überdachte Rutsche Europas sind eine architektonische Meisterleistung. Auf drei überdachten Aussichtsplattformen – der höchsten auf 70 m – genießt man einen Rundblick über den Wörthersee und den Süden Kärntens, und selbst bei schlechtem Wetter ist man in der Skybox geschützt. Schon wenige Monate nach der Eröffnung zählte der neue Pyramidenkogel (der einen alten Aussichtsturm ersetzt hat) zu den Top-Attraktionen Kärntens.

Keutschach | www.pyramidenkogel. info | Juni–Aug. 9–21 (Einlass bis 20.30), Sept. 9–20 (Einlass bis 19.30), Okt. 10–19 (Einlass bis 18.30) Nov.–Feb. 2014: 10–18 (Einlass bis 17.30), März 10–18 (Einlass bis 17.30) April 10–19 (Einlass bis 18.30) Mai 9–20 Uhr (Einlass bis 19.30 Uhr) | Eintritt 10,50 €, Kinder 5,50 €

ÜBERNACHTEN
Alpinhotel Pacheiner
🚩 G 4

Bergerlebnis – Unter dem Gipfel der Gerlitzen neu errichtet und trotzdem kein Prachtbau, sondern mit Satteldächern und Holzarchitektur perfekt in die Landschaft eingebunden. Zu Zimmern mit Aussicht kommt eine schöne Terrasse mit Blick über die Gerlitzen und das Villacher Becken. Die hoteleigene Sternwarte verhilft zu astronomischen Zusatzkenntnissen. Kärntnerisch dominiert ist die Küche. Schöne Sonnenterrasse.

Gerlitzen, Pölling 20 | Tel. 0 42 48/ 28 88 | www.pacheiner.at | 32 Zimmer | €€

Feel good Boutique Hotel Egger
🚩 H 5

Wohnen am See – Durchgestyltes Hotel in Bestlage am Wörthersee. Alle Zimmer und Suiten sind mit Küche ausgestattet. In der Gourmet Boutique,

einer begehbaren Minibar, kann man sich mit allem Nötigen versorgen. Natürlich gibt's einen eigenen Wörthersee-Badestrand.

Krumpendorf, Berthastr. 13 | Tel. 0 42 29/ 4 01 02 | www.feel-good-hotel.at | 34 Zimmer | €€

Thermenhotel Karawankenhof
🚩 G 5

Direkt in die Therme – Gleich zur Eröffnung der neuen KärntenTherme im Warmbad Villach gab es die passende Unterkunft dazu: Die Zimmer sind modern, aber gemütlich, das Restaurant hat sich auf gesunde und nachhaltige Ernährung konzentriert, und es gibt einen direkten Zugang zur Therme.

Villach, Kadischenallee 27 | Tel. 0 42 42/ 30 01 20 99 | www.karawankenhof. com | 99 Zimmer | €€

ESSEN UND TRINKEN

Bar Kap 4613 ⚑ E3

Snacks und Musik – Tagsüber eine lässige Strandbar, abends ein Hotspot des Nachtlebens. Die Bar – auch Feuerinsel genannt – liegt im Millstätter See, westlich von Millstatt. Die Inselkonstruktion verlockt mit einer atemberaubenden Aussicht über den See und kleinen mediterranen Snacks. Geheimtipp: das ausgiebige Frühstück am Sonntag.

Millstatt, Kaiser-Franz-Josef-Str. 330 | Tel. 0664/3888318 | www.kap4613.at | Jan.–Feb. und Nov.–Dez. Mi–Do ab 16, Fr–So und feiertags ab 12, März–Mai und Sept.–Okt. Mo–Fr ab 12, Sa, So und feiertags ab 10, Juni–Aug. tgl. ab 10 Uhr | €€

Frierrs Feines Eck ⚑ G5

Bester Koch – Stefan Lastin hat schon im Schlossstern in Velden gekocht, nun kann man seine kreative Küche im »Feinen Eck« in »Frierrs Feines Haus« in Villach probieren. Gerade mal zwölf Plätze und exquisite Gourmetmenüs, die zwischen 35 und 90 € kosten, machen es zu einem der begehrtesten Restaurants im ganzen Land (unbedingt reservieren!). Und aus dem Feinkostgeschäft nebenan kann man allerlei Köstlichkeiten mit nach Hause nehmen: Gewürze, Weine, Schnäpse und natürlich Wurstwaren der seit 1898 dafür bekannten Firma Frierrs.

Villach, Gewerbezeile 4 | Tel. 04242/3040-0 | www.frierrs.at | Imbiss/Feinkostladen Mo–Sa ab 7, Restaurant Mo–Sa 11–14, 18–22 Uhr | €–€€€

🕐 Wer Lastins Küche für weniger Geld probieren will, der kann das auch im angeschlossenen Imbiss tun: Dort gibt es günstige Mittagsmenüs, eine »Prosciutteria« und ab 14 Uhr Tapas.

Mr. Wu Sushi und Wok ⚑ G5

Fast Sushi – Lust auf gutes Sushi? Im Zentrum Villachs wird man fündig. In der offenen Schauküche kann man beim Kochen zusehen.

Villach, Ringmauergasse 14 | Tel. 04242/2 99 98 | www.mrwu.at | tgl. 11–15 und 17–23 Uhr | €

Rossoaragosta ⚑ G5

Pizza, Pasta und Fisch – Beste südländische Küche, über Villach und weit darüber hinaus. Und das will was heißen, schließlich liegt Italien doch gleich ums Eck!

Villach, Tschinowitscher Weg 32 | Tel. 04242/38071 | www.rossoaragosta.eu | Mo–Sa 11.30–14.30, 17.30–22.30 Uhr | €€€

EINKAUFEN

SHOPPINGCENTER

Atrio ⚑ G5

86 Shops im Dreiländereck südlich von Villach – das größte Shoppingcenter Kärntens. Von Mode bis Sport mit eigener Familienerlebniswelt und Spiel und Spaß für Groß und Klein.

Villach, Kärntner Str. 34 | www.atrio.at | Mo–Fr 9–19.30, Sa 9–18 Uhr

SPIELE

Wörthersee DKT

Für Freunde des Brettspiels DKT gibt
es eine eigene Wörthersee-Edition mit
Schauplätzen rund um Kärntens größten See, entworfen vom Kabarettisten
Christian Hölbling und dem Karikaturisten Sinisa Pismestrovic.

Erhältlich bei den Tourismusverbänden
der Wörthersee-Region (24,90 €)

WELLNESS

1. Kärnten Badehaus   🚩 E 3

Am idyllischen Millstätter See, architektonisch an die klassische Badehausarchitektur des 19. Jh. angelehnt. Nachhaltige Bauweise mit großzügigen
Glasfronten, die einen weiten Blick auf
den See freigeben. Umfangreiches
Wellness- und Beautyprogramm, spezielle Aufguss-Zeremonien in den verschiedenen Saunen und ein 35 °C warmer Außenpool im See. Das
Restaurant L'Onda serviert feine Al-
pen-Adria-Küche.

Millstatt, Kaiser-Franz-Josef-Str. 334 |
Tel. 0 47 66/26 36-0 | www.badehaus-
millstaettersee.at | Mo–So 10–21 Uhr |
Eintritt 19,50 €, Kinder 11,50 €

KärntenTherme   🚩 G 5

Sie schafft die Quadratur des Kreises,
indem sie auf 11 100 qm erholsame
Thermalanwendungen mit einer auf
Familien abgestimmten Erlebniswelt
kombiniert. Rutschen oder der »Crazy
River«, wo das Wasser bergauf fließt,
gefallen den Großen wie den Kleinen.
Und das Wasser? Davon strömen
40 Millionen Liter täglich aus sechs
Quellen, der Reichtum an Calcium-
Magnesium-Hydrogencarbonat hilft
bei unterschiedlichsten Beschwerden.

Villach, Kadischenallee 25 | Tel. 0 42 42/
30 01 27 50 | www.kaerntentherme.
com | Mo–So 9–21 Uhr | Eintritt 19,50 €,
Kinder 11,50 €

🚩 Weitere Neuentdeckungen sind durch
dieses Symbol gekennzeichnet.

Wasserwelt & Erlebnislandschaft zugleich erwarten den Besucher in der KärntenTherme
(▶ S. 19) mit dem angrenzenden Thermenhotel Karawankenhof im Warmbad Villach.

An Tagen wie diesen ... zeigt sich der Winter
in Kärnten von seiner Bilderbuchseite.

KÄRNTEN
ERLEBEN

ÜBERNACHTEN

*Die Unterkünfte sind abwechslungsreicher geworden.
Viele moderne Privat-Appartements sind inzwischen zu
jeder Saison buchbar. Nicht wenige Hotels haben in große
Wellness- und Fitnessanlagen investiert.*

Wohin Sie Ihr Haupt betten, hängt vom Geschmack und natürlich vom
Geldbeutel ab. Das mondäne Schlosshotel am See finden Sie in Kärnten
ebenso wie die kleine Frühstückspension, die Ferienwohnung, den Bauernhof oder Urlaub auf der Almhütte.
Viele Hotels ab dem Vier-Sterne-Niveau verfügen über einen Wellnessbereich und über ein Fitnessangebot, an den Seen auch über einen eigenen
Seezugang mit Badestrand. Die Preise sind daher in der Hochsaison (im
Sommer Juli und August, im Winter zwischen Weihnachten und dem
Dreikönigstag bzw. im Februar) angemessen hoch. Günstiger macht man
in der Nebensaison Urlaub: Viele Betriebe bieten auf ihren Websites Last-
Minute-Angebote oder Pakete an. Auch über Buchungsportale lassen
sich günstige Angebote finden. Oft bucht man allerdings direkt beim Hotel billiger, weil die Buchungsportale ihren Anteil am Reisepreis verlan-

◄ Hüttenurlaub mit Kaltwasser und Plumpsklo: So wenig Komfort ist schon wieder Luxus!

gen. Die Preise gelten meist pro Person und Nacht, bei Ferienwohnungen pro Appartement.

FRÜHSTÜCK UND MEHR

In den Übernachtungspreisen ist das Frühstück enthalten. Ausnahme sind natürlich Ferienwohnungen, bei denen man sich (meist) selbst versorgen muss. Frühstück in den kleineren Betrieben heißt normalerweise nur kontinentales Frühstück, also Kaffee, Tee oder Kakao, Brot, Gebäck, Butter, Marmelade, Honig und eventuell Säfte. In den größeren Pensionen und natürlich Hotels wird häufig ein Frühstücksbuffet, oft auch mit Müsli und regionalen Produkten angeboten. Nach wie vor gibt es sehr viele Frühstückspensionen und Vermieter von Privatzimmern, auch wenn deren Bedeutung eher abnimmt: Hotels bieten vor allem in der Nebensaison ihre Zimmer zu sehr konkurrenzfähigen Preisen an.
Ferienwohnungen und Appartements gibt es in allen Regionen zu mieten: Oft bieten Hotels, Pensionen oder Bauernhöfe zusätzlich zu den Gästezimmern Ferienwohnungen für Familien an; zur Ausstattung gehören meist ein oder mehrere Schlafzimmer, Wohnraum, Küche und Bad, oft mit einem eigenen Eingang und fast immer mit Parkplatz. Urlaub am Bauernhof bietet wiederum den Vorteil, dass man in den täglichen Arbeitsablauf am Bauernhof eingebunden ist: Vom ersten Hahnenschrei am Morgen über das Kühemelken und -füttern bis hin zur Heumahd und dem Einbringen des Heus kann man alles hautnah miterleben. Dazu gibt es nicht selten Familienanschluss, viel Platz für die Kinder zum Spielen, Ausflugs- und Wandertipps aus erster Hand, und hin und wieder erfährt man auch, wo die meisten Pilze wachsen und wo besonders viele Heidelbeeren zu finden sind. Angebote für Urlaub am Bauernhof gibt es in den nördlichen, alpinen Landesteilen, vom Glocknergebiet bis zur Saualpe. Urlaub am Bauernhof oder in einer Almhütte kann man direkt über www.urlaubambauernhof.com buchen.

GRATIS MIT DER KÄRNTEN CARD

Ist Urlaub am Bauernhof eher etwas, das man in den gebirgigen Regionen findet, so locken die Kärntner Seen mit angenehmen Hotels und Pensionen. Fast alle bieten einen direkten Seezugang oder zumindest den Gratiszugang zu einem Badestrand. In den Kärntner Badeorten, allen voran

Bad Kleinkirchheim, erhält man als Gast eines der Betriebe im Ort und mit Gästekarte Ermäßigung beim Thermeneintritt. In anderen Orten ist das lokale Freibad gratis oder ermäßigt. Welche Ermäßigungen man als Gast hat, erfährt man vom Hotelier oder Zimmerwirt, viele Betriebe bieten auch die Kärnten Card an: Entweder ist sie im Zimmerpreis inkludiert oder zu einem Sonderpreis erhältlich. Sie ist immer ein Gewinn: Durch den Erwerb der Kärnten Card sind mehr als 100 Sehenswürdigkeiten, darunter viele Bergbahnen, Museen oder auch einige Schifffahrtslinien auf Kärntner Seen gratis. Bei über 60 weiteren Betrieben erhält man mit der Kärnten Card Ermäßigungen. Weitere Infos: www.kaerntencard.at. Kartenpreis 1 Woche: 36 €, Kinder 15,50 €; Kartenpreis 2 Wochen: 44 €, Kinder 20 €; Kartenpreis 5 Wochen: 56 €, Kinder 28 €

URIGE HÜTTEN

Eine Besonderheit in Kärnten sind die Almhütten: Einige Hundert sind es, die man in den Bergregionen mieten kann. Die Ausstattung reicht von einfachen Hütten mit Öllampe, Brunnen im Hof und Plumpsklo bis zu modernen Hütten mit Dusche, TV und Kühlschrank. Auf ein einfaches Leben in der Abgeschiedenheit sollte man sich einstellen und auch schon vorher wissen, wie man einen Holzofen beheizt oder – falls erforderlich – mit der Axt Holz zerkleinert. Zentrale Reservierungsstellen findet man in den einzelnen Tourismusregionen, buchen kann man auch direkt über Kärnten-Tourismus unter www.kaernten.at.

Erheblich gewachsen ist das Angebot an privaten Ferienwohnungen oder Appartements. Viele dieser Unterkünfte sind preiswert, sauber und zweckmäßig ausgestattet.

BESONDERE EMPFEHLUNGEN

Hotel 12 🏨 G 4

Minimalistisch und extravagant – Auf der Gerlitzen gelegen mit herrlichem Blick über die Kärntner Bergwelt. Nur zwölf Zimmer, von zwölf internationalen Künstlern geschaffen, alle stilvoll und in einzigartiger Bergumgebung. Spa mit Panoramasauna und Massagen. Bodensdorf | Gerlitzenstr. 55 | Tel. 0 42 48/29 621 | www.hotel12.at | 12 Zimmer | €€€

Hotel educare 🏨 G 4

Barrierefrei – Ein Pionier für einen Urlaub ohne Schwellen und mit geräumigen Zimmern, einem Leitsystem für Sehschwache und Vorkehrungen für Gehörlose. Abgesehen davon mit allem, was man sich von einem Hotel wünscht, inklusive einem guten Restaurant. Treffen am Ossiacher See | Eichrainweg 7–9 | Tel. 0 42 48/2 97 77 | www.educare.co.at | 51 Zimmer | ♿ | 🐾 auf Anfrage | €€

Hotel Schloss Seefels   ⚓ H 5

Villa am See – Direkt am Nordufer des Wörthersees gelegen, mit elegantem Interieur und edler Bar, kann man hier auch in der kalten Jahreszeit im Seewasser planschen: Dafür sorgt ein beheiztes Becken im Wörthersee. Hervorragendes Restaurant mit Blick über den See, eines der besten in Kärnten.
Pörtschach | Töschling 1 | Tel. 0 42 72/ 23 77 | www.seefels.com | 71 Zimmer | 🐕 | €€€

Hotel Seerose   ⚓ G 4

Wellness mit Panorama – Direkt in einer der schönsten Lagen am Ossiachersee mit großer Liegewiese, Seesauna und eigener großer Wellnessabteilung, dem sogenannten SPAnorama. Für das Wohlbefinden sorgt Familie Pölzl höchstpersönlich.

Bodensdorf | Fischerweg 7 | Tel. 0 42 43/ 25 14 | www.seerose.info | 49 Zimmer | 🐕 | €€€

Pension Alt Kirchheim   ⚓ F 3

Wandertipps inklusive – Nur ein paar 100 m von den beiden Thermen entfernt offeriert die kleine Pension gemütliche Zimmer, ein gutes Frühstücksbuffet und auf Wunsch auch ein Abendessen. Und die Wandertipps serviert der Wirt gratis dazu.
Bad Kleinkirchheim | Dorfstr. 71 | Tel. 0 42 40/2 41 | www.alt-kirchheim.com | 12 Zimmer | €€

Weitere empfehlenswerte Adressen finden Sie im Kapitel **KÄRNTEN ERKUNDEN**.

Preise für ein Doppelzimmer mit Frühstück:

€€€€ ab 220 €	€€€ ab 150 €
€€ ab 80 €	€ bis 80 €

Ein herrliches Fleckchen »zu Land und zu Wasser«: Hotel Schloss Seefels (▶ S. 25) in Pörtschach erfreut seine Gäste mit einem beheizten Planschbecken im See.

ESSEN UND TRINKEN

*Die Kärntner Küche ist abwechslungsreich und schmackhaft:
Ihre Grundzutaten erhält sie aus den Bergen und den Seen,
kurzum aus einer Natur, die reich an ursprünglichen
Lebensmitteln ist.*

Kärnten ist bekannt für seine deftigen Speisen wie das alte Holzfällergericht »Frigga« oder das üppige »Ritschert«. Beide brachten einst bei der
harten Arbeit auf dem Feld oder im Wald schnell viele Kalorien. Heute ist
das kaum mehr nötig, inzwischen findet man fast überall im Land eine
leichte, manchmal mediterrane, aber sehr oft regional-verwurzelte Küche: Gerichte wie Carpaccio vom Nockalmrind oder Kärntner »Laxn«
(Seeforelle) basieren auf Zutaten aus der Region.
Das Nationalgericht der Kärntner sind aber die »Kasnudeln«. Gefüllt mit
Quark, Kerbel und Kartoffeln werden die großen Teigtaschen halbmond-
förmig, mit heißer Butter und Salat serviert. Es gibt auch Varianten mit
Spinat, Pilzen oder Fleischfüllung. Verwandt sind die kleineren »Schlick-
krapfen« (auch »Schlipf- oder Schlutzkrapfen« genannt) meistens mit einer feinen Fleischfüllung.

◀ Brettljause aus Bauernbrot, Butter, Käse,
Speck, Wurst, Radi und Tomaten. Guten Appetit!

Inzwischen sorgt auch eine Reihe von Gourmetlokalen dafür, dass die traditionelle Kärntner Kochkunst neu interpretiert wird. Und natürlich ist die abwechslungsreiche österreichische Küche ein reicher Fundus für die Köche des Landes. Diese wird oft mit der Wiener Küche gleichgesetzt, zeigt jedoch viele regionale Ausprägungen.

VON DEN NACHBARN BEEINFLUSST

Außer von eigenständigen regionalen Gepflogenheiten wurde sie stark von Kochtraditionen aus Ungarn, Böhmen und Norditalien beeinflusst. Gerichte und Zubereitungsarten wurden oft übernommen und in die eigene Küche integriert und angepasst, als Beispiel sei hier das Gulasch genannt. Oder das Wiener Schnitzel, das der »Piccata Milanese« nicht unähnlich ist. Auch Einflüsse aus der Balkanküche gibt es, das »Cevapcici« beispielsweise, das man auch in Kärnten findet.

Das Wichtigste neben Fantasie ist natürlich das Basismaterial, und daran ist Kärnten reich: Fleisch und Wild, Almkäse oder Pilze kommen aus den Bergen, die Seen und Flüsse liefern Forellen, Saiblinge oder Krebse. Wichtige Bestandteile der lokalen Küche sind auch Getreide, Milchprodukte und Fleisch. Daneben finden sich noch Spezialitäten wie die »Klachlsuppe«, »Kirchtagssuppe«, »Frigga« oder der »Reindling«.

DEFTIG UND NAHRHAFT

Das »Ritschert« (vom slowenischen »Ričet«) ist ein Eintopf aus am Vortag eingeweichter Rollgerste und Hülsenfrüchten, Schweinefleisch, Gewürzen und Gemüse, der mit Brot oder Kartoffeln serviert wird und schon in keltischer Zeit verbreitet war. Die »Klachlsuppe« ist eine gebundene Suppe aus klein geschnittenem Schweinefleisch und Gemüse. Gegessen wird sie auch mit gekochten Kartoffeln, geriebenem Kren oder Brotwürfeln. Bei »Frigga« handelt es sich um ein Speck-Käse-Gericht auf einer Basis aus Polenta, das man noch immer auf Berghütten antrifft. Früher wurde es – weil es einfach zuzubereiten ist – von Waldarbeitern in einer Pfanne gebrutzelt, damit man schnell etwas Nahrhaftes im Bauch hatte.

Die »Kirchtagssuppe«, auch »Saure Suppe« genannt, wird aus mehreren Sorten Fleisch gekocht, dazu kommen Rinder- und Schafsknochen. Meist kommt sie als Hauptgericht auf den Tisch – traditionell auch mit einem süßen »Reindling«. Probieren Sie: Es passt hervorragend. Der »Reindling« ist ein Napfkuchen, der auch in Slowenien verbreitet ist, wo er »Pogača« heißt. Traditionell handelt es sich um eine süße Osterspeise aus Germteig (Hefeteig) mit Zucker, Zimt, Walnüssen und Rosinen gefüllt.

MOST UND SCHNAPS

Seit den Zeiten Kaiser Josephs II. ist es den Bauern erlaubt, ihre Produkte während einiger Monate im Jahr selbst zu vermarkten – das geschieht in einer Buschenschank, in der auch der selbst produzierte Most (Apfelwein) oder Schnäpse ausgeschenkt werden. Ob eine Buschenschank gerade geöffnet hat, sieht man daran, dass ein Strohbuschen davor »ausgesteckt« ist (oder man erfährt es im Internet unter www.buschenschenken. at). Auf den Tisch kommen dann – neben hausgemachtem Brot – regionale Wurst- und Käsespezialitäten: Jauntaler Salami, die in Südkärnten hergestellt wird (www.salamigenuss.at), oder Gailtaler Speck aus geräuchertem Schweinefleisch. Im Gurktal wird der Speck luftgeselcht und kommt auch unter diesem Namen auf den Markt (www.luftgeselchter.at). Eine Spezialität ist der Gailtaler Almkäse, ein Hartkäse aus Alm-Rohmilch, der auf mehr als 20 Almen im Gailtal und auf der italienischen Seite der Karnischen Alpen hergestellt wird (www.almkaese.at).

BESONDERE EMPFEHLUNGEN

Genusswirt Paramidenkogel 🥢 H 5
Frischer Laxn – Der Schwerpunkt des Restaurants liegt auf regionalen Produkten wie dem Laxn (Seeforelle) aus Sirnitz, aber auch Wildgerichten.
Keutschach | Linden 62 | Tel. 0 42 73 / 2 22 62 | tgl. ab 10 Uhr | €€

Goritschniggs Wurstsalon und Steakhouse 🥢 H 5
Fleisch-Spezialist – Die Grundprodukte stammen aus der eigenen Metzgerei, die Steaks sind saftig auf den Punkt gebraten. Für den kleinen Hunger gibt's Sandwiches und Menüs zum Mitnehmen.
Velden | Seecorso 6 | Tel. 0 42 74 / 24 75 | Mo–Do 7.30–13, 15–18, Fr 7.30–18, Sa 7.30–13 Uhr | €

Maria Loretto Restaurant 🥢 J 4/5
Ambiente und Ausblick – Tolle Lage am See und hervorragende Fischküche. Im Sommer unbedingt reservieren – bevorzugt einen der begehrten Tische am Balkon.
Klagenfur | Lorettoweg 54 | Tel. 04 63 / 2 44 65 | www.restaurant-maria-loretto-at | Mi–Mo 10–24, Juli–Aug. Mo–So 10–24 Uhr | €€

Pumpe 🥢 J 4/5
Bestes Gulasch – Traditionelles Gasthaus am Benediktinermarkt, in dem man unbedingt Gulasch oder Schweinebraten versuchen sollte. Einer der schönsten Gastgärten der Stadt.
Klagenfurt | Lidmanskygasse 2 | Tel. 04 63 / 5 71 96 | Mo–Fr 8.30–23, Sa 8.30–14 Uhr | €

Stiftsschmiede   G 4

Ossiacher Fische – Heimische Küche und Weine stehen hier im Mittelpunkt: Der Fisch kommt fangfrisch aus dem See vor der Tür.

Ossiach | Ossiach 4 | Tel. 0 42 43/4 55 54 | www.stiftsschmiede.at | Juni–Okt., Mo–Sa 17–24, Okt.–Jan. und März–Juni Mi– Sa 17–24; Sonntagsbrunch 11.30–14 Uhr

La Terrasse im Hotel
Schloss Seefels   H 5

Edel – Pörtschacher Forelle oder Spargel mit Jakobsmuschel werden im Fünf-Stern-»Relais et Chateaux« von Küchenchef Richard Hessl kredenzt. Eine der besten Adressen rund um den Wörthersee.

Pörtschach | Töschling 1 | Tel. 0 42 72/ 23 77 | www.seefels.com | tgl. 19–23 Uhr | €€€

Trippolts zum Bären   L 2

Ausgezeichnete Qualität – Hier munden Fisch und Fleisch gleichermaßen: Neben der exzellenten Restaurantküche, die verschiedene Einflüsse kombiniert, wird auch sehr gute traditionelle Wirtshauskost aufgetischt. Probieren Sie Gefüllte Ochsenschwanz-Knöderl im milden Wacholderpfeffer oder ein Karreebratl vom Tauernlamm mit cremig gebratenen Schupfnudeln!

Bad St. Leonhard | Hauptplatz 7 | Tel. 0 43 50/2 2 57 | www.zumbaeren.at | Di–Fr 11–14 (im Wirtshaus), Di–Fr 18–21, Sa 12–14, 18–21 Uhr (Restaurantküche) | €€–€€€

Weitere empfehlenswerte Adressen finden Sie im Kapitel **KÄRNTEN ERKUNDEN**.

Preise für ein dreigängiges Menü:

€€€€	ab 50 €	€€€	ab 30 €
€€	ab 15 €	€	bis 15 €

Unter dem Walmdach der Stiftsschmiede (▶ S. 29) am Ossiacher See werden erlesene Fischgerichte wie Spargel-Fischragout oder Waller auf Wurzelsud aufgetischt.

Im Fokus
Kärntner Schnaps
Ein Stück Natur

In jeder Flasche Hochprozentigem steckt auch ein Stück Natur, das den Bränden sein typisches Aroma verleiht: Das können Himbeeren oder Vogelbeeren ebenso sein wie Kräuter oder Kern- und Steinobst. Oder auch exotische Früchte – der Fantasie sind keine Grenzen gesetzt.

Die Herbstzeit ist die Hauptsaison in der kleinen Brennerei am Ortsanfang von Bad Kleinkirchheim. Draußen liegt schon der Raureif auf den Wiesen, aber drinnen machen die bronzenen Brennkessel und -kolonnen den Raum wohlig warm. Es duftet nach frischem Steinobst und Alkohol, heißer Dampf kondensiert an den Gucklöchern der Destillieranlage. Eine kristallklare, brillante Flüssigkeit ist das Ergebnis; wenn man ihn einige Zeit ins Holzfass gibt, wird er bernsteinfarben, aber sein Name ist überall in Österreich derselbe: Schnaps. Das Wort Schnaps stammt übrigens aus dem Niederdeutschen und ist eng verwandt mit dem Wort »schnappen«, deshalb, weil der Schnaps normalerweise in einem schnellen Schluck aus einem kleinen Glas, dem »Stamperl«, getrunken wird.

Wolfram Ortner blickt stolz auf das Ergebnis, das er in seinem Tulpenglas schwenkt: Im Aroma erinnert es an Nüsse und frisches Kernobst, im Ge-

◄ Mit neuen Kreationen zum Erfolg: Valentin
Latschen in seiner Brennerei Pfau (► S. 33).

schmack ist es ausgewogen und lang. Um es auf trinkbare 40 % Alkohol zu bringen, wurde das Destillat aus dem Brennkessel mit kondensiertem Wasser verdünnt. Dieser Apfelbrand ist nur einer aus der großen und interessanten Palette des Ex-Skirennläufers Ortner, der zu den besten Brennern Österreichs gehört.

VOGELBEEREN UND MARILLEN

Im Herbst schimmern die Früchte der Eberesche – im Volksmund Vogelbeere genannt – strahlendrot auf den Bäumen. Sie locken Vögel an, die sie roh verzehren können, aber vor allem die Schnapsbrenner, die die Beeren pflücken und einmaischen. Die Frucht bildet die Basis eines der teuersten und bekanntesten Schnäpse Österreichs. Der Vogelbeerschnaps zeichnet sich durch Fruchtigkeit und Mandeltönigkeit aus – eine Eleganz, die ihn von anderen Schnäpsen unterscheidet. Zu Schnaps gebrannt wird nicht nur die Vogelbeere. Viel gängiger sind die Obstschnäpse, allen voran Apfel- oder Birnenbrände (die man auch als Obstler bezeichnet). Wegen ihres charakteristischen feinaromatischen Duftes ist vor allem die Williamsbirne bekannt. Beliebt sind auch Marillenbrände, die man an ihrem feinen Aprikosenaroma sofort erkennt, ebenso wie Kirsch- oder Pflaumenbrände.

Spezialisten wenden sich aber immer mehr auch Ausgefallenem zu: einerseits alten Wildobstsorten, die vor allem durch ihr Aroma überzeugen. Und auch Exotischem wie Blutorangen, Zitronengras oder gar Kiwi – der Fantasie sind kaum Grenzen gesetzt.

Schnapsbrenner gibt es genug in Kärnten: Das Bundesland ist neben Salzburg und Tirol eine der Hochburgen des Hochprozentigen. Rund 10 000 ha Streuobstfläche und ungefähr 600 000 Hochstammobstbäume liefern die Basis dafür. Dazu kommen noch zahlreiche Hausgärten, in denen Apfel-, Birn-, Kirsch- oder Marillen-(Aprikosen-)bäume stehen, darunter so ausgefallene Apfel- und Birnensorten wie Ananasrenette, Ahatzibirne, Gute Graue, Nordhäuser Winterforelle oder Zeislbirne. Bäuerliche Abfindungsbrenner besitzen ihre Brennrechte noch aus den Zeiten Maria Theresias, dürfen aber nur ihre eigenen Fruchterträge destillieren. Vor allem sind es gewerbliche Brenner, die bei nationalen und internationalen Verkostungen für Furore sorgen.

Einer davon ist Wolfram Ortner in Bad Kleinkirchheim: Der ehemalige Skirennläufer hat nach seiner Karriere begonnen, sich intensiv mit Hochprozentigem zu befassen. Neben der Produktion eigener Schnäpse hat er die »Destillata« ins Leben gerufen, Österreichs wichtigste Schnapsprämierung.

WHISKY AUS DEN NOCKBERGEN

In seiner Brennstube in Bad Kleinkirchheim produziert Ortner nicht nur Obstler (Apfel- und/oder Birnenschnäpse), Steinobst- und Tresterbrände, sondern hat auch einen Nock-Land-Whisky im Programm: Im Jahr 2000 hat er ihn aus Getreide gebrannt: Würzig in der Nase, kraftvoll und kernig am Gaumen präsentiert sich der holzgereifte Brand, den man sich eher aus den schottischen Highlands erwartet, denn aus den Kärntner Bergen.

Der Verarbeitungsprozess ist bei allen Fruchtschnäpsen derselbe: Das Grundmaterial – Früchte oder Beeren – wird ein bis zwei Wochen in Tanks vergoren, dann wird gebrannt: Das bedeutet, dass die Maische in Kupferblasen oder moderneren Kolonnenanlagen erhitzt wird, bis der Alkohol als Dampf aufsteigt. Durch Abkühlung wird er verflüssigt. Vorlauf und Nachlauf werden allerdings abgesondert, und nur das Herz des Brandes ergibt den Schnaps. Dieser kommt allerdings noch mit rund 60 % Alkohol aus der Destillation und muss mit destilliertem Wasser auf trinkbare 40 % verdünnt werden.

FRUCHT UND CHARAKTER

Schnäpse gibt es inzwischen viele: von klaren durchsichtigen bis zu goldbraunen, lange Jahre in Holzfässern gelagerten Kreszenzen. Getrunken werden sie aus dem »Stamperl«, dem Schnapsglas, das es inzwischen natürlich in verschiedensten Luxusversionen gibt. Ob der Schnaps etwas taugt, findet man bei einer Verkostung heraus: Zuerst versucht man die Fruchtaromen herauszuschnüffeln, dann nimmt man einen nicht zu kleinen Schluck, um die Frucht, die Fülle und den Charakter zu bewerten: Dazu lässt man den Schnaps über die Zunge und den Gaumen rollen, auch etwas schlürfen schadet nicht, um noch mehr Nuancen herauszuschmecken. Der Abgang schließlich sollte weich und geschmeidig sein und auf keinen Fall in der Kehle brennen.

Wem der Schnaps allerdings zu rau ist, den könnte eventuell ein anderes Destillat aus Kärnten zu einem Gläschen verführen: beispielsweise ein Alpenkräuterbrand oder -likör, den man gerne nach dem Essen genießt. KGB nennt Wolfram Ortner seinen Kräuter-Gewürz-Brand. Der wohl bekannteste Kräuterbrand ist der Gurktaler Alpenkräuter aus dem Dom zu Gurk, der nach überlieferten Familienrezepten aus besten Alpenkräutern hergestellt wird. Kärntner Bauern pflanzen und ernten die frischen Kräuter im Gurktal. Die Mazeration findet im Probsthof des Gurker Stiftes statt. Dabei werden die Kräuter in hochwertigen Alkohol eingelegt, um wertvolle Inhalts- und Aromastoffe auszulaugen. Den milden Geschmack verdankt der Likör der Rezeptur, die natürlich ein gut gehütetes Geheimnis ist.

EINKAUFEN

Brennerei Pfau   J5

Valentin Latschen ist der Pionier unter den Kärntner Schnapsbrennern. Seine Destillerie zählt heute zu den renommiertesten in der Region. Apfel-, Zwetschken-, Himbeeren- oder Marillenbrand – alle sind sie einen Versuch wert. Die ganz Neugierigen kosten den Erdäpfelbrand (Kartoffelbrand) Bamburus, den Roggenbierbrand oder gar den Rauchmalzbrand vom Fass.

Klagenfurt | Schleppeplatz 1 | Tel. 0463/4270266 | www.pfau.at | Öffnungszeiten auf Anfrage

Destillerie Jesche   G4

Nur vollreifes Obst, handgepflückt aus persönlich kontrollierten Gärten wird in Wilhelm Jesches Betrieb nahe dem Ossiachersee verarbeitet.

Winklern/Treffen | Tel. 04248/28070 | www.destillerie-jesche.at | Öffnungszeiten auf Anfrage

Destillerie und Café Manufactur Wolfram Ortner   F3

Nicht nur Fruchtschnäpse, auch Ausgefallenes wie einen Nock-Land-Whisky oder Zigarrenbrände findet man beim Ex-Skirennläufer. Dazu selbst entworfene Gläser, Zigarren-Accessoires, erlesene Pralinen und Kaffeespezialitäten.

Bad Kleinkirchheim | Untertscherner Weg 3 | Tel. 04240/760 | www.wob. at | Mo–Fr 15–18 Uhr

Gurktaler Alpenkräuter

Diesen Alpenkräuterlikör kauft man am besten im Domladen in Gurk. Mit etwas Glück kann man auch einen Blick in den Stiftsgarten erhaschen, wo die Kräuter für das Destillat angebaut werden.

Gurk | März–Mai tgl. 9–17, Juni–Aug. tgl. 9–18, im Winter tgl. 10–16 Uhr

Perkonig   J3

»Kärntens Kleinbrenner Nummer 1« wurde Bruno Perkonig einmal genannt, seine Brände – darunter einer der besten Vogelbeerschnäpse des Landes – bestätigen diese Auszeichnung. Empfehlenswert: der »Ribisel« aus schwarzen Johannisbeeren und der Zwetschkenschnaps.

Feldkirchen | St. Ulrich 13 | Tel. 0676/5284948 | www.perkonig.at | Öffnungszeiten auf Anfrage

Schnapskastl   E3

Seit 30 Jahren brennt Peter Silbernagl Schnäpse und kreiert Liköre. Kosten Sie den fruchtigen Quittenbrand!

Millstatt | Georgs Ritter-Platz 158 | Tel. 0664/4413183 | www.schnapskastl. at | Mo–Fr 9–12 und 15–17 Uhr

Grüner reisen
Urlaub nachhaltig genießen

Wer zu Hause umweltbewusst lebt, möchte vielleicht auch im Urlaub Menschen unterstützen, denen ein verantwortungsvoller Umgang mit der Natur am Herzen liegt. Empfehlenswerte Projekte, mit denen Sie sich und der Umwelt einen Gefallen tun können, finden Sie hier.

Vor mehr als 30 Jahren hatte Inge Daberer genug: Sie wollte nur noch frisches, unbehandeltes Gemüse auf ihrem Tisch haben. So begann sie gemeinsam mit ihrem Mann Willi, ihr Hotel und den angeschlossenen Bauernhof in St. Daniel in Gailtal umzukrempeln: Auf biologische, nachhaltige Bewirtschaftung. Leicht war es nicht am Anfang, als die Gäste von Kärntner Essen noch erwarteten, dass es deftig und viel sein sollte. Trotzdem wurde der »Daberer« 1978 einer der ersten Biobetriebe in Österreich und zählt noch heute zu den Vorzeigeunternehmen für nachhaltige Bewirtschaftung. 2007 wurde das Hotel sogar mit dem Kärntner Tourismus Award ausgezeichnet.

Die Küche basiert zwar auf biologischen Kriterien, ist aber weder karg noch asketisch, sondern fantasievoll und schmackhaft. Aber der »Daberer« im Gailtal ist nur eine der vielen Facetten, die nachhaltiger Urlaub in Kärnten bietet: Läden für nach biologischen Kriterien produzierte Produkte findet man ebenso wie unzählige Biobauern.

ÜBERNACHTEN

Alpenrose   🐾 E 3

Das erste Biohotel Österreichs, noch heute werden Standards hinsichtlich qualitätsvoller Unterkunft und Verpflegung gesetzt. Die Küche wurde vom Gault Millau ausgezeichnet. Die Aussicht ist herrlich: Den Fernseher im Zimmer wird man nicht vermissen.

Obermillstatt | Tel. 0 47 66 / 25 00 | www.biohotel-alpenrose.at | 30 Zimmer | 🐴 | €€

Biohotel Daberer   🐾 C 4

Die Basisprodukte der Küche stammen von Biobauern, dazu kommen eine eigene Mineralwasserquelle und viel Wellness mitten im grünen Gailtal.

St. Daniel in Kärnten 32 | Tel. 0 47 18 / 5 90 | www.biohotel-daberer.at | 42 Zimmer | €€€

Biolandhaus Arche   🐾 F 3

Erstes Ökohotel Österreichs am Sonnenhang der Saualpe in 930 m Seehöhe. Die Gäste werden mit Vollwertküche verwöhnt. Neben Zimmern und Appartements kann auch die eigene Alm, das Haus Almruhe, in 1100 m Seehöhe, für einen Bergurlaub gemietet werden. Das allerdings ohne Verpflegung.

St. Oswald-Eberstein | Vollwertweg 1 | Tel. 0 42 64 / 81 20 | www.bio.arche.hotel.at | 11 Zimmer | ♿ | 🐴 | €€

ESSEN UND TRINKEN

Biogasthaus Wanker   🐾 H 4

Was möglich ist, kommt vom angeschlossenen Biobauernhof, der Rest von Bio-Lieferanten aus der Umgebung. Nahe dem idyllischen Forstsee, gemütliche Zimmer, eigene Schnapsbrennerei.

Techelsberg am Wörthersee | Hadanig 2 | Tel. 0 42 72 / 62 06 | www.biogast haus.at | tgl. 8–2 Uhr | €

Speckladle Höferer   🐾 J 2

Nur Bio-Produkte aus der Region verwendet Cilly Höferer in ihrem Speckladle an der Stadtmauer von Friesach. Man kann hier nicht nur gut essen, sondern auch den Blick auf den Wassergraben von Friesach genießen, auf dem im Sommer die Boote dümpeln.

Friesach | Wiener Str. 12 | Tel. 0 42 68 / 23 92 | www.wogehmahin.at/speck ladle | Mi–Mo 9–21 Uhr | €€

EINKAUFEN

Biobauernmarkt in Villach   🐾 G 5

Einer der schönsten Plätze in Villach, am Beginn der Fußgängerzone: 20 Bauern aus dem Alpe-Adria-Raum verkaufen hier jeden Freitag ihre Produkte – von Obst über Brot bis Honig und Naturkosmetik.

Villach | Hans-Gasser-Platz | www.bio villach.at | jeden Freitag 10–16 Uhr

Hirter Biobier   🐾 E 5

Die Brauerei Hirt ist nicht nur eine der wenigen österreichischen Brauereien, die eigenes Quellwasser verwenden, sondern braut – mit rein biologisch produzierten Zutaten – ein exzellentes Biobier und ein Biohanfbier. Verkosten kann man beide im Braukeller Hirt.

Micheldorf | Hirt 2 | www.hirterbraukeller.at | Mo–So 9–24 Uhr

FESTE

Gailtaler Käsefestival, Kötschach-Mauthen   🐾 C 4

Der Gailtaler Almkäse, ein Hartkäse aus Kuhrohmilch, der auf mehr als zwei Dutzend Almen im Gailtal produziert wird, steht im Mittelpunkt dieses Festivals. Darüber hinaus kann man Käsespezialitäten aus der ganzen Welt probieren, darunter natürlich auch viele Bio-Produkte.

Kötschach-Mauthen | Ende Sept. | www.alles-kaese.at

AKTIVITÄTEN

Geopark Karnische Alpen   C 4

Der neu geschaffene Geopark umfasst ein Gebiet von 950 qkm in den Karnischen und den Gailtaler Alpen. Kaum sonstwo haben sich so viele Zeugnisse des Erdaltertums erhalten wie hier: Fossilien, Kalkfelsen, Schluchten oder Höhlen. Im Besucherzentrum werden 500 Mio. Jahre Erdgeschichte anhand von Multimedia-Schauen, Exponaten wie Fossilien und Gestein hautnah erlebbar. Im Geopark selbst kann man 80 Geotope und fünf Geotrails (geologische Wanderwege mit erklärenden Bildtafeln) – u. a. am Nassfeld und in der Gerlitzenklamm – erwandern.

Dellach / Gail 65 | www.geopark-karnische-alpen.at | Mai–Juni 10–15.30, Juli–Anfang Sept. 9–16, Anfang Sept.–Mitte Okt. 10–16 Uhr | Eintritt frei

Kreuzbergl   J 5

Der grüne Ausflugsberg der Klagenfurter, eingebettet in ein 660 ha großes Landschaftsschutzgebiet im Nordwesten der Stadt. Neben vielen Teichen, Wanderwegen und Spielplätzen lohnen das Kärntner Botanikzentrum und die Sternwarte einen Besuch. In der Sammlung der Kärntner Pflanzenwelt des Botanikzentrums ist unter anderem die Landesblume Wulfenia, auch »Kuhtritt« genannt, zu bewundern. Ein

Wasserfall, eine Farn- und Moosschlucht und zahlreiche Feuchtbiotope vermitteln Botanik hautnah.

– Botanikzentrum: Prof.-Dr.-Kahler-Platz 1 | www.landesmuseum-ktn.gv.at | Mai–Sept. tgl. 10–18, Okt.–April tgl. 10–16 Uhr (freitags bei Schneedecke geschl.) | Eintritt frei
– Sternwarte: Kreuzbergl 1 | www.sternwarte-klagenfurt.at | Führungen: siehe Website | Eintritt 5 €, Kinder 3 €

Raggaschlucht   C 3

Bei Flattach im Mölltal liegt diese als Naturdenkmal geschützte Schlucht, die seit 1882 für Besucher erschlossen ist. Auf einer Länge von 800 m überwindet man 200 m Höhenunterschied und bekommt dabei Einblick in die Naturgewalten der Hohen Tauern. Ein Themenweg zeigt, wie der Raggabach einst begonnen hat, sich sein Bett in den Felsen zu graben.

Flattach | Mai und Okt. tgl. 10–16, Juni–Sept. tgl. 9–17 Uhr | Eintritt 6 €, Kinder 3 €

Speikwandern im Nationalpark Nockberge   F 3

Die Nockberge sind eine rund geformte Berg- und Almlandschaft, die sich nördlich der Kärntner Seen bis zu den Alpengipfeln erstreckt. Der Nationalpark gilt geologisch als eine der ältesten Bergregionen Österreichs. Die Landschaft bezaubert durch ihre Vielfalt. Mancherorts blüht gar Ungewöhnliches: Die Speik-Pflanze zum Beispiel, eine alpine Baldrianart, betört mit ihrem intensiven Geruch, und sie gedeiht einzig auf den Kuppen der Nockberge. Ausgesuchte Speik-Wanderwege folgen dem Duft der Pflanzen, und eigens ausgewiesene Speik-Hütten bieten eine auf Speik basierende Naturkosmetik: Nach einem Fußbad im »Wasser-Wandl« – eigens platziert auf jedem Speik-Weg – werden die Füße mit Speik-Öl gesalbt, wie es schon Maria Magdalena mit den Füßen von Jesus getan haben soll. Sehr schön: der Speik-Trail auf der Blutigen Alm, der auf verschiedenen Erlebnisstationen alles über das Pflänzchen erzählt.

Nockberge Tourismus | Bad Kleinkirch-heim | Dorfstr. 30 | Tel. 04240/20600 | www.nockberge.at

Wandern am Dobratsch   ⚑ F5

Das älteste Naturschutzgebiet Kärntens liegt rund um den Dobratsch, den Hausberg der Villacher (2166 m). Man gelangt zwar auch über eine Mautstra-ße (Villacher Alpenstraße, 13 €/Pkw) auf den Gipfel, sollte aber lieber eine der vier Wanderrouten wählen. Für die Mühe wird man mit einem herrlichen Rundblick über Karawanken, Julische

und Karnische Alpen belohnt. Eine schöne Route führt zur Kirche Maria am Stein, der höchst gelegenen Berg-kirche Europas.

Beim Parkplatz 6 der Villacher Alpen-straße, in 1500 m Seehöhe, liegt der Vil-lacher Alpengarten. Besonders üppig und blütenreich präsentiert sich der Garten im Juni.

Parkplatz 6 der Villacher Alpenstraße | www.alpengarten-villach.at | Juni–Aug. tgl. 9–18 Uhr | Eintritt 2,50 €, Kinder 1 €

Wassererlebnispark Fallbach / Maltatal 🧗   ⚑ E2

Der Fallbach ist mit seinen 200 m der höchste Wasserfall Kärntens. Zu seinen Füßen können Kinder sich an Kletter-steig und Kinderkletterfels versuchen oder in einem Wasser-Matsch-Spiel-platz plantschen. Auch die Gössfälle und die Malteiner Wasserspiele lassen sich von hier erwandern.

Maltatal, Fallbach | Mai–Sept. tgl. 9–18, Okt. 9–17 Uhr | Eintritt 4 €

Aus 200 m Höhe rauscht der Fallbach (▶ S. 37), Kärntens höchster Wasserfall, tosend zu Tal. Der Wasserspielepark zu seinen Füßen erfreut Groß und Klein.

EINKAUFEN

Die Ferienregion offeriert Mitbringsel für jeden Geschmack:
Wie wäre es mit einer Murmeltiersalbe, einem handgewebten
Leinenhemd oder einem aromatischen Vogelbeerschnaps
oder Marillenbrand?

Souvenirs, Souvenirs … Hat man schon den fünften geschnitzten Wanderstock im Gepäck und der Schwiegervater den zehnten Gamsbarthut im Schrank, dann hier einige Alternativen für die Lieben zu Hause: Salben und Essenzen aus Kräutern oder Ähnlichem sind stets begehrt, jede Region hat dabei ihre Eigenheiten.

SPEIK UND EDELSTEINE

Eine Murmeltiersalbe aus den Hohen Tauern (gegen Gelenk- und Muskelschmerzen) und in den Nockbergen eine Speik-Essenz (eine Baldrianpflanze; mit Speik soll schon Maria Magdalena die Füße Jesu gesalbt haben) sind typisch kärntnerisch und heilsam zugleich. Heilkräfte werden auch Edelsteinen und Mineralien nachgesagt: Rauchquarze unterm Bett schützen vor Erdstrahlen, ein Granat aus Radenthein soll gar als Aphrodisiakum wirken.

◄ Carnica-Bienenhonig: In Unterbergen im
Rosental ist er frisch vom Imker zu haben.

Fündig wird man sicher in einem Kärntner Trachtengeschäft: Es muss ja
nicht gleich ein kompletter Trachtenanzug oder ein Dirndl sein, manchmal genügt auch ein Schultertuch oder ein Leinenhemd.

DEFTIGE MITBRINGSEL

Die Kärntner Landwirtschaft liefert eine Reihe von Produkten, die sich
gut transportieren lassen: Mit Kärntner Speck (geräuchertes Schweinefleisch), Hauswürsten oder einer Jauntaler Salami liegt man selten falsch.
Letztere reift auf den Bauernhöfen des Jauntals, hergestellt nach hofeige-
ner Rezeptur. Die reine Schweinesalami vereint Würze mit einem ausge-
reiften Fleischgeschmack. Das Gurktal hingegen ist für seinen »Luftge-
selchten Speck« bekannt, dessen Besonderheit in der Herstellung liegt.
Nach Einwirken sämtlicher Salze und Gewürze erfolgt die weitere Rei-
fung ausschließlich an der reinen Luft.
Auch die Käseerzeugung im Gailtal hat eine lange Tradition. Die Almkä-
sereien dienten früher dazu, die täglich frisch gewonnene Alpenmilch
haltbar und lagerfähig zu machen. Oberhalb der Dörfer des Gailtals wird
auf zahlreichen Almen von den Gailtaler Sennern der ursprungsge-
schützte Gailtaler Almkäse erzeugt.
Das alles sind Produkte der Genussregionen in Kärnten: Die Beschilde-
rung dieser Regionen findet man entlang der Kärntner Straßen, zu kaufen gibt es die Köstlichkeiten bei den Produzenten selbst oder in ausge-
wählten Geschäften.

HOCHPROZENTIGES

Der Zögglhof beim Stift St. Paul im Lavanttal hat eine Besonderheit zu
bieten: Hier sitzt der Verein »Mostbarkeiten«, eine Gemeinschaft von
Bauern, die Most, Obstsaft und Essig offerieren. Hergestellt werden diese
Produkte aus alten Apfelsorten wie Bohnapfel, Brünnling oder Renetten.
Der Most – oder auch Apfelwein – ist dabei das traditionsreichste Pro-
dukt des Lavanttales. Er wird aus den verschiedenen Apfelsorten vergoren und weist einen geringen Alkoholgehalt auf. Auch Wein gibt es in
Kärnten, wenn auch insgesamt nur auf etwas mehr als 20 ha Rebfläche.
Mit einem solchen Tropfen kann man sicher so manchen Bacchusjünger
in Erstaunen versetzen. Alternativ ist eine Flasche Schnaps von einem
renommierten Kärntner Hersteller ein willkommenes Geschenk.

Diese Mitbringsel kauft man am besten direkt beim Produzenten, in einem Bauernladen oder auf einem Bauernmarkt, wie er regelmäßig in größeren Orten stattfindet.

Die Ladenöffnungszeiten sind Mo–Fr 8–12 und 14–18, Sa 8–12 Uhr. In den Tourismusorten sind die Geschäfte in der Hauptsaison natürlich auch am Wochenende und an Feiertagen geöffnet.

BESONDERE EMPFEHLUNGEN

Carnica Bienenerlebnismuseum H 5

Die Haus- und Wanderbienenzucht hat eine lange Tradition im Rosental: Die hier beheimatete Bienenrasse wird graue Kärntnerbiene oder norische Honigbiene genannt. Händler aus ganz Mitteleuropa deckten sich über Jahrhunderte mit ihren Produkten ein. Das Museum zeigt auch diese wirtschaftlich bedeutenden Aktivitäten vergangener Zeiten. Honig, Honigschnaps, Kerzen, Wachs- und Bienenprodukte können natürlich auch gekauft werden.

Strau | Kirschentheuer 6 | www.bienen museum.net | Mai, Juni, Sept. Sa, So, 13–18, Juli, Aug. Di–So 13–18 Uhr | Eintritt 5 €, Kinder 3 €

Schaukäserei Tressdorfer Alm D 5

Hier kann man erleben, wie aus frischer Almmilch Gailtaler Almkäse oder »Räucher-Schotten« (geräucherter Quark) entsteht. Anfahrt: An der Straße zur Sonnenalpe Nassfeld nimmt man den Tressdorfer Almweg: Vom Parkplatz sind es noch 30 Min. zu Fuß. Auch ein Gasthaus gehört dazu (www. tressdorferalm.at).

Nassfeld | Sonnenalpe Nassfeld 62 | Tel. 06 64 / 4 31 30 56 | www.tressdor feralm-kaeserei.at | Mitte Juni–Mitte Sept. tgl. 9–14 Uhr | Eintritt 4 €, Kinder 1 €

Wein aus Klagenfurt J 5

Die Ried Seewiese, der Weingarten Klagenfurts, liegt an einem Südhang über dem Metnitzstrand. Bewirtschaftet wird er vom Verein Vinum Carinthiae. Die Rotweinsorten Blauer Zweigelt, St. Laurent, Merlot und Blauburger sowie die Weißweinsorten Riesling, Chardonnay, Sauvignon blanc und Pinot blanc werden in unterschiedlich großen Arealen von den Winzern betreut. Mit der Lese 2011 wurden dort 2700 Flaschen Kärntner Qualitätsweine gekeltert. Weitere Infos über Weinbau und Winzer in Kärnten: www.vinumcarinthiae.at. Zu kaufen gibt es eine gute Auswahl Kärntner Weine in der Vinothek Jäger's Weinkeller, Klagenfurt, Beethovenplatz 4, Tel. 04 63/ 5 73 54, www.delijaeger.com.

WELLNESS

Speick Naturkosmetik F 3

In den Nockbergen wächst auch seit Jahrtausenden in einer Höhe ab 1800 m das Baldriangewächs Speick. Sein intensiver Duft schwebt von Juli bis September über der gesamten Region. Seit langem wird das Kraut in der Kosmetik geschätzt: Im Orient badeten die Menschen darin, und Bräute wurden vor der Hochzeit mit Speick eingerieben. Heute wird die geschützte Pflanze im Rahmen eines Naturschutzprojektes geerntet: Von Mitte August (Maria Himmelfahrt) bis Anfang September (Maria Geburt) graben Bauern aus den Nockbergen den Speik aus, anschließend wird er getrocknet. Zu kaufen gibt es ihn dann als »Speick Naturkosmetik« in Form von Cremes, Bädern und Lotionen. Mehr erfährt man auch in der Speick-Akademie in Bad Kleinkirchheim (www.harmonys.at). Die Produkte sind in Drogeriemärkten und Apotheken erhältlich. Infos bei Bad Kleinkirchheimer Tourismus Marketing GmbH (Dorfstr. 30, Tel. 0 42 40 / 82 12, www.bad.kleinkirchheim.at).

KUNSTHANDWERK

Kunst-Handwerkshaus   E 3
Gmünd hat sich mit seinen Galerien und dem Kunsthandwerksmarkt zu einem Hotspot in Kärnten entwickelt. In diesem alten Gebäude hinter dem Gmünder Hauptplatz kann man direkt aus den Werkstätten Goldschmiedearbeiten, Textilkunst oder Keramik von wechselnden Künstlern erwerben.

Gmünd | Hintere Gasse | Mo–Fr 9–12, 14–18, Sa 9–12 Uhr

MODE

Blaue Blusen   G 5
Der Trachtenhersteller Pleamle hat eine eigene Wörtherseekollektion entworfen, sie basiert auf einem eigenen Blaudruck-Muster und den Farben des Wörthersees. Sie besteht aus Polos, Shirts, Blusen und Hemden.

Villach | Kaigasse 4 | www.pleamle. com | Mo–Fr 9–18, Sa 9–13,

Weitere Geschäfte und Märkte finden Sie im Kapitel **KÄRNTEN ERKUNDEN.**

Wenn Sie immer schon mal wissen wollten, wie aus frischer Milch Käse wird, sollten Sie der Schaukäserei Tressdorfer Alm (▶ S. 40) einen Besuch abstatten.

SPORT UND STRÄNDE

Kärnten ist bekannt für seine vielen idyllischen Badeseen und sein mildes Klima. Die Berglandschaft lockt von Frühjahr bis Herbst Wanderer, Bergsteiger und Mountainbiker an, im Winter Skifahrer.

Kärnten gilt zu Recht als das Land der Berge und Seen: 93 seiner Berggipfel sind über 3000 m hoch, der Großglockner mit 3798 m ist der höchste Berg Österreichs. Die rund 1270 Seen und anderen stehenden Gewässer (44 davon Badeseen) haben durchwegs Trinkwasserqualität. In den Bergen und an den Gewässern spielt sich ein großer Teil der Sportaktivitäten ab: Schwimmen, Segeln oder Windsurfen kann man zwischen Juni und September. Die Berge rufen nicht nur im Sommer: Im Winter gibt es rund 30, zum größten Teil schneesichere Skigebiete. Dann sind auch einige der Kärntner Seen zugefroren.

DER BERG RUFT …

Aber See und Schnee beiseite: Kärnten ist ein ideales Terrain für Wanderer und Bergfexen. Selbst von den Badeständen ist es niemals weit auf

◀ Über Stock und Stein: Reittouren in Berg und Tal organisiert Reit-Eldorado (▶ S. 45).

den nächsten Gipfel. Das Angebot für Wanderer und Bergbegeisterte – natürlich auch für Mountainbiker – ist vielschichtig: Es reicht von mehrtägigen Klettertouren im Glocknergebiet, den Hohen Tauern, den Karnischen Alpen oder den Karawanken bis zu einfachen familientauglichen Wanderungen in den Nockbergen und auf der Saualpe. Wanderwege findet man fast überall, darunter auch themenspezifische Touren, auf denen man der Herkunft regionaler Spezialitäten nachspüren kann.

ANGELN

Die Kärntner Gewässer sind reich an Fischen, im Weissensee zum Beispiel tummeln sich mehr als 20 Fischarten. Angeln ist übrigens auch in den großen Stauseen möglich. Fischerkarten sind normalerweise in den Gemeinde- bzw. Tourismusbüros erhältlich.
www.kaerntner-fischerei.at

CANYONING

Ein besonderes Erlebnis ist das Abseilen in der Tscheppaschlucht, einem der ursprünglichsten Naturphänomene in Kärnten. Kaum weniger reizvoll ist die Wölla-Schlucht in Stall im oberen Mölltal, sie zählt zu den aufregendsten Canyoningstrecken im Bundesland.
– Tscheppaschlucht: Life Alpinsport | Ferlach | Tel. 04 63/59 51 89 | www.high life.co.at | Mai–Sept. Di–So 9 und 13 Uhr | Ticket 75 €
– Wöllaschlucht: Canyoning Austria | Stall | Tel. 06 64/1 33 32 26 | www. canyoning-austria.at | Mai–Sept. nach Vereinbarung | Ticket für Anfänger 69 €

GOLF

13 Golfanlagen besitzt das Land Kärnten, es ist damit eine der wichtigsten

Golf-Destinationen Österreichs. Sechs davon liegen direkt an einem See, die meisten gerade mal eine Viertelstunde davon entfernt. Will man auf mehreren Anlagen spielen, dann ist die Kärnten Golf Card eine gute Investition: Sie ermöglicht eine festgelegte Anzahl an Golfrunden auf den Kärnten Golf Card Partnerclubs zu spielen.
www.golfland.kaernten.at

GC Klagenfurt-Seltenheim   J 4/5

Dieser Championship-Course vereint Charakteristika eines klassisch schottischen Links-Kurses mit Fairways und Greens im American-Style, wobei das Wasser eine mehr oder weniger große Rolle spielt. Das Clubhaus mit seiner Terrasse gilt als eines der schönsten im ganzen Land.
Klagenfurt | www.golf-seltenheim.at

Golfanlage Bad Kleinkirchheim   F 3

Der renommierte 18-Loch-Championplatz »Kaiserburg« ist spektakulär am Waldrand gelegen, mit langen Fairways und dennoch stets ein Teil der Landschaft rund um die sanften Kuppen des Nationalparks Nockberge. Bad Kleinkirchheim ist der Heimatplatz von Ski-ass Franz Klammer. Loch 5 verläuft parallel zum Zielschuss der Franz Klammer K70-Abfahrt, auf der er sein erstes Europacup-Rennen gewann.

Bad Kleinkirchheim | www.badklein kirchheim.at / golfurlaub-karnten

Leading Golf Course Velden-Köstenberg ⚑ H 5

Nur 10 Min. vom Wörthersee-Badeort Velden entfernt befindet sich auf 700 m Seehöhe der Leading Golf Course Vel-den-Köstenberg. Breite Spielbahnen wechseln sich mit taktisch zu spielen-den Bahnen ab. Eine der schönsten Anlagen in Österreich.

Velden | www.golfvelden.at

KLETTERN

300 Routen sind am Kanzianiberg, in einem der besten Klettergärten Kärn-tens, zu finden. Informationen über Klettertouren in den Hohen Tauern, den Karnischen Alpen oder den Kara-wanken erhält man auch beim Öster-reichischen Alpenverein in Klagenfurt (hier steht eine Sportkletterhalle zur Verfügung).

OeAV-Sektion Klagenfurt: Völkermarkter Str. 9 | Tel. 04 63/51 30 56 | www.alpen verein.at

Go-Vertical ⚑ D 5

Kletterkurse vom Anfänger bis zum Perfektionisten, auch Klettersteigtou-ren und Canyoning.

Hermagor | www.go-vertical.at

Klettern am Kanzianiberg ⚑ G 5

Der »Kanz« lockt als der größte und spektakulärste Klettergarten Kärntens viele Kletterbegeisterte an. Mehr als 300 Routen und etwa 400 Seillängen werden angeboten.

Finkenstein | www.higlife.co.at

The Rock Kletterpark Kärnten ⚑ D 3

1200 qm Kletterfläche, ein 16 m hoher Wettkampfbereich, ein 12 m hoher Schulungsbereich und ein 4 m hoher Boulderbereich.

Mühldorf | www.therock.co.at

RAD FAHREN

Kärnten ist ein Bikerparadies: Radwege gibt es in jeder Region, von hoch alpinen Mountainbikestrecken bis zu gemütlichen Seeumrundungen. Die schönsten Radwege gibt es im Gail-, im Möll- und im Drautal. Routen durch-queren auch das Rosen- und das La-vanttal sowie die Nockberge.

Drauradweg: Die Route geht von Silli-an in Osttirol bis Völkermarkt und um-fasst 250 km.

Glocknerradweg: Von Mörtschach be-ginnend radelt man durch das Mölltal bis zum Ort Möllbrücke.

Karnischer Radweg: Zwischen Köt-schach-Mauthen und Villach (90 km). Seit dem Sommer 2013 ist auch der ers-te »Flow Country Trail« Österreichs auf der Petzen in Südkärnten eröffnet, die längste Strecke in Europa. Der Trail ist auch hervorragend für Anfänger ge-eignet, man benötigt hier keine spezifi-schen Technikkenntnisse. Mit dem Bike im Gepäck fährt man mit der Bergbahn gemütlich zum Einstieg des Trails hin-auf. Über dezente Anleger, Roller und Sprünge geht es dann Höhenmeter für Höhenmeter wieder nach unten.

Weitere Infos über Radwege und Moun-tainbikerouten: Kärnten Werbung | Tel. 04 63 / 30 00 | www.rad.kaernten.at

Kärntens Naturarena 🏳D5

800 km Mountainbikestrecken bietet Kärntens Naturarena in Hermagor. Den Weissensee oder den Pressegger See oder rauf auf die Berggipfel: Am Weissensee und in Kirchbach gibt es eine permanente Mountainbike-Rennstrecke. Mountainbike-Erlebniswochen, Run & Bikecamps oder Cross-Country-Mountainbiking werden ebenfalls angeboten.

Hermagor | www.mountainbike. naturarena.com

Kärnten Seen Biking

Beim Kärnten Seen Biking werden zwölf Etappen in zwei Varianten angeboten: 854 km und 20 300 Höhenmeter können überwunden werden, die Touren führen quer durch die Kärntner Bergwelt. Etappenziele liegen an den Kärntner Badeseen; Trails nach Italien und Slowenien runden das Angebot ab. Startpunkt ist der Millstätter See.

www.kaernten-seen-biking.at

REITEN

Feriendorf Moserhof 🏳D3

Ein 200 km langes hofeigenes Reitwegenetz gehört ebenso zum Moserhof wie eine Alm und Ferienhäuser.

Penk/Reisseck | Moos 1 | www.moser hof.net

Reit-Eldorado 🏳J4

Mit mehr als 1500 km Reitwegen ist Kärnten auch ein Reiterland. 14 Reittouren im ganzen Land hat das Reit-Eldorado in St.Veit an der Glan in einem Büchlein zusammengefasst.

St. Veit an der Glan | www.reit-eldorado. at

Mountainbiker (▶ S. 44), die eine sportliche Herausforderung suchen, treffen im Großglockner-Gebiet auf ein anspruchsvolles und landschaftlich reizvolles Terrain.

SEGELN

Zum Segeln oder Windsurfen besonders geeignet sind der Wörther-, der Ossiacher-, der Millstätter-, der Weissen- und der Faaker See mit ihren leichten bis mittleren Winden. 1 Std. Miete eines Segelboots kostet ca. 25 €, das Ausleihen eines Surfbrettes 18 €. Segelschulen (mit Bootsverleih):
– Millstätter See: Segel- und Surfschule Döbriach | Seepromenade 50 | Tel. 0676/ 7856336 | www.segel-surfschule.at
– Ossiacher See: Segelschule Annenheim | Seeuferstr. 107 | Tel. 0 42 48/33 18
– Wörthersee: Segel- und Sportschule Wörthersee | Tel. 06 64/4 20 21 18 | www.see-info.at

SKIFAHREN UND SNOWBOARDEN

Rund 30 Skigebiete findet man in Kärnten: vom Ankogel bis zum Weissensee. Wegen der Lage der Region am Südrand der Alpen sind allerdings nicht alle schneesicher – auch wenn man dem mangelnden Schnee inzwischen mit Schneekanonen weitgehend abhelfen kann. Zu den renommiertesten Skigebieten gehören jene in den Hohen Tauern: Heiligenblut, Ankogel (bei Mallnitz) oder der Katschberg, bekannt sind auch das Nassfeld, Bad Kleinkirchheim oder Innerkrems.

Bad Kleinkirchheim – St. Oswald
F 3

Die interessanteste Skiregion in Kärnten hat Bad Kleinkirchheim–St. Oswald anzubieten, die Heimat von Abfahrts-Olympiasieger Franz Klammer. Auf 103 km Pisten, die bis auf 2055 m führen, kommen ungeübte und geübte Skifahrer auf ihre Kosten.

Bad Kleinkirchheim | www.vonden pistenindiethermen.com | Dez.–April tgl. 8–16 Uhr | Tageskarte 43 €, Kinder 21,50 € (Kombipauschalen beim Themenbesuch)

Innerkrems
F 2

45 km Pisten sind im Norden der Nockberge zu finden, einem der schneesichersten Gebiete Kärntens.
Innerkrems | www.innerkrems. at | Dez.–April tgl. 8–16 Uhr | Tageskarte 36,50 €, Kinder 18,50 €

Katschberg
F 2

An der Grenze zum Salzburger Lungau erwarten 70 Pistenkilometer und 16 moderne Liftanlagen den Skibegeisterten. Schneesicherheit garantiert eine Lage zwischen 1640 und 2220 Höhenmetern. 100 % der Pisten sind mit modernsten Beschneiungsanlagen ausgestattet. Der Großteil der Abfahrten ist mittelschwer.
Rennweg/Katschberg | www.katsch berg.at | Dez.–April tgl. 8–16 Uhr | Tageskarte 41 €, Kinder 20,50 €

Mölltaler Gletscher
C 3

Mit dem Mölltaler Gletscher besitzt Kärnten auch ein Ganzjahres-Skigebiet: Rund 9 km präparierte Pisten sind auch im Sommer befahrbar.
Flattach | www.gletscher.co.at | Mitte Juni–Mitte Mai tgl. 8–16 Uhr | Tageskarte 42,50 €, Kinder 21,50 €

TENNIS

Fast jede Gemeinde in Kärnten und auch sehr viele Hotels verfügen über Tennisplätze, zum Teil gibt es auch Hallen, in denen man dem Sport frönen kann. Über Schulen und Ausbildungsstätten informiert auch www.tenniskaernten.at.

Hotel Brennseehof   F 4

Eines der führenden Tennishotels mit neun Tennisplätzen, diplomierter Tennisschule und Sportshop. Dazu kommen beheizte Indoor- und Outdoorpools, ein ASIA-Wellness-Center und eine moderne Seewellness-Anlage.

Feld am See | Seestr. 19 | www.brennseehof.com

Tennis-Wellnesshotel Mori   K 5

Das Hotel Mori verfügt über 15 Sandplätze im Freien und drei Plätze in der Halle, daneben werden Tenniskurse nach der ÖTS-Lehrmethode angeboten – natürlich auch für Kinder.

Seelach/Klopeinersee | Kleinseeweg 20 | www.hotel-mori.at

WANDERN

Nicht ein Ort, nicht eine Sehenswürdigkeit, die man nicht gut zu Fuß erreicht. Viele Orte bieten auch eigene Wanderpauschalen, manchmal wird man von einem erfahrenen Wanderführer begleitet.

www.kaernten.at/wandern

ZUM EINSTIEG: GIPFELTOUR IN DEN KARAWANKEN

Eine geführte Gipfeltour auf die Ojstra (1577 m) ist ein schöner Einstieg in die Bergwelt der Karawanken. Ausgangspunkt ist die Tourismusinfo St. Kanzian, danach geht's mit dem Wandertaxi zum Startpunkt am Gehöft Vretschk, am Gipfel gibt's eine Jause und danach noch ein Mittagessen.

St. Kanzian | Juni–Sept. | 6 Std., mit Führer 41 €

Sowohl hinsichtlich Pistenangebot als auch Präparierung steht das Nassfeld in den Karnischen Alpen im Ruf, ein Top-Skigebiet zu sein.

FÜR FAMILIEN: WÖRTHERSEE-RUNDWANDERWEG

Der Rundwanderweg hat eine Gesamtstreckenlänge von etwa 55 km (weiß-blau markiert). Das Gelände ist hügelig mit einigen steilen An- und Abstiegen (Seehöhen von 440 bis 850 m, ca. +/- 2200 Höhenmeter), die Route verläuft großteils in waldreichem Gebiet, wobei sich immer wieder herrliche Ausblicke sowohl auf den Wörthersee als auch auf die Karawanken bieten.

Mancherorts führt der Weg sogar ins Reich der Sagen und Mythen. Am sogenannten Wasserspielpatz in der Nähe von Velden erkunden die großen und kleinen Wanderer das Geheimnis des Wörthersee-Mandls. Das soll einst den Übermut der Klagenfurter Bürger mit einer Überschwemmung bestraft haben, die letztlich zum Entstehen des Wörthersees führte. Die Kinder können ein Holzfass des Mandls füllen und später ein Mini-Klagenfurt aus Stein sowie den Wörthersee fluten, während die Eltern in Relaxliegen sprichwörtlich »abhängen«.

FÜR GENIESSER: MILLSTÄTTER SEE HÖHENSTEIG

Der 200 km lange Millstätter See Höhensteig führt in acht Etappen in einer Seehöhe von 600 bis 2600 Höhenmetern rund um den Millstätter See. Die gesamte Gehzeit dauert rund 13 Tage, täglich ist man bis zu 8 Std. unterwegs. Dabei bieten sich herrliche Ausblicke über die Nockberge und den Millstätter See, und man erobert auch einen der schönsten Aussichtspunkte Kärntens, den Mirnock. Übernachtet wird auf Berghütten, der Einstieg ist auf allen Etappen möglich.

KLASSIKER: DER WIENER HÖHENWEG

Landschaftlich herausragende Tour durch die ursprünglich erhaltene Schobergruppe mit anspruchsvollen Streckenabschnitten. Steile Schneerinnen sind ebenso zu bewältigen wie seilgesicherte Felspassagen. Pickel und Steigeisen sind obligatorisch, Seilsicherung bei schwierigen Verhältnissen sinnvoll. Der Weg ist in fünf Tagesetappen mit einer Gehzeit von 4 bis 6 Std. angelegt, einem Aufstieg von 250 m bis 750 m. Aber Achtung: Der Wiener Höhenweg ist eine anspruchsvolle Höhenwanderung. Ausgangspunkt ist der Nationalpark-Parkplatz (ca. 1850 m) an der Winklerner Alm (Zufahrt ab Iselsberg). Übernachten kann man auf zahlreichen Hütten im Gebiet.

WINDSURFEN

Sportschule Krainer Felder See

F 4

Dieser See südlich von Radenthein gilt als der windsicherste See Kärntens. Das kann man in der Sportschule Krainer ausnutzen und hier das Windsurfen von der Pike auf erlernen.

Feld am See | www.sportschule.at

Surf-Segelschule Ossiachersee

G 4

Nicht nur ein tolles Revier für künftige Surfer und Segler, neuerdings wird auch Stand Up Paddling angeboten, und wer den Sport schon beherrscht, kann hier Boards oder Jachten mieten.

Annenheim | Seeuferstr. 107 | www.surf-segelschule.at

STRÄNDE

Die Kärntner Seestrände sind entweder verbaut oder Landschaftsschutzgebiet:

Wild baden ist daher kaum möglich. Die meisten Hotels und Pensionen der Seegemeinden besitzen einen eigenen Badestrand, den man als Gast benutzen kann. Oder aber man wählt eines der öffentlichen Strandbäder:

Faaker See   G 5

Öffentliche Strandbäder haben die Gemeinden Faak und Egg zu bieten.

Klopeiner See   K 5

Das öffentliche Strandbad verlockt nicht nur zum Baden, sondern man kann auch Tretboote leihen.

Millstätter See   E/F 4

In Döbriach am Ostufer zum Beispiel reizt der feine Sandstrand vor allem Familien mit Kindern zum Sandburgenbau. In Seeboden am Westufer kommen eher die sportlichen Wasserratten auf ihre Kosten.

Ossiacher See   G 4

Hier findet man öffentliche Bäder in Annenheim (das Gerlitzenbad erreicht man zu Fuß auch von der Talstation der Gerlitzenbahn) oder in Sattendorf.

Weissensee   D 4

Er ist Kärntens höchstgelegener und reinster Badesee, eingebettet in ein Landschafts- und Naturschutzgebiet. Seine Besonderheit ist, dass seine Ufer zum größten Teil unverbaut sind.

Wörthersee 🌟   H/J 5

Hier gibt es an verschiedenen Stränden öffentliche Bäder. Sogar die Stadt Klagenfurt besitzt ein eigenes: am Metnitzstrand beim Europapark.

Das Strandbad von Drobollach am Faaker See (▶ S. 49), mit der malerischen Kulisse der Karawanken im Hintergrund, ist ein ideales Terrain für Wasserratten.

FESTE FEIERN

Lebensfreude und Brauchtum spiegeln sich in vielen traditionellen Festen wider: beim Villacher Fasching ebenso wie beim Vierbergelauf, beim Gailtaler Kufenstechen oder beim Volksfest zu Ehren von Arnulf von Kärnten in Moosburg.

Die Kärntner feiern gerne – und fast das ganze Jahr finden sie einen Grund dazu: Die Feierlichkeiten haben traditionell mit dem bäuerlichen Jahreskreis zu tun, mit kirchlichen Feiertagen oder manchem heidnischen Fest, das sich hinter dem Namensfest eines katholischen Heiligen verbirgt. Auch gesellschaftliche Events wie das GTI-Treffen am Wörthersee oder die Fête Blanche haben nach Jahren bereits Tradition.

GANZ IN WEISS

Bei der Fête Blanche, die bereits seit den 1970er-Jahren in ununterbrochener Reihenfolge jedes Jahr am Wörthersee Station macht, wird einen Abend lang ganz in Weiß gefeiert. Damals fand sich die High Society vom Wörthersee im damaligen »Drop-In« im Hotel Schloss Seefels ein, um eine Party ganz in Weiß zu feiern, 1994 aber übersiedelte das »Drop-In«

◀ Brauchtum und Tracht spielen beim Villacher Kirchtag (▶ S. 53) die erste Geige.

in eine ehemalige Fabrik in Saag und mit ihm die Fête Blanche. Ein Jahr
darauf wurde daraus die »Fabrik«, eine andere Top-Party-Location am
Wörthersee, und das »Drop In« wurde mit altem Namen an neuem und
doch nahem Standort wiedergegründet. Seit damals kommen Ende Juli
mehr als 3000 Gäste in die »Fabrik« und in das »Drop-In«, um die Fête
Blanche zu feiern. So erfolgreich, dass es inzwischen Ableger in ganz Österreich und darüber hinaus gibt. Aber nicht nur: Im Windschatten der
echten Fête Blanche gibt's rund um den See im »Rainer's« am Monte Car-
lo Platz, im »Le Cabaret« oder in der »Monroe Lounge« in Velden ebenfalls weiße Feste.
Noch eine längere Tradition, aber eine völlig andere Geschichte hat der
Villacher Kirchtag. Österreichs größtes Brauchtumsfest geht seit mehr als
70 Jahren im Stadtzentrum von Villach über die Bühne. Jeden ersten
Samstag im August und in der Woche davor zieht der Kirchtag über
400 000 Besucher in die festlich geschmückte Altstadt.
Mehr als 130 Einzelveranstaltungen liefern Brauchtum jeder Couleur, Österreichs größter Gastgarten wird am Villacher Hauptplatz aufgeschla-
gen, und auf fünf Bühnen spielen die besten Volksmusikgruppen des
Landes, »natürlich unverstärkt«, wie die Veranstalter betonen.
Der Villacher Kirchtag ist allerdings nur das größte einer Reihe von traditionellen Festen, die meist zwischen Ende August und Oktober im ganzen Land über die Bühne gehen und als Erntedankfeste oder zu Ehren
lokaler Produkte stattfinden: von Bienenhonig über Speck bis zu Äpfeln.

FEBRUAR

Villacher Fasching

Der Fasching, die österreichische Variante des Karnevals, erreicht seinen
Höhepunkt am Rosenmontag und
Faschingsdienstag. Der Villacher Fasching, im Jahr 1867 zum ersten Mal
erwähnt, ist die größte dieser Veranstaltungen in Kärnten. Höhepunkt ist
immer die Sitzung der Faschingsgilde,
dabei wird auf einer Festbühne vor
großem Publikum die österreichische

– und Kärntner – Politik und Gesellschaft durch den Kakao gezogen.
Rosenmontag/Faschingsdienstag

APRIL

Vierbergelauf in St. Veit an der Glan

Wallfahrt, die am zweiten Freitag nach
Ostern (am »Dreinagelfreitag«) Tau-
sende Gläubige anzieht und über vier
Berge und 52 km führt.
Zweiter Freitag nach Ostern
www.vierbergelauf.at

MAI

Gailtaler Kufenstechen

In Feistritz an der Gail versuchen keulenschwingende Reiter unter den Augen der begeisterten Zuschauer, ein Fass zu demolieren.

Pfingstmontag

JUNI

Wörthersee Classics in Klagenfurt

Gustav Mahler und Alban Berg verbrachten ihre Sommerferien am Südufer des Wörthersees, Johannes Brahms komponierte gerne in Pörtschach, Anton von Webern logierte in Klagenfurt, und Hugo Wolfs Jugendjahre waren vom Hügelland Mittel- und Unterkärntens geprägt. Seit 2002 vereint sich alljährlich ein facettenreiches Konzertprogramm mit der Kärntner Landschaft.

Anfang Juni
www.woertherseeclassics.com

Wörtherseefestival (Klagenfurt)

Ein Musicalhit jagt auf der Seebühne den nächsten.

Mitte Juni bis Ende August

World Bodypainting Festival in Pörtschach

Beim weltgrößten Festival dieser Art kommen nicht nur Tattoo-Fetischisten auf ihre Kosten, Musik, Kunst und Mode runden das ganze Spektakel ab.

Ende Juni
www.bodypainting-festival.com

JULI

Kaiser Arnulfsfest in Moosburg

Beim alljährlichen Volksfest zu Ehren von Arnulf von Kärnten, der zwischen 850 und 899 römischer Kaiser war, verwandelt sich die beschauliche Ortschaft Moosburg in ein riesiges Volksfest mit Musik, Tanz und großem Festumzug.

Mitte Juli
www.arnulfsfest.at

Starnacht am Wörthersee (Klagenfurt)

Von Andrea Berg bis zu Santiano, alles was im deutschen Schlager Rang und Namen hat, kommt einmal im Jahr auf die Festivalbühne am Wörthersee.

Mitte Juli
www.starnacht.tv

Ritterspiele auf Burg Sommeregg

Eine spektakuläre Reise in die Vergangenheit und ein Spaß für Groß und Klein: mit Ritterturnier, Mittelaltermarkt und Ritterküche.

Ende Juli bis Mitte August
Seeboden | Schlossau 7 | www.sommeregg.at | Eintritt 19 €, erm. 12 €

JULI/AUGUST

Carinthischer Sommer in Ossiach und Villach

Das Highlight der Region ist der Carinthische Sommer in der Stiftskirche Ossiach und in Villach, mit Kirchenopern und Stiftskonzerten.

Juli/August
www.carinthischersommer.at

Komödienspiele Porcia in Spittal an der Drau

Die klassische Theaterkomödie steht im prachtvollen Schloss Porcia auf dem Programm: Johann Nestroy, Ferdinand Raimund oder Dario Fo.

Juli/August
www.komoedienspiele-porcia.at

AUGUST

Villacher Kirchtag

Österreichs größtes Brauchtumsfest mit Dutzenden von Veranstaltungen innerhalb einer Woche.

Anfang August
www.villacherkirchtag.at

Carnica Bienenfest in Sachsenburg

Die Genussregion der Carnica-Biene und alles, was mit Honig zu tun hat, steht bei diesem Fest im Mittelpunkt, darunter Honig-Degustationen und allerlei Brauchtum.

Mitte August
www.sachsenburg.at

Gackern, St. Andrä im Lavanttal

Alles dreht sich bei diesem Volksfest um das Huhn – vor allem natürlich die Kulinarik.

Mitte August
www.gackern.com

Honigfest Hermagor

Ebenfalls dem Honig und der Biene ist dieses Fest in Hermagor gewidmet, das gar über zwei Tage geht. Imker und Wirte erfinden raffinierte Gerichte mit Honig und lassen auch sonst der Fantasie freien Lauf.

Zwei Tage, Mitte August
www.honigfest.at

Fête Blanche in Velden

In den traditonellen Locations »Drop In« und »Fabrik« geht im August das »weiße Fest« über die Bühne. Wichtigste Voraussetzungen, um teilzunehmen: Man hat eine Eintrittskarte und ist in Weiß gekleidet.

Ende August
www.feteblanche.at

Pink Lake in Velden

Das Wörtherseefestival für Schwule, Lesben und alle, die nur feiern wollen. Rund um die Villa Bulfon in Velden kommen Gays aus ganz Europa zusammen, um ein Wochenende lang ausgelassen zu feiern.

Ende August
www.pinklake.at

SEPTEMBER

European Bike Week, Drobollach am Faaker See

Harley-Davidson-Treffen inmitten der grandiosen Natur am Faaker See.

Anfang September

Käsefestival in Kötschach-Mauthen

Der Käsekultur des Gailtales und darüber hinaus ist dieses Fest gewidmet – kulinarische Genüsse inklusive.

Ende September

OKTOBER

Gitschtaler Krautfest

Ein traditionelles Erntedankfest, bei dem sich alles um den Krautkopf dreht. Mit Krautspezialitäten, Krautspielen und -versteigerung.

Erstes Oktoberwochenende

Kirchbacher Apfelfest

Alles dreht sich bei diesem schönen Fest um den Apfel und die daraus entstehenden Produkte.

Erstes Oktoberwochenende

DEZEMBER

Christkindlmarkt, Klagenfurt

Direkt vor dem Rathaus am Neuen Markt kommt bei Glühwein und Plätzchen Weihnachtsstimmung auf.

Advent

MIT ALLEN SINNEN
Kärnten spüren & erleben

Reisen – das bedeutet aufregende Gerüche und neue Geschmackserlebnisse, intensive Farben, unbekannte Klänge und unerwartete Einsichten; denn unterwegs ist Ihr Geist auf besondere Art und Weise geschärft. Also, lassen Sie sich mit unseren Empfehlungen auf das Leben vor Ort ein, fordern Sie Ihre Sinne heraus und erleben Sie Inspiration. Es wird Ihnen unter die Haut gehen!

◀ Viele kleine Rinnsale der Pasterze (▶ S. 56) haben den Gletscherbach Möll gebildet.

Ob auf einem Tauerngipfel, bei einer Speikwanderung in den Nockbergen oder im kristallklaren Wasser des Wörthersees, Kärnten ist wie geschaffen dafür, die Natur mit allen Sinnen aufzunehmen. Aber auch einige der schönsten Kunstmuseen Österreichs betören die Sinne. Ebenso die kulinarischen Genüsse: Sei es bei einer deftigen Jause auf einer Hütte der Nockberge, bei einem Glas Kärntner Wein oder fruchtigem Most oder bei einem Degustationsmenü in einem haubengekrönten Restaurant. Und danach kann man immer noch bei einem Longdrink auf einer Seeterrasse den Mond bestaunen.

ESSEN UND TRINKEN

Granitztaler Mostwanderweg 🚶 L4

Ein Glas nach frischen Äpfeln duftender Most, dazu eine Brettljause mit Salami und Speck und ein lauer Sommertag in einer grünen Landschaft im Südosten Kärntens. Was will man mehr? Der Granitztaler Mostwanderweg ist der schönste der Wanderwege im Lavanttal, bei dem man von Buschenschank zu Buschenschank wandern kann, um den frischen Most zu verkosten: Drei Wege-Varianten gibt es: 9, 13 und 18 km lang. Infos über die Touren: www.stift-st-paul.at/wandern. Einkehrtipp: Buschenschank Neuhauser Granitztal-Weißenegg 47 | Tel. 04357/ 2081 | April–Juni, Aug–Okt. tgl. | €

St. Oswalder Bockhütte 🚶 F3

Für die Anstrengung des Aufstiegs wird man mit hausgemachter »Frigga«, (einem deftigen Holzfällergericht aus Maisgrieß, Speck und Eiern) und einem der besten Kaiserschmarren Kärntens belohnt. Das Hüttenpersonal klettert auf der einzigartigen Terrasse über die Felsen, um an den Tischen zu bedienen; dort lässt man bei einem kühlen Bier das Nockbergpanorama auf sich wirken. Die wahrscheinlich urigste Hütte der Nockberge erreicht man nach einer rund halbstündigen Wanderung von der Bergstation der Brunnachbahn in Bad Kleinkirchheim aus.
Bad Kleinkirchheim | Tel. 0664/ 4103186 | www.biosphaerenpark nockberge.at | Mai–Ende Okt. | €

Weinbau Karnburg 🚶 J4

Der Chardonnay, der golden im Glas schimmert, ist kein Kalifornier oder Franzose, sondern ein echter Kärntner. Selbst unter Einheimischen gilt Wein aus der Region noch immer als Geheimtipp. Der Texaner Sam Kegley gründete bereits in den 1990er-Jahren gemeinsam mit dem Kärntner Chirurgen Georg Lexer ein Weingut bei der Karnburg im Norden Klagenfurts. Heute ernten die beiden – als größter Weinbaubetrieb Kärntens – auf 6,5 ha ihre Trauben. Besichtigung und Verkostung nach Voranmeldung.

Karnburg | Leiten 6 | Tel. 0463/
94535 | weingut-karnburg.eu

ÜBERNACHTEN
Almurlaub im Maltatal  E 2

Auf 1600 m Meereshöhe, auf der Sonnenseite des Maltatals, liegen herrliche
Almmatten. Mitten in diesem Gebiet
kann man zwei Almhütten – die Zipf-
und die Jörglbauerhütte – ganzjährig
mieten. Im Sommer sind sie Ausgangspunkt für Wanderungen, im Winter für
Skitouren. Beide verfügen über Dusche
und WC, gekocht wird auf dem Holzherd, und als Kühlschrank dient der
Brunnen vor der Tür. Den mangelnden
Komfort machen Ruhe und Entspannung wett!
Malta | Maltaberg 6 | Tel. 04733/535 |
www.laggerhuetten.at | Jörglbauerhütte: 6 Betten, Zipfhütte: 4 Betten | €

KULTUR UND UNTERHALTUNG
Liaunig-Museum M 4

Der Kärntner Industrielle Herbert
W. Liaunig schuf dieses auch architektonisch interessante Museum für seine
beispiellose Sammlung zeitgenössischer Kunst und einzigartiger Goldarbeiten aus Afrika. 600 Schmuck- und
Kultobjekte afrikanischer Königsstämme, beispielsweise der Fante, sind zu
sehen. Die Sammlung »Gold der
Akan« ist eine der weltweit größten
und wichtigsten dieser Art. Das Museum kann ausschließlich im Rahmen
von Führungen besichtigt werden.
Neuhaus 41 | www.museumliaunig.at |
Mai–Okt. Mi–So | Eintritt 12 €

AKTIVITÄTEN
Gletscherweg Pasterze B 1

Die Pasterze – der größte Gletscher der
Ostalpen – ist das Ziel eines der eindrucksvollsten Nationalpark-Wanderwege, des Gletschwerweges Pasterze:
Umgeben von prächtigen Firngipfeln
wälzt sich der insgesamt 8 km lange
Eisstrom der Pasterze über einen gewaltigen Gletscherbruch: den sogenannten Hufeisenbruch. Aus der Gletscherzunge entspringt ein junger Fluss,
die Möll, und über allem thront der
mächtige Großglockner.
Leicht zu gehender Rundweg vom
Glocknerhaus (2121 m) an der Großglockner Hochalpenstraße, Dauer: ca. 4 Std. |
www.nationalpark-hohetauern.at |
Mai–Okt.

Obir-Tropfsteinhöhlen K 5

Zu den beeindruckendsten Naturschauspielen Kärntens zählen die
Tropfsteinhöhlen zu Füßen des Hochobir. Auf rund 1000 m Seehöhe entdeckten Bergleute um das Jahr 1870 die
200 Mio. Jahre alten Tropfsteinhöhlen.
Der unterirdische Besucherbereich ist
heute rund 800 m lang. 3 Std. muss
man für den Besuch einplanen: Man
erreicht die Höhlen mit einem Besucherbus vom Ticketbüro in Bad Eisenkappel aus. Dort kann man vom Parkplatz in Zauchen ca. 1 Std. lang bis zum

Höhleneingang wandern und dann mit dem Bus zurückfahren (Reservierung erforderlich). Der Besuch der Höhle dauert rund 1,5 Std. und ist nur im Rahmen einer Führung möglich. Kleinkindern ist der Besuch aus Sicherheitsgründen nicht gestattet.

Bad Eisenkappel | Hauptplatz 7 | Anmeldung: Tel. 0 42 38 / 82 39 | www. hoehlen.at | Mitte April–Mitte Okt. tgl. geöffnet | Eintritt 22 €, Kinder 13 € (inkl. Busfahrt und Führung)

WELLNESS

Karlbad  F 3

Bereits in der achten Generation bereitet die Familie Aschbacher inzwischen ihren Gästen das Bad nach der traditionell überlieferten Art und Weise. Dazu werden aus dem Karlbach entnommene Steine in offenem Feuer bis zum Glühen erhitzt und in die mit eiskaltem radonhaltigem Wasser der hauseigenen Karlbadquelle gefüllten Badetröge aus Lärchenstämmen ge-

füllt. Hat man das Glück, in einem der sieben Zimmer des Bauernhofes zu wohnen, dann kommt man vor den Tagesgästen zum Badevergnügen. Helfen soll es übrigens bei vielerlei Beschwerden.

Radenthein | St. Peter 2 | Tel. 0 42 46 / 34 30 | 7 Zimmer | Juni–Sept. Eintritt für Tagesgäste 18 € (mit Voranmeldung) | €

Maibachl im Warmbad Villach

G 5

Nur nach starken Regenfällen oder während der Schneeschmelze – im Mai – fließt dieses Bächlein nahe dem Kurpark von Warmbad Villach, es ist allerdings kein normales Gewässer, nein: Mit einer Temperatur von 28 °C sprudelt es aus dem Boden. Das Wasser soll heilsam sein und ist für jeden, während es fließt, frei zugänglich, um zumindest seine Füße darin zu baden. Seit 2005 ist das Maibachl als Naturdenkmal geschützt.

Warmbad Villach | Kurpark, Kadischen Allee 22–24 | www.warmbad.com

Eine Wunderwelt, wie sie nur die Natur erschaffen kann, öffnet sich dem Besucher in den Obir-Tropfsteinhöhlen (▶ S. 56), im Bild die »Grotte der tausend Seelen«.

Eine Augenweide: glückliche Kühe auf den Alm-
wiesen oberhalb des Millstätter Sees (▶ S. 98).

KÄRNTEN
ERKUNDEN

RUND UM DEN WÖRTHERSEE

Tiefblaue Badeseen, mondäne Orte wie Velden und Pörtschach,
die Landeshauptstadt Klagenfurt und das quirlige
Städtchen Villach machen den Charme der Region aus, die sich
auch gern mit dem Namen »Österreichische Riviera« schmückt.

Pulsierendes Herz des Landes Kärnten ist die Region um den Wörthersee: Hier liegen die zwei größten Städte des Landes, die Landeshauptstadt Klagenfurt und das lebhafte Villach; hier konzentrieren sich Verwaltung, Handel und Wirtschaft. Sanfte Gebirge gehören ebenso zu Unterkärnten wie romantische Flusstäler, Schlösser und tiefblaue Seen. Der Wörthersee ist wohl der bekannteste unter ihnen: In den Seeorten Velden oder Pörtschach trifft sich im Sommer alles, was Rang und Namen hat – oder glaubt, es zu haben. Aber Platz bleibt trotzdem genug. Durch seine Lage zwischen den beiden größten Städten Kärntens, Klagenfurt und Villach, wurde der Wörthersee schon früh durch den Tourismus erschlossen: Als klassische Sommerfrische der k.u.k.-Monarchie kamen nach dem Bau der Südbahn bis nach Klagenfurt und anschließend entlang des Wörthersees nach Villach viele wohlhabende Wiener in die Region. In Velden und

◀ Abendstimmung am Wörthersee (▶ S. 61),
nur ein paar Boote schaukeln sanft im Wasser.

Bergwelt
Großglockner   Die Nockberge und   Das Lavanttal
Kärntens histor. Kern   und Ostkärnten
Drau- und Lesachtal   Rund um den
Wörthersee
Das Rosental und
Südkärnten

Pörtschach am Nordufer ließen sie
sich prunkvolle Villen errichten, die
noch heute als Wörthersee-Villen bekannt sind.

Der Süden des Sees blieb noch längere Zeit unberührt, erst 1899 wurde
die 19 km lange Kaiser-Franz-Joseph-Straße (heute: Wörthersee-Südufer-
straße, L 96) erbaut. Bereits 1853 wurde am Wörthersee durch den Rad-
dampfer »Maria Wörth« der Dampfschiff-Linienverkehr aufgenommen.
1883 wurden bereits 175 000 Fahrgäste pro Jahr befördert. Bis 1930 stieg
die Anzahl der Passagiere auf 230 000.

PROMIS UND PARTYS

Ab den 1950er-Jahren sorgte Prominenz rund um Gunter Sachs, Udo Jür-
gens und später Roy Black für den Ruf als österreichische Schicki-Micki-
Destination, dazu trugen auch eine Reihe von Spielfilmen und Fernsehse-
rien bei – wie das »Schloß am Wörthersee« Anfang der 1980er-Jahre,
ebenfalls mit Roy Black (dem auch lange Jahre eine Statue in Velden gewidmet war). Der Wörthersee hat sich inzwischen auch als sommerliche
Partymeile Kärntens etabliert, ein Image, dem zum Teil auch die anderen
Seen Kärntens nacheifern.

Auch Klagenfurt, die Landeshauptstadt liegt direkt am Wörthersee und hat
mediterranes Flair. Sie ist Verwaltungssitz und Hochschul-Standort (Alpen-Adria-Universität) und hat ein internationaler Flughafen. Das gesamte
Ostufer des Wörthersees gehört zum Stadtgebiet Klagenfurts, das den See
seit Mitte 2007 im Namen führt.

KLAGENFURT   ◢ J 4/5

Stadtplan ▶ Klappe hinten
94 000 Einwohner

Italienische Baumeister haben viel beigetragen zum heutigen Aussehen der
Landeshauptstadt Kärntens: Im 16. Jh.
erlebte die Stadt ihre Blüte, und die
Adeligen und Reichen drückten ihren
Wohlstand in Palästen mit Arkadenhö-
fen und Bürgerhäusern aus, die noch

heute – mustergültig renoviert – das
Stadtbild prägen. Ebenso wie die Ring-
straßen, die anstelle des alten Festungs-
gürtels entstanden und Klagenfurt eine
offene, weite Atmosphäre verleihen.
Anders als das nahe Villach wurde Klagenfurt im Zweiten Weltkrieg weitgehend vom Bombenhagel verschont.
Aber Klagenfurt verfügt nicht nur über
eine sehenswerte Altstadt, es ist auch

das pulsierende Zentrum Kärntens, haben hier doch die Landesregierung und die wichtigsten Verwaltungseinrichtungen ihren Sitz. Nicht zu vergessen die Alpen-Adria-Universität und die renommiertesten kulturellen Institutionen des Landes, Theater und Museen. Noch einen großen Vorteil hat die Landeshauptstadt: Sie hat bis heute einen nicht unwesentlichen Anteil am Wörthersee; das Strandbad im Europapark am Seeufer besitzt sogar die längste Wasserrutsche Kärntens (114 m).

SEHENSWERTES

❶ Alter Platz

Einen Eindruck des Reichtums des 16. und 17. Jh., als die Stadt ihre Hochblüte erlebte, erhält man durch die hier versammelten Bürgerhäuser. Sehenswert ist das Haus Zur Goldenen Gans (Nr. 31), das wahrscheinlich älteste Gebäude der Stadt. Mitten auf dem Platz steht die Pestsäule von 1680 und erinnert an die Abwendung der Pest- und Türkengefahr.
Alter Platz

❷ Domkirche

1578 bis 1591 von den protestantischen Ständen erbaut, wurde die Kirche 1604 den Jesuiten übergeben und ist seit 1787 die Kathedrale des Fürstbistums Gurk. Sehenswert sind die Stuckarbeiten, der Marmorschmuck und die Wand- und Deckengemälde.
Neuer Platz

❸ Landhaus

Der prunkvolle Bau wurde zwischen 1574 und 1590 im Stil der Renaissance errichtet. Er ersetzte die Burg der Landesstände, die 1514 niedergebrannt war. Mit seinen Freitreppen und Arkaden-

gängen wirkt der Bau auch überaus leicht und elegant. Zu sehen ist unter anderem der prächtige Große Wappensaal – 1739 eingebaut – mit 665 Wappen der Landstände, diese und das Deckengemälde mit der Huldigung der Landstände an Karl VI. stammen vom Barockmaler Josef Ferdinand Fromiller. Seit 2006 ist auch der Kärntner Fürstenstein hier zu bewundern, seit dem frühen Mittelalter Bestandteil der Krönung der Kärntner Herzöge. Daneben gibt es noch einen kleinen Wappensaal mit weiteren 298 Wappen von Grafen und Ständeabgeordneten.
Landhaushof | www.landesmuseum. ktn.gv.at | April–Okt. Mo–Fr bis 16, Sa und feiertags 9–14 Uhr | Eintritt 3 €, Kinder 2 €

❹ Lendkanal

Seit 1527 verbindet dieser Kanal die Stadt mit dem Wörthersee. Villen aus der Jahrhundertwende säumen seine Ufer, bis er am Schloss Maria Loretto in den See mündet. Entlang des 4 km langen Lendkanals lässt es sich schön spazieren oder Rad fahren. Auch eine Schiffsverbindung gibt es: Der »Lendwurm« braucht für die Fahrt 50 Min.
Abfahrt Lendhafen | Mai–Okt. tgl. 10.50 und 15 Uhr | Preise auf Anfrage

⭐ Lindwurmbrunnen

Die wasserspeiende Figur, die im Zentrum der Stadt auf dem Neuen Platz steht, erinnert an einen Drachen, der der Legende nach einst die Sümpfe am Wörthersee unsicher machte. Aus einem einzigen Stück Chloritschiefer vom nahen Kreuzbergl hämmerten die Bildhauer Ulrich und Andreas Vogel-

Schon seit 1583 wacht der Lindwurmbrunnen (▶ S. 63) am Neuen Platz; heute ist der furcht-erregende Drache das Wahrzeichen und Wappentier Klagenfurts.

sang zwischen 1582 und 1590 den 6t schweren monumentalen Drachen. Ein steinerner Herkules mit erhobener Keule – 50 Jahre später hinzugefügt – hält den wasserspeienden Lindwurm bis heute in Schach. Als Vorbild für den Kopf diente der Schädel eines fälschlicherweise zum Drachen erklärten Wollnashorns aus der Eisenzeit (heute im Landesmuseum Rudolfinum ausgestellt). Im Rücken des Lindwurms steht auf dem Neuen Platz das 1582 errichtete Rathaus, das sich von Außen im Renaissancestil präsentiert.

Neuer Platz

⑤ Minimundus 🧍‍♂️🧍‍♀️

In der kleinen Welt am Wörthersee schippern Eltern und Kinder mit dem Dampfschiff zum Pariser Eiffelturm (natürlich in einer Miniaturausgabe) und reisen in nur 80 Min. um die Welt: 140 Modelle der schönsten Bauwerke aus aller Welt sind im Format 1 : 25 zu sehen. Neu hinzugekommen sind gerade Hangar 7 und 8 aus Salzburg sowie die Wuppertaler Schwebebahn.

Villacher Str. 241 | www.minimundus. at | April, Okt. tgl. 9–18, Mai, Juni, Sept. tgl. 9–19, Juli, Aug. Do–Di 9–20, Mi 9–22 Uhr | Eintritt 13 €, Kinder 8 €

6 Stadtpfarrkirche St. Egyd

Im Inneren des 1692 erbauten Gotteshauses sind barocke Fresken und an den Außenwände zahlreiche Grabsteine zu sehen. Der Künstler Ernst Fuchs, einer der Maler des österreichischen Phantastischen Realismus, schmückte eine Kapelle mit Bildern der Apokalypse aus. Einen schönen Rundblick über Klagenfurt hat man vom 91 m hohen Turm aus.

Pfarrhofgasse 4

MUSEEN UND GALERIEN

7 Eboardmuseum

Ein Geheimtipp ist Europas größtes Keyboardmuseum: Vintagekeyboards und auch Sammlerstücke darf man nicht nur bestaunen, sondern auch selbst spielen. Jeden Freitag gibt es Livekonzerte.

Florian-Groeger-Str. 20 | www.eboardmuseum.com | tgl. 14–19 Uhr | Eintritt 10 €

8 Koschatmuseum

Kleines, aber feines Museum südlich des Arnulfplatzes, das an den Komponisten Thomas Koschat (1845 – 1914) erinnert. Bis heute gilt er als einer der wichtigsten Vertreter der Kärntner Liedkunst.

Viktringer Ring 17 | Mitte Mai–Mitte Okt. 10–12 Uhr | Eintritt frei

9 Landesmuseum Rudolfinum

Fast alles, was in Kärnten historisch von Bedeutung ist, ist in den Sammlungen dieses Museums zu finden: von Volkskunde über archäologische Funde bis hin zu einer umfangreichen naturwissenschaftlichen Kollektion. Hier wird auch der weltweit größte keltische Waffenschatz aufbewahrt, und das Zeremonienschwert des Georgsritters

von Millstatt von 1499 ist zu sehen. Das »Glocknerama« demonstriert virtuell, wie der Großglockner im Juli 1800 erstmals bestiegen wurde. Und der Nashornschädel, dem der Lindwurm nachempfunden wurde, ist ebenfalls einen Blick wert.

Museumsgasse 2 | www.landesmuseum-ktn.gv.at | Di–Fr 10–18, Do 10–20, Sa, So 10–17 Uhr | Eintritt 3 €, Kinder 2 €

10 Landwirtschaftsmuseum Schloss Ehrental

Von steinzeitlichen Werkzeugen bis zu (fast) modernen Mähdreschern – hier ist vieles zu sehen, was mit der in Kärnten so wichtigen bäuerlichen Kultur und dem Arbeitsleben auf dem Land zu tun hat. Im Sommer verlockt ein Heilkräutergarten zum Schnuppern.

Ehrentaler Straße 119 | Tel. 04 63/4 35 40 | www.landwirtschaftsmuseum.at | Mai–Okt Di–Do 10–16, Juli, Aug. auch So 10–16 Uhr | Eintritt 4 €, Kinder 1,50 €; Freilichtmuseum: 7 €, Kinder 3 €

11 Museum Moderner Kunst Kärnten (MMKK)

In der ehemaligen Klagenfurter Burg werden die bedeutendsten Werke der Kunstsammlung des Landes Kärnten gezeigt. Sie beinhaltet Arbeiten von Kärntner Künstlern vom 19. Jh. bis heute, aber auch Werke von international bekannten Vertretern zeitgenössischen Kunstschaffens, u. a. Anton Kolig, Herbert Boeckl, Maria Lassnig, Arnulf Rainer, Hans Staudacher, Kiki Kogelnik, Bruno Gironcoli oder Erwin Wurm.

Burggasse 8 | www.mmkk.at | Di–So 10–18, Do 10–20, an Feiertagen Do bis 18 Uhr | Eintritt 5 €, Kinder frei

⑫ Robert-Musil-Literatur-Museum

Den Nachlass des großen österreichischen Dichters Robert Musil (1880–1942) findet man in seinem Geburtshaus: darunter viel Persönliches, auch die Erstausgaben seiner Werke. Ausstellungen sind daneben zwei anderen großen Kärntner Schriftstellerinnen gewidmet: Ingeborg Bachmann und Christine Lavant.

Bahnhofstr. 50 | www.musilmuseum.at | Mo–Fr 10–17 Uhr | Eintritt frei

⑬ Galerie 3

Ausstellungen zeitgenössischer Kunst aus dem Alpen-Adria-Raum zu den Themen Malerei, Skulptur, Fotografie und Installation.

Alter Platz 25 | www.galerie3.at | Mi, Do, Fr 10.30–12.30 und 15–18, Sa 10–12 Uhr | Eintritt frei

⑭ Stadtgalerie

Wichtigste Kunstgalerie der Stadt mit wechselnden Ausstellungen zeitgenössischer Kunst

Theatergasse 4 | www.stadtgalerie.net | Di–So 10–18 Uhr | Eintritt 5 €, Kinder frei

⑮ Stadthaus / Alpen-Adria-Galerie

Das Stadthaus wurde im 18. Jh. auf dem Wall der Wölfnitzbastei errichtet. Heute beherbergt es die städtische Kulturabteilung, den Trauungssaal der Stadt und die Alpen-Adria-Galerie mit wechselnden Kunstausstellungen.

Theaterplatz 3 | www.stadtgalerie.net | Di–So 10–18 Uhr | Eintritt 5 €, Kinder frei

ÜBERNACHTEN

⑯ Hotel-Restaurant Dermuth

Panoramablick – Die Kärntner Bergwelt ist zum Greifen nah und auch der

Ob Wiener »Steffl«, Petersdom oder Eiffelturm: Minimundus (▶ S. 63) in Klagenfurt zeigt seit den 1960er-Jahren die Welt en miniature.

See vor der Tür. Im Dermuth kombiniert man komfortablen Stadturlaub mit grüner Umgebung.

Kohldorferstr. 52 | Tel. 04 63 / 2 12 47 | www.hotel-dermuth.at | 50 Zimmer, Appartements und Suiten | 🐕 | €€

17 Palais Hotel Landhaushof

Mondän übernachten – Zentrale Lage im Landhaus mit überdachtem Arkaden-Innenhof, viel Flair und einem gepflegten Restaurant. Vom Wellnessbereich hat man einen schönen Blick über die Stadt.

Landhaushof 3 | Tel. 04 63 / 59 09 59 | www.gut-essen-und-trinken.at/der landhaushof.html | 27 Zimmer | €€€

18 Palais Porcia

Beste Lage – Vom Zimmer blickt man auf den Lindwurm, der Rest ist stilvoll und gediegen. Eigener Hotelstrand am Wörthersee.

Neuer Platz 13 | Tel. 04 63 / 5 11 59 00 | www.hotel-palais-porcia.at | 35 Zimmer | €€€

19 Sandwirth

Altstadtflair – Übernachten im Herzen der Stadt. Zum komfortablen Hotel gehört auch ein Café mit hervorragenden Mehlspeisen.

Pernhartgasse 9 | Tel. 04 63 / 5 62 09 | www.sandwirth.at | 51 Zimmer | €€

20 Seepark Hotel Congress & SPA

Am See – Herrliche Lage direkt am Wörthersee mit großem Wellnessbereich und Innenpool. Das Restaurant Laguna verwöhnt die Hotelgäste.

Universitätsstr. 104 | Tel. 04 63 / 20 44 99-0 | www.seeparkhotel.at | 46 Zimmer | ♿ | 🐕 | €€

ESSEN UND TRINKEN

RESTAURANTS

21 7. Himmel

Originell – Charmanter Wirt, gemütliches Lokal, kleine, feine Speisekarte für Freunde mediterraner Küche mit toller Pasta und einer hervorragenden Panna Cotta.

Osterwitzgasse | Tel. 04 63 / 5 53 39 | Mo–Fr und feiertags 11–14 und 17–24 Uhr | €€

22 Bierhaus zum Augustin

Bier und mehr – Der Garten im Arkadenhof ist an lauen Sommerabenden ein beliebter Treffpunkt für die Klagenfurter; selbst gebrautes Bier, gute Kärntner Küche.

Pfarrhofgasse 2 | Tel. 04 63 / 51 39 92 | www.gut-essen-trinken.at/dasaugustin. html | Mo–Sa 11–24 Uhr | €

23 Dolce Vita

Fantasievoll mediterran – Wer sich unter dem Namen Dolce Vita eine Pizzeria erwartet, der irrt gewaltig: Küchenchef Stefan Vadnjal setzt auf gehobene österreichische Küche mit mediterranem Einschlag.

Heuplatz 2 | Tel. 04 63 / 5 54 99 | www.dolce-vita.at | Mo–Fr 11.30–15, abends ab 18 Uhr | €€

24 Maria Loretto Restaurant ▶ S. 28

25 Oscar

Spitzenniveau – Haubenkoch Thomas Guggenberger hat hier ein neues Refugium gefunden und demonstriert mit kreativer und doch grundsolider Kochkunst, dass man auch auf Topniveau nicht übertrieben kostspielig essen muss. Top-Weinauswahl.

🕐 Schauen Sie, ob Sie zu Mittag einen Tisch ergattern können. Da wird zwar mit ebensoviel Kreativität und Liebe gekocht wie am Abend, aber die Menüs haben manchmal Kampfpreise.

St. Veiter Ring 43 | Tel. 0463/502300 | www.oscar-restaurant.at | Mo–Fr 11–24 Uhr | €€€

26 Pumpe ▸ S. 28

27 Ristorante Michelangelo

Pizza und Pasta – Der wohl beliebteste Italiener in Klagenfurt serviert nicht nur Pizza, sondern auch Pasta und Klassisch-Italienisches (versuchen Sie das »Saltimbocca alla Romana«). Schöne Terrasse und ein Wintergarten.

Sankt-Veiter-Str. 181 | Tel. 0463/481889 | www.ristorante-michelangelo.at | Di–Mo 11.30–24 Uhr | €€

28 Zum Heiligen Josef

Bodenständig – »Kärntner Nudeln« stehen natürlich prominent auf der Karte dieses traditionellen Wirtshauses, aber auch Ausgefalleneres kommt auf den Tisch.

Osterwitzgasse 7 | Tel. 0463/500807 | Mo–Fr 11–14 und 17.30–24, Sa 11–15 und 17.30–24 Uhr | €

CAFÉS

29 Café Loretto

Kaffeehaus mit Wohnzimmeratmosphäre im Herzen von Klagenfurt.

Domplatz 1 | Tel. 0664/1941323 | Mo–Fr 7.30–22, Sa 10–18 Uhr | €

BARS

30 Café Bar My Way

Ab 4 Uhr früh ist diese Bar geöffnet, neben guter Musik wird auch mit ei-

Das »Wörthersee-Mandl«: Laut Sage soll es die sittenlosen Klagenfurter mit einer Überschwemmung bestraft haben, aus der der Wörthersee hervorgegangen ist (▸ S. 48).

nem Imbiss aufgewartet. Ideal für Nachtschwärmer!

Wiener Gasse 6 | Tel. 04 63/59 04 54 | www.myway.at | Mo–Sa ab 4 Uhr

31 Sunset Bar

Der Sonnenuntergang über dem Wörthersee liefert das Panorama für einen Drink auf der Terrasse dieses In-Treffs am Ufer. Nachts wechselt man auf die Tanzfläche des Clubs.

Strandbad Klagenfurt | www.sunset-club.at | Mai–Mitte Okt.
– Promenadencafé: Mo–Fr 10–22, Sa, So 9–23 Uhr
– Sunsetclub: Mo–Fr 17–2, Sa, So 9.30–2 Uhr

EINKAUFEN

BÜCHER

32 Buchhandlung Johannes Heyn

Nicht nur eine gepflegte Auswahl an Literatur, Musik und Filmen sondern auch Lesungen und Signierstunden gibt's in Klagenfurts bestem Bookshop. Und im eigenen Verlag wird Kärntnerisches verlegt.

Kramergasse 2 | www.heyn.at | Mo–Fr 9–18, Sa 9–14 Uhr

MARKT

33 Benediktinermarkt

Der Benediktinermarkt (ständiger Marktplatz von Montag bis Samstag) verspricht besonders beim Wochenmarkt (Donnerstag und Samstag vormittags) das multikulturelle Flair Klagenfurts: Gemüse, Brot, Speck, Eier, Obst stammen von lokalen und italienischen Händlern. In den kleinen Lokalen am Markt kann man dann »Polenta-Spinat-Laibchen«, »Ritschert« oder gar »Kasnudeln« genießen.

Benediktinermarkt | Mo–Sa tagsüber, Wochenmarkt Do und Sa-Vormittag.

Benediktinermarkt in Klagenfurt 1

Nirgendwo relaxt man genussvoller als am Stand 17 an einem Donnerstag oder Samstag. Dann bieten die Bauern am Wochenmarkt ihre Köstlichkeiten feil, es duftet nach frischen Äpfeln, Tomaten und Kräutern (▶ S. 12).

MODE

34 Strohmaier Trachten

Marlene und Wolfgang Strohmaier kreieren seit mehr als 20 Jahren ihre eigenen Modelle wie das »Bleiburger G'wand« oder das »Kirchtagsg'wand«, basierend auf traditionellen Schnitten.

Dr.-Arthur-Lemisch-Platz 7 | Tel. 04 63/ 51 51 20 | Mo–Fr 9–13, 14.30–18, Sa 9–13 Uhr

MUSIK

35 di marcos high fidelity

Dem Vinyl widmet sich Marco Zidej seit mehr als zehn Jahren mit Überzeugung: Mehr als 1000 Schallplatten hat er in seinem Geschäft.

Bahnhofstr. 26 | Di–Fr 13.30–19.30, Sa 10–13.30 Uhr

WEIN, BIER, SPIRITUOSEN

36 Schleppe Brau- und Brennwelt

Bei einer Tour durch die Schleppe Brauerei erfährt man nicht nur etwas über die 400-jährige Geschichte des Klagenfurter Biers, sondern kann auch gleich die Gerstensäfte und Brände verkosten – und natürlich auch kaufen.

Obst und Gemüse aus der Region, aber auch aus dem benachbarten Italien und Slowenien werden auf dem Benediktinermarkt (▶ S. 68) in Klagenfurt feilgeboten.

Schleppeplatz 1 | Tel. 0463/4 2700 | www.schleppe.at | Führungen Mai–Mitte Sept. Mo–Fr 10.30 Uhr

37 Vinothek Jäger's Weinkeller
▶ S. 40

KULTUR UND UNTERHALTUNG

38 Stadttheater

Schauspiel, Oper, Operette und Musical stehen am Programm dieses wichtigsten Theaters Kärntens.
Theaterplatz 4 | Programm unter Tel. 0463/5 4064 | www.stadttheater-klagenfurt.at

SERVICE

AUSKUNFT

Klagenfurt Tourismus

Neuer Platz 1 | Tel. 0463/5 372223 | www.klagenfurt-tourismus.at | Sommer: Mo–Fr 8–18, Sa 10–17, So 10–15 Uhr, Winter: Mo–Fr 8–18, Sa 10–15, So 10–13 Uhr

Ziele in der Umgebung

◎ **WÖRTHERSEE** ★ ⚐ H/J 5

Die Primaballerina unter den Kärntner Gewässern: Mit seinen 16 km Länge liegt der See im Herzen Kärntens, eingebettet zwischen den Nockbergen, den Karawanken und den südlichen

Ausläufern der Alpen. Mit einer Breite zwischen 1 und 1,5 km und einer Tiefe von 84 m ist er der größte Kärntner See. Seine Wassertemperatur erreicht im Sommer auch schon mal 28 Grad. Viel Prominenz gibt sich hier während des Sommers ein Stelldichein. An der »Österreichischen Riviera« kann man natürlich auch schwimmen, tauchen, segeln und surfen – als Wassersportzentrum ist der See weithin bekannt. Die sommerlichen Festspiele auf der Wörthersee-Bühne stehen ganz im Zeichen der leichten Muse.

Bemerkenswert ist auch die Wörtherseearchitektur, ein recht gelungener Mischmasch aus Jugendstil, Romantik und Barock. Von 1909 bis rund 1930 entstanden so Villen, Hotels und Badehäuser. Besonders geglückte Beispiele sind die Villen Miralago oder Wörth in Pörtschach bzw. das vom Wiener Architekten Franz Baumgartner 1909 erbaute Hotel Kointsch in Velden, das Mösslacherhaus und das Hotel Carinthia. Josef Viktor Fuchs' Werzerbad lädt noch heute – frisch renoviert – zum Sonnenbaden.

Aber auch in der Musik hat der Wörthersee seine Spuren hinterlassen: in der Zweiten Symphonie von Johannes Brahms z. B., entstanden im Sommer 1877, dem ersten seiner drei Sommeraufenthalte am Wörthersee. Auch Gustav Mahler schuf in seinem Komponierhäuschen in Maiernigg einen Großteil seines Werkes. Die Freundschaft zu Mahler führte auch den Komponisten Alban Berg nach Velden, wo teilweise seine Oper »Lulu« entstand. Werke all dieser Künstler und auch der ebenfalls wörtherseebegeisterten Hugo Wolf und Anton von Webern sind

beim Wörthersee Classics-Festival im Juni (▶ Feste feiern, S. 52) zu hören.

Tipp: Bei einer Buchung eines Hotels in der Region Wörthersee gibt's die Wörthersee Card gratis dazu. Dann kann man mehr als 100 Ausflugsziele und abwechslungsreiches Ausflugsprogramm inklusive Guide und Transfer nutzen.
Westl. an Klagenfurt anschließend

◎ VELDEN   ⚓ H 5
9000 Einwohner

Der größte Ort und Hauptanziehungspunkt am See ist Velden, seine Villen und Hotels nehmen das Westufer des Sees ein. Charakteristisch für den Ort ist das Schloss aus dem 17. Jh., in dem heute ein Fünf-Sterne-Hotel untergebracht ist. Im Sommer flaniert man entlang der Promenade, vorbei an unzähligen Bars, Seerestaurants und eleganten Villen.
23 km westl. von Klagenfurt

ÜBERNACHTEN

Barry Memle Directly on the Lake
Am Seeufer – In einem 7000 qm großen Park mit Privatstrand plus Innenpool. Zimmer und Appartements für jedes Budget.
Klagenfurter Str. 126 │ Tel. 06 64 / 14 42 83 5 │ www.barry.at │ 20 Zimmer und Ferienwohnungen │ €

Hotel Goritschnigg
Im Zentrum – Seit über 110 Jahren in Familienbesitz liegt das Hotel in einer ruhigen Seitenstraße im Ortszentrum. Eigener Feng-Shui-Garten und Restaurant mit traditioneller Küche (hauseigene Metzgerei).
Casinoplatz 3 │ Tel. 0 42 74/20 35 │ www.goritschnigg.com 13 Zimmer │ 🐎 │ €€

Schloss Velden (▶ S. 71) am Wörthersee diente in den 1990er-Jahren als Drehort für eine Fernsehserie; heute beherbergt es das luxuriöseste Hotel Kärntens.

Hotel Post Wrann

Eigener Strand – Traditionelles Hotel mit über 200-jähriger Geschichte direkt im Zentrum. Komfortable Zimmer, und nur ein paar Schritte vom eigenen Strandbad entfernt.
Europaplatz 4–6 | Tel: 0 42 74/ 21 41 | www.hotel-post.ws | 40 Zimmer | €€

Schlosshotel Velden

Allerhöchster Luxus – Im Lauf der Geschichte erlebte das im 16. Jh. errichtete Schloss Höhen und Tiefen und war auch Schauplatz einer Fernsehserie (»Das Schloss am Wörthersee«). Nach einer aufwendigen Renovierung wird es heute von der Falkensteiner-Gruppe verwaltet und offeriert Luxuszimmer und Suiten (bis zu 300 qm) und einen Privatstrand.
Schlosspark 1 | Tel. 0 42 74/5 20 00 | www.falkensteiner.com/schloss-velden – Hotel: 104 Zimmer und Suiten | ♿ | 🐕 | €€€€

Seeschlössl

Diskret elegant – Nur ein Minimum an Zimmern und ein 7000 qm großer Naturpark machen das Hotel zu einer der gefragtesten Adressen am Wörthersee. Privatstrand.

Klagenfurter Str. 34 | Tel. 0 42 74 /
28 24 | www.seeschloessl.at | 14 Zimmer |  | €€€

Werzer's Hotel Velden

Intim – Direkt am See, nur ein paar
Gehminuten vom Zentrum entfernt.
Wenige, aber bestens ausgestattete
Zimmer, großer Wellnessbereich und
eine sehr persönliche Atmosphäre. Der
Ausblick auf den Wörthersee von der
Penthouse-Suite ist grandios. Hauseigene Räder und Boote.
Seecorso 64 | Tel. 0 42 74 / 3 82 80-0 |
www.werzers.at | 17 Zimmer | €€

ESSEN UND TRINKEN
RESTAURANTS
Caramé

Kärntner Pep – Schicker In-Treff
gleich neben dem Casino: Das Funda-
ment für die einfallsreiche Küche bilden heimische Produkte wie Almoch-
sen und Fisch aus dem See.
Casinoplatz (Am Corso 10) | Tel. 0 42 74 /
30 00 | www.carame.at | Di–So 18.30–
23 Uhr | €€€

Landhaus Kutsche

Preisgünstig – Geschmackvolle Spei-
sen mit heimischen und mediterranen
Zutaten. Hier isst man gut und günstig.
Probieren Sie das Allerlei vom Rind!
Göriacherstr. 2 | Tel. 0 42 74 / 29 46 |
www.landhaus-kutsche.at | Do–Di ab
18 Uhr | €€

BARS
Le Cabaret

Bar, zu später Stunde Clubbing, direkt
im Casino Velden am Corso. Der Hotspot in Velden.

Nah am Wasser gebaut und von einem riesigen Park umgeben: Das Parkhotel Pörtschach
(▶ S. 73) punktet mit seiner exklusiven Lage am Wörthersee.

Werzer's Badehaus am Wörthersee

Auf den Bäumen liegt der erste Schnee, doch im dampfenden Wasser ist es wohlig warm: Im alten Werzer's Badehaus wird ein Becken im See auf 30 °C erhitzt, so kann man auch bei Minusgraden im Wörthersee planschen (▶ S. 12).

Außenbar: Mai–Mitte Sept. tgl. 17–2 Uhr
Club: Mai–Mitte Juli, Mitte Aug.–Mitte Sept. Di, Fr, Sa 17–4, Mitte Juli–Mitte Aug. tgl. 17–4 Uhr

Traumschiff

Schicke Bar auf dem Wasser, große Auswahl von Cocktails und Traumblick auf die Veldener Bucht.

Seecorso | Tel. 0 42 74/26 91 | www.veldener-traumschiff.at | Öffnungszeiten auf Anfrage

◎ PÖRTSCHACH ⚓ H 4
2700 Einwohner

Der zweitgrößte Ort liegt am Nordufer des Sees reizvoll auf einer Halbinsel. Auch hier, vorbei an eleganten Villen, lohnt ein Spaziergang entlang der Promenade.

15 km westl. von Klagenfurt

ÜBERNACHTEN

Ferienpension Wunder

Auf einem Hügel – Oberhalb des Zentrums von Pörtschach, aber mit eigenem Strand (5 Gehminuten entfernt). Tolles Frühstückbuffet, auch Appartements mit Selbstverpflegung.

Bognerweg 8 | Tel. 0 42 72/25 22 | www.wunder.at | 14 Zimmer | €

Parkhotel Pörtschach

Am Wasser – Umgeben von einem 40 000 qm großen Park direkt am Wasser. Zimmer im Retro-Stil, alle mit Seeblick. Restaurant mit Vinothek, Seeterrasse und Piano-Livemusik sorgen für Atmosphäre.

Hans-Pruscha-Weg 5 | Tel. 0 42 72/ 26 21 | www.parkhotel-poertschach.at | 195 Zimmer und Suiten | €€

Hotel Schloss Seefels ▶ S. 25

Hotel Villa Rainer

Stilvolles Ambiente – 1912 im Wörthersee-Stil errichtet, beherbergt das Hotel heute zum Teil exotische Möbel im Kolonialstil. Gäste erwartet ein eigener Jachthafen.

Werftenstr. 57–59 | Tel. 0 42 72/23 00 | www.rainer.at | 43 Zimmer | €€€

ESSEN UND TRINKEN
RESTAURANTS

Leon

Fantasievoll – Eines der besten Restaurants Kärntens im Hotel Schloss Leonstain: Ein Mix aus mediterraner und österreichischer Küche wird von Küchenchef Markus Wanner mit viel Esprit aufgepeppt. Gute Weinkarte. Im Hotel war schon der Komponist Johannes Brahms zu Gast.

Leonstainerstr. 1 | Tel. 0 42 72/28 16 | www.leonstain.at | im Sommer tgl. ab 19 Uhr | €€€

Thomas Gruber

Kärntnerisch – Kärntner Antipasti und Steaks, alles immer frisch zubereitet. Hervorragender Service.

Klagenfurterstr. 172 | Tel. 0 42 72/4 41 18 | tgl. 11–21 Uhr | €€

CAFÉS
Bäckerei Wienerroither
Fixpunkt im Ortszentrum für ein Frühstück mit resch-frischen Brötchen. Hervorragende Mehlspeisen.
Hauptstr. 145 | Tel. 0 42 72/22 61 | €

BARS
Die Fabrik
In einem stillgelegten Fabrikgebäude im Westen von Pörtschach und seit 1994 eine Großraum-Diskothek, in der – umgeben von Hochöfen und Maschinenteilen – bis zu 3000 Gäste Platz finden. Hier hat auch die Fête Blanche (▶ Feste feiern, S. 50) Ende Juli ihre Wörthersee-Location. Nebenan ist die legendäre Disco »Drop-In« untergebracht, die nach dem Umbau von Schloss Seefels hierher übersiedelt ist.
Techelsberg am Wörthersee, Saag 5/ Bahnhofstr 26 | www.fabrik.at | nur bei Events geöffnet

Jilly Beach
Chillen auf der Holzterrasse an der Bucht von Pörtschach, ideal zur Cocktailstunde, wenn die Sonne hinter dem See versinkt.
Alfredweg 5–7 | www.jillybeach.com | Mai und Sept. Di–So 11–24, Juni–Aug. tgl. 11–24 Uhr

Werzer's Beach Club
In der neu erbauten Werzer Badeanstalt herrscht das Flair der 1900er-Jahre. Für den kleinen Hunger gibt's Tapas, für den großen Fisch und fantasievoll zubereitete lokale Gerichte.
Werzerpromenade 8 | http://werzers.at/ badehaus-beach-club.htm | im Sommer tgl. 12–21, im Winter Mo, Di 12–18, Mi– So 21–21 Uhr

EINKAUFEN
Wörthersee DKT
Für Freunde des Brettspiels DKT gibt es eine eigene Wörthersee-Edition mit Schauplätzen rund um Kärntens größten See. Das Spiel wurde vom Kabarettisten Christian Hölbling und dem Karikaturisten Sinisa Pismestrovic entworfen und ist bei den Tourismusverbänden der Wörthersee-Region (24,90 €) erhältlich.

KRUMPENDORF   H 5
3400 Einwohner
Der Nachbarort von Pörtschach ist wesentlich geruhsamer, obwohl auch hier Parks und Gärten das Seeufer säumen. In der Nähe von Krumpendorf kann man Schloss Drasing mit seinem Bergfried, Schloss Hallegg mit seinen Laubengängen und Burg Ratzenegg – eine aus dem 14. Jh. stammende Anlage – besuchen.
9 km westl. von Klagenfurt

ÜBERNACHTEN
Feel good Boutique Hotel Egger
Wohnen am See – Durchgestyltes Hotel in herrlicher Lage am Wörthersee. Übernachtet wird in einer der 32 Suiten (alle mit Küche ausgestattet). In der Gourmet Boutique kann man sich mit allem Nötigen versorgen.
Berthastr. 13 | Tel. 0 42 29 / 4 01 02 | www.feel-good-hotel.at | 34 Zimmer | €€

MOOSBURG   H 4
4500 Einwohner
Rund 3 km nordöstlich von Pörtschach liegt Moosburg mit seinem Schloss aus dem 16. Jh. Zu sehen ist auch eine Turmruine, die Überreste einer Pfalz,

in der der spätere Kaiser Arnulf von Kärnten seine Jugend verlebte und von 887 bis 888 residierte.

12 km westl. von Klagenfurt

MUSEEN

Karolingermuseum

Mit einer großen Sammlung bewahrt das zweigeschossige Museum die Erinnerung an die Karolingerzeit und an Arnulf von Kärnten und seine Familie.

Krumpendorfer Str. 3 | Mitte Juni–Mitte Sept., Mo–Sa, 10–12, 15.30–18.30, So 10–12 Uhr | Eintritt frei

ESSEN UND TRINKEN

Sagmeisterei

Schmuckes Design – Interessante Mischung aus rustikaler und moderner Ausstattung, die Küche ist mediterran und leicht. Hervorragende Auswahl an Weinen.

Feldkirchnerstr. 5 | Tel. 0 42 72/8 28 98 | www.sagmeisterei.at | Mai–Okt. 12–22 Uhr | €€

◎ MARIA WÖRTH ◢ H 5

2000 Einwohner

Am Südufer, gegenüber von Pörtschach, liegt Maria Wörth. Das Zentrum des Dorfes liegt auf einer Halbinsel im Wörthersee (bis 1770 eine Insel), ein besonders pittoreskes Bild bietet die Pfarrkirche, die auf drei Seiten von Wasser umgeben ist. Das Gotteshaus stammt ursprünglich aus der Spätgotik, wurde aber später barockisiert. Sehenswert sind die romanische Krypta und der in Blau und Gold gefasste Hochaltar mit einer spätgotischen Schutzmantelmadonna. Auf der Halbinsel liegt ebenfalls die Rosenkranz- oder Winterkirche, ein Bau aus dem 12. Jh. mit romanischen Fresken, die u. a. die Apostelgeschichte zeigen.

14 km westl. von Klagenfurt

SEHENSWERTES

Aussichtspunkt Pyramidenkogel 🚩

Der höchste Holzaussichtsturm der Welt und die höchste überdachte Rutsche Europas sind eine architektonische Meisterleistung. Auf drei überdachten Aussichtsplattformen genießt man einen grandiosen Rundblick über den Wörthersee und den Süden Kärntens, und selbst bei schlechtem Wetter ist man in der Skybox geschützt. Schon wenige Monate nach der Eröffnung zählt der neue Pyramidenkogel (der einen alten Aussichtsturm ersetzt hat) zu den Top-Attraktionen Kärntens.

Keutschach | www.pyramidenkogel. info | Juni–Aug. 9–21 (Einlass bis 20.30), Sept. 9–20 (Einlass bis 19.30), Okt. 10–19 (Einlass bis 18.30) Nov.–Feb. 2014: 10–18 (Einlass bis 17.30), März 10–18 (Einlass bis 17.30) April 10–19 (Einlass bis 18.30) Mai 9–20 Uhr (Einlass bis 19.30 Uhr) | Eintritt 10,50 €, Kinder 5,50 €

8 km südwestl. von Maria Wörth

ÜBERNACHTEN

Hotel Linde

Mitten im See – Elegante Suiten mit Terrasse zum See. Gemütlich ist die Seebar mit Kärntner Schmankerln.

Lindenplatz 3 | Tel. 0 42 73/22 78 | www. hotellinde.at | 4 Zimmer | €€

SERVICE

AUSKUNFT

Wörthersee Tourismus

Velden, Villacher Str. 19 | Tel. 0 42 74/3 82 88 | www.woerthersee.com | Mo–Fr 8–17 Uhr

Im Fokus
Ingeborg Bachmann und ihr Literaturpreis

Im Sommer 2013 war es wieder einmal soweit: Der Österreichische Rundfunk (ORF) drohte, die Unterstützung des Bachmann-Preises mit jährlich 350 000 Euro einzustellen.

Damit stellte der ORF den Fortbestand dieses größten österreichischen Literaturwettbewerbes in Frage. Die Wogen unter Schriftstellern und Kulturschaffenden schlugen hoch, der staatliche Rundfunk machte vorerst einen Rückzieher.

Dies ist nicht die erste Krise, die der Preis zu meistern hat. Seit 1977 stellt der Ingeborg-Bachmann-Preis eine fixe Größe in der deutschsprachigen Literatur dar. Der Kärntner Journalist Humbert Fink und der Landesintendant des ORF Kärnten, Ernst Willner, hatten damals die Idee, in Klagenfurt einen Literaturwettbewerb ins Leben zu rufen. Einer der bekanntesten rund 400 deutschsprachigen Literaturbewerbe: Schriftsteller müssen sich nach dem Vorlesen eines Textes einer Diskussion mit der Jury stellen – und das vor Publikum. Bei Kritikern wird das u. a. als »Wettlesen« angefeindet, die Bedeutung ist aber unumstritten: Die Preis-

◀ Ingeborg Bachmann (▶ S. 76): eine Schriftstellerin mit unendlich vielen Facetten.

träger – wie Gert Jonke oder Franzobel – steigen umgehend in die Crème
de la Crème des deutschsprachigen Literaturschaffens auf.

DER GUTE GOTT VON MANHATTAN

Dabei wird oft vergessen, nach wem der Preis benannt ist: nach Ingeborg
Bachmann, geboren am 25. Juni 1926 in Klagenfurt, die als eine der bedeutendsten deutschsprachigen Lyrikerinnen und Prosaschriftstellerin-
nen gilt.

Ihr Hörspiel »Der gute Gott von Manhattan« von 1957 beginnt mit einer
Gerichtsszene in einem heißen Sommer im New York der 1950er-Jahre.
Der Angeklagte, der vom Richter selbst als »guter Gott von Manhattan«
bezeichnet wird, erzählt, wie ihm der letzte »Fall« entkommen ist. Dann
wechselt die Handlung zur Grand Central Station, wo sich der Europäer
Jan und die Amerikanerin Jennifer kennenlernen. In der Folge erzählt
der gute Gott dem Richter alles, was er über das Pärchen erfahren hatte
und warum er es ausschalten wollte. Schließlich wird der Angeklagte
ohne jede Strafe entlassen, denn: »es kann nicht zwei Ordnungen geben«.
Nur eines der vielen Schlüsselzitate, die Ingeborg Bachmann zugeschrieben werden. »Der gute Gott von Manhattan« ist das letzte Hörspiel von
Ingeborg Bachmann, das 1957 entstand und am 29. Mai 1958 gesendet
wurde. Die Produktion wurde 1959 mit dem renommierten Hörspielpreis
der Kriegsblinden ausgezeichnet.

KINDHEIT IN KÄRNTEN

Als Tochter eines Schuldirektors geboren, verbrachte Bachmann ihre
Kindheit in Kärnten. Sie begann schon früh Gedichte zu schreiben, wollte aber eigentlich Musikerin werden. Ein Studium der Philosophie, Psy-
chologie und Germanistik in Innsbruck, Graz und Wien schloss sie mit
einer Dissertation über Heidegger ab. Während dieser Zeit kam Bachmann u. a. mit den Dichtern Paul Celan und Ilse Aichinger in Kontakt.
Während ihrer Zeit als Redakteurin der Sendergruppe Rot-Weiß-Rot
(der spätere ORF) erschien ihr erstes Hörspiel »Ein Geschäft mit Träu-
men« (1952); von dem im Publikationsjahr fertig gestellten Roman »Stadt
ohne Namen« ist nur das erste Kapitel überliefert. In Wien lernte Bachmann den Literaten Hans Weigel kennen und wurde seine Geliebte. Der
wesentlich ältere Weigel schrieb seinen Roman »Unvollendete Sympho-

nie« über diese Beziehung, der 1951 erschien. Auch mit dem Dichter Paul Celan verband Ingeborg Bachmann ein Liebesverhältnis.

Ab 1953 arbeitete sie als freie Schriftstellerin und wurde für ihren ersten Gedichtband »Die gestundete Zeit« ausgezeichnet. Hintergrund: eine starke Antipathie gegen die Wirtschaftswunderzeit, in der die Kriegsangst nur verdrängt wurde. 1953 erhielt sie für dieses Werk den Literaturpreis der Gruppe 47, übersiedelte aber kurz darauf nach Italien, zuerst nach Ischia und Neapel, später nach Rom.

Mit ihrem 1956 veröffentlichten Gedichtband »Anrufung des Großen Bären« wurde sie bekannt und erhielt den Bremer Literaturpreis. Mit dem Schweizer Schriftsteller Max Frisch blieb sie bis 1962 liiert. Es war auch ihre produktivste Phase: Ihr erster Erzählband »Das dreißigste Jahr« erhielt 1961 den Deutschen Kritikerpreis. Ihre zwei aus einer explizit weiblichen Perspektive erzählten Geschichten »Ein Schritt nach Gomorrha« und »Undine« gehörten zu den frühesten feministischen Äußerungen der deutschsprachigen Literatur der Nachkriegszeit.

LETZTE JAHRE IN ROM

Die Trennung von Frisch überwand sie nur schwer, zog aber 1963 nach Berlin, wo sie bis 1965 blieb. Dort begann sie die unvollendet gebliebene Romantrilogie »Todesarten«, von der sie 1971 den ersten Band veröffentlichte. In »Malina« ist das Grundthema von Ingeborg Bachmanns Spätwerk voll ausgeprägt: die Frau in der Opferrolle, von den patriarchalischen Strukturen der postmodernen Gesellschaft zu einem Leben ohne Identität verdammt. Nach der Verleihung des Büchner-Preises 1964 zog sie sich zurück nach Rom, veröffentlichte nur noch sporadisch. Sie litt zunehmend unter Tabletten- und Alkoholabhängigkeit. 1972 wurde ihr Erzählband »Simultan« noch mit dem Anton-Wildgans-Preis ausgezeichnet. In der Nacht vom 25. auf den 26. September 1973 erlitt Ingeborg Bachmann in ihrer römischen Wohnung schwere Verletzungen durch einen Brand, der beim Einschlafen mit einer brennenden Zigarette ausgelöst wurde. Am 17. Oktober 1973 starb sie im Krankenhaus Sant' Eugenio. Beigesetzt ist sie allerdings auf dem Friedhof Klagenfurt-Annabichl. Bereits kurz nach Ingeborg Bachmanns Tod traten Gerüchte auf, die hinter dem Unfalltod ein Mordkomplott vermuten ließen. Man munkelte, dass Ingeborg Bachmann durch ihre Sucht in die Fänge der italienischen Mafia geraten sei. Freunde erstatteten Anzeige gegen Unbekannt. Die Untersuchungen der Staatsanwaltschaft bestätigten jedoch, dass sie an den Folgen der Verbrennungen gestorben war.

Bis heute wird selten über Ingeborg Bachmanns Werk gesprochen, ohne die Person der Autorin einzubeziehen, was nicht zuletzt an deren dramatischen Liebesbeziehungen liegt. Bachmanns Bild wechselt – so schrieb einmal ein Kritiker – »zwischen dem einer realitätsfernen Künstlerin, dem einer Feministin und dem einer zeitkritischen Schriftstellerin, all diese Facetten sind auch in ihren Texten zu finden. Sie vereinigt meisterhaft sprachliche Präzision, Wortgewalt und natürlich-harmonische Sprachmelodie. Ihr Werk lebt aus der Verbindung von Intellekt und Poesie, Musikalität und Intensität«.

LITERARISCHER NACHLASS

Nach ihrem Tod haben wichtige zeitgenössische Schriftstellerinnen und Schriftsteller sich mit ihrem Leben und Werk auseinandergesetzt. Unmittelbar nach ihrem Tod widmete ihr Peter Handke seine Büchner-Preis-Rede (1973); Max Frisch erinnerte in »Montauk« (1975) an sie und ihrer beider Beziehung; Thomas Bernhard hat in seinen Roman »Auslöschung. Ein Zerfall« (1986) eine Würdigung Bachmanns eingeflochten. Und natürlich ist die wichtigste Hommage an die Künstlerin der nach ihr benannte Literaturpreis in Klagenfurt. Der literarische Nachlass von rund 6000 Blättern findet sich heute in der Österreichischen Nationalbibliothek in Wien. Um es mit Ingeborg Bachmann zu sagen: »Hätten wir das Wort, hätten wir die Sprache, wir bräuchten die Waffen nicht.«

Die »Tage der deutschsprachigen Literatur« finden alljährlich im Juni in Klagenfurt statt. Fünf Preise werden dabei vergeben: der Bachmann-Preis, der kelag-Preis, der Ernst-Willner-Preis, der 3sat-Preis und BKS Bank Publikumspreis. Der wichtigste ist ohne Zweifel der Bachmann-Preis, der mit 25 000 € dotiert ist. Weitere Infos zum Preis und den Preisträgern: www.bachmannpreis.eu

INFORMATIONEN

Robert-Musil-Literatur-Museum

Ingeborg Bachmann ist neben Christine Lavant eine ständige Ausstellung im Robert-Musil-Literatur-Museum (dem Geburtshaus des Dichters) in Klagenfurt gewidmet.

Klagenfurt | Bahnhofstr. 50 | www.musilmuseum.at | Mo–Fr 10–17, So und feiertags geschl. | Eintritt frei

Ingeborg Bachmann zum Einlesen

Sämtliche Gedichte (Piper, 2003) 9,95 €

Sämtliche Erzählungen (Piper, 2003) 12,95 €

Malina, Roman (Suhrkamp, 2011) 9,99 €

Herzzeit: Ingeborg Bachmann – Paul Celan. Der Briefwechsel (Suhrkamp, 2012) 9,99 €

DRAU- UND LESACHTAL

*Badeurlauber kommen auch in dieser Gegend auf ihre Kosten:
am Millstätter See, mit seinen 141 m der tiefste See des Landes,
oder am Weissensee, auf 930 m Seehöhe der höchst
gelegene der Kärntner Badeseen.*

Im Südwesten Kärntens haben sich das fruchtbare Gail- und das ursprüngliche Lesachtal ihren eigenständigen Charakter erhalten. Das Gailtal verläuft von Osttirol nach Kärnten, es beginnt in Tilliach und endet
bei Villach: Hier mündet der Fluss Gail im Ort Maria Gail in die Drau.
Geprägt ist die Landschaft durch einen fruchtbaren, weiten Talboden und
die schroffen Hänge und Felsmauern der Lienzer Dolomiten und der
Gailtaler Alpen im Norden sowie der Karnischen Alpen und Karawanken
im Süden. Der Oberlauf der Gail wird unterteilt in das Tiroler Gailtal und
das Kärntner Lesachtal. Die Große Gail fließt vom Kartitscher Sattel nach
Osten, die Kleine Gail nach Westen. Mit dem Rückgang der Landwirtschaft lebt das Gailtal vorwiegend vom Tourismus. Beliebte Ausflugsziele
sind Nassfeld, der Karnische Höhenweg und der Pressegger See. Vor
allem das Lesachtal gilt als ein Hort für sanften Tourismus.

◄ St. Lorenzen im Lesachtal (► S. 80): eines
der letzten naturbelassenen Täler der Alpen.

Bergwelt
Großglockner

Die Nockberge und
Kärntens histor. Kern

Das Lavanttal
und Ostkärnten

Drau- und Lesachtal

Rund um den
Wörthersee

Das Rosental und
Südkärnten

Das Drautal verläuft überwiegend in
Ost-West-Richtung und ist eines der
großen Längstäler Österreichs. Der gleichnamige Fluss, die Drau, entspringt im Südtiroler Pustertal und fließt dann östlich. Die Drau ist mit
749 km Länge der viertlängste Nebenfluss der Donau und obendrein ein
reiches Fischgewässer. Arten wie Zander, Hecht, Rotaugen, Karpfen,
Saibling und Schleien kommen sowohl im unteren Drautal als auch im
Rosental vor.

Sein heutiges landschaftliches Bild erhielt das Drautal in der Eiszeit, als es
von Gletschern zu einem breiten Trogtal geweitet wurde. Wie auch im
südlicheren Gailtal war und ist der breite Talboden bäuerlich geprägt.
Das Obere Drautal reicht vom Kärntner Tor im Westen bis Möllbrücke,
daran schließt sich das Lurnfeld an, das bis Spittal an der Drau führt.

MEDITERRAN UND ALPIN ZUGLEICH

Die dominanteste Stadt des Drautales ist Villach, die zweitgrößte Stadt
Kärntens: Villach stellt auch seit altersher einen wichtigen Verkehrskno-
tenpunkt im Alpen-Adria-Raum dar: Einerseits durch seine Lage am
Fluss, andererseits durch seine Position an der wichtigen Nord-Süd-Tan-
genten der Autobahnen nach Italien und Slowenien bzw. über den Tauern
nach Deutschland. Villach ist auch die größte Stadt Österreichs, die nicht
Hauptstadt eines Bundeslandes ist und zeigt eine gesunde Rivalität der
Landeshauptstadt Klagenfurt gegenüber. Die Stadt an der Drau vereint
durch ihre Nähe zu Italien bzw. inmitten der Kärnter Seen einerseits und
doch auch zu Füßen von Dobratsch und Mittagskogel mediterranes Flair
mit alpinem Ambiente. 1997 wurde die Stadt daher auch als erste Alpen-
stadt der Alpenkonvention gewählt. Villach ist die zweitgrößte Stadt
Kärntens – und die größte Stadt Österreichs, die nicht gleichzeitig Landeshauptstadt ist. Rund um Villach liegen auch einige der schönsten und
geheimnisvollsten Seen Kärntens wie der smaragdgrüne Ossiacher See
oder der kleine idyllische Faaker See.

Und natürlich sind hier auch einige der charakteristischsten Berge Kärntens zu finden: die Villacher Alpe mit dem Dobratsch oder die Gerlitzen.
Natürlich darf man auch das Heilwasser nicht vergessen: Das findet man
ebenso in Bad Bleiberg wie vor den Toren Villachs, im Warmbad Villach.

VILLACH 🔺 G 5

Stadtplan ▶ S. 83

58 000 Einwohner

Die Stadt liegt zu Füßen der Villacher Alpe am Kreuzungspunkt von Gail und Drautal, die Drau fließt mitten durch die Altstadt. Nicht zuletzt durch die reizvolle Lage am Fluss und die Nähe zu Italien herrscht hier eine fast mediterrane Atmosphäre mit Eisdielen, Straßenlokalen und schmucken Geschäften. Die Besiedlung des Stadtgebietes reicht bis in die Bronzezeit zurück, später erstreckte sich auch eine römische Siedlung (Bilachinum) am Fuße des Dobratsch. Erstmals urkundlich erwähnt wurde die Stadt allerdings erst 1240 und gehörte damals noch dem Bistum Bamberg. 1759 kaufte die österreichische Kaiserin Maria Theresia dem Bistum den Ort ab. Aber auch in der Folge schaffte es Villach nie, die wichtigste Stadt Kärntens zu werden. Allerdings ist Villach die Faschingshauptstadt Österreichs – die Sitzungen der Faschingsgilde werden traditionell im Österreichischen Fernsehen ausgestrahlt.

SEHENSWERTES

1 Hauptplatz

Leider haben zwei schwere Erdbeben (1348 und 1690) und die Bombardements des Zweiten Weltkriegs vieles der alten Bausubstanz zerstört. Manches ist allerdings erhalten geblieben, besonders schön ist der Paracelsushof, das einstige Wohnhaus des berühmten Mediziners, und der nahe Hirscheggerhof mit einem dreigeschossigen Arkadenhof aus dem 16. Jh. (Nr. 18). Auf dem Platz steht auch eine Dreifaltigkeitssäule aus dem Jahre 1739.

2 Maria Gail

An der Straße nach Faak liegt diese Wallfahrtskirche. Sie zählt zu den Südkärntner Urpfarren, die dem Bistum Aquileia (im heutigen Friaul) unterstanden. Wertvollster Kirchenschatz ist der gotische Flügelaltar von 1515. Die Fresken stammen aus dem 13. Jh.

3 Relief von Kärnten

Im Villacher Schillerpark ist das ganze Land im Maßstab 1 : 10 000 nachgebaut. Die größte Landschaftsplastik Europas nimmt 183 qm ein.

Peraustr. 14, Schillerpark | www.villach.at | Mai–Okt. Mo–Sa 10–16.30 Uhr | Eintritt 5 €

4 St. Jakob-Kirche

Den Hauptplatz überragt die St.-Jakob-Kirche mit ihrem 94 m hohen frei stehenden Turm, dem höchsten Kirchturm Kärntens (die Aussicht lohnt den Aufstieg: Mai, Juni, Sept., Okt. Mo–Sa 10–16.30, Juli, Aug. Mo–Sa 10–18 Uhr, 2 €). Im Inneren besitzt die spätgotische Hallenkirche ein kunstvolles Schling- und Netzrippengewölbe, sehenswert sind auch die steinerne Kanzel und ein überlebensgroßes Christophorus-Fresko, das wohl von Thomas von Villach stammt.

Hauptplatz

MUSEEN

5 Fahrzeugmuseum

Eine umfangreiche Schau von Alltagsfahrzeugen längst vergangener Tage – von der BMW Isetta bis zur Horex Regina.

Ferdinand-Wedenig-Str. 9 | www.oldtimermuseum.at | tgl. 10–12, 14–16, im Sommer 10–18 Uhr | Eintritt 7 €, Kinder 5 €

Villach

0 _____ 150 m

N

Hauptbahnhof
ÖBB
Bahnhofplatz
Zeidler-von-Görz-Str.

Willroider-str.
Kassinsteig
Bahnhofstr.
Klagenfurter Str.
Velden, Klagenfurt, Zauchen

Draupromenade
P
Kaigasse
9
8

Alpen-Adria-Brücke
D r a u
Nikolai-platz
i
St.-Nikolai-Kirche

Burg-platz
Draulände
Lederergasse
Nikolaigasse
Europa-platz
Brauhausgasse

Musikschule □
Kaiser-Josef-Pl.
Bamberger Gasse
Karlgasse
Apollo-platz
Kongress-haus

P
Ringmauergasse
Widmanngasse
Paracelsusg.
Rathausg.
Seilerg.
Ankershofeng.
Dietrichsteing.
Draulände
Fahrsteig
P

Draupark-str.
7
Weißbriachgasse
Hauptplatz
Leiningen-
5
1
6
Flußgasse

Bad Bleiberg
4
St.-Jakob-Kirche
3
10
Gerbergasse
D r a u

Museum der Stadt Villach
Kirchenplatz
Rathaus-platz
Rathaus
Khevenhüllergasse
Freihausgasse

Hans-Gasser-Platz
11
Moritschstr.
Drauläände

Feuerwehr
Postgasse
8.-Mai-Platz

P
Peraustr.
Kolping-haus
P
Bezirksgericht

Marksgasse
Italiener Str.
Bahn-direktion
Peraustr.
Hausergasse
Mitterling-str.

I Westbahnhof
10.-Oktober-Str.
Robert-Stolz-Str.
2
Kärntner Relief
Peraustr.

Math.-Lexer-Str.

Pestalozzistr.
Ing.-J.-Raab-Pl.
Pestalozzistr.
Ludwig-Walter-Str.
Heilig-Kreuz-Kirche

Ossiacher Zeile

Stadtpark
Fercher-v.-Steinwand-Str.
Hausergasse
Meister-Friedrich-Str.
Allee
Jakob-Ghon-
Faaker See

Bertha-v.-Suttner-Str.
Richard-Wagner-Str.
Finanzamt

Ossiacher Zeile
Warmbad Villach

© MERIAN-Kartographie

b
c

6 Museum der Stadt Villach

Hier kann man der langen Geschichte Villachs nachspüren. Zu sehen sind Steinzeitrelikte vom Kanzianiberg, frühmittelalterliche Schmuckstücke und eine umfangreiche Kunstsammlung. Eine Ausstellung widmet sich dem Wirken des Mediziners Paracelsus in Villach. Widmanngasse 38 │ www.villach.at/museum │ Mai–Okt. Mo–Sa 10–16.30 Uhr │ Eintritt 3 €, Kinder 2 €

ÜBERNACHTEN

7 Romantik-Hotel Post

Altstadtflair – In einem Palais aus dem 16. Jh. zentral am Hauptplatz. Die Zimmer sind so romantisch wie der Name. In einem der Räume, in dem einst Kaiser Karl V. übernachtete, schläft man gar unter einem Baldachin. Hauptplatz 26 │ Tel. 0 42 42/26 10 10 │ www.romantik-hotel.com │ 70 Zimmer │ ♿ │ 🐾 │ €€€

8 Thermenhotel Karawankenhof 🚩

Direkt in die Therme – Die Zimmer sind modern und doch gemütlich eingerichtet, das Restaurant hat sich auf gesunde Ernährung konzentriert, und es gibt einen Zugang zur Therme. Kadischenallee 27 │ Tel. 0 42 42/30 01 20 99 │ www.karawankenhof.com │ 99 Zimmer │ €€

9 Warmbaderhof

Mit Stil – Das Thermalwasser ist nur ein Grund, um in der Traditionsherberge zu übernachten. Im »Kleinen Restaurant« kann man auch gut speisen. Villach-Warmbad │ Tel. 0 42 42/3 00 10 │ www.warmbad.at │ 108 Zimmer │ 🐾 │ €€€

ESSEN UND TRINKEN

RESTAURANTS

10 Frierrs Feines Eck 🚩

Bester Koch – Stefan Lastin hat schon im Schlossstern in Velden gekocht, nun kann man seine kreative Küche im »Feinen Eck« in Villach probieren. Er hat gerade mal zwölf Plätze. Seine Gourmetmenüs machen es zu einem der begehrtesten Restaurants im Land (unbedingt reservieren!).

🕐 Wer Lastins Küche für weniger Geld probieren will, der kann das auch im angeschlossenen Imbiss tun: Dort gibt es günstige Mittagsmenüs, eine Prosciutteria und ab 14 Uhr Tapas, ebenfalls alles unter der Oberherrschaft von Lastins Team. Gewerbezeile 4 │ Tel. 0 42 42/30 40-0 │ www.frierrs.at │ Imbiss/Feinkostladen Mo–Sa ab 7, Restaurant Mo–Sa 11–14, 18–22 Uhr │ €–€€€

11 Kaufmann & Kaufmann

Mitten im Zentrum – Restaurant mit gehobener Bistroküche und sehr viel mediterranem Flair, die Weinauswahl passt zur Küche. Dietrichsteingasse 5 │ Tel. 0 42 42/2 58 71 │ www.kaufmann.com │ Di–Sa 11.30–14 und ab 18 Uhr │ €€

12 Mr. Wu Sushi und Wok 🚩

Fast Sushi –Lust auf gutes Sushi? Im Zentrum Villachs wird man fündig. In der offenen Schauküche kann man beim Kochen zusehen. Ringmauergasse 14 │ Tel. 0 42 42/2 99 98 │ www.mrwu.at │ tgl. 11–15 und 17–23 Uhr │ €

13 Rossoaragosta 🚩

Italien pur – Pizza, Pasta und Fisch. Das Beste in Villach und darüber hinaus – und das will was heißen, liegt Italien doch gleich ums Eck!

Tschinowitscher Weg 32 | Tel. 0 42 42/ 3 80 71 | www.rossoaragosta.eu | Mo– Sa 11.30–14.30, 17.30–22.30 Uhr | €€€

14 Wirt in Judendorf

Hervorragende Qualität – In einer Villacher Vorstadt gelegenes Wirtshaus mit exzellenter regionaler Ausrichtung: beispielsweise »Vogerlsalat« und »Reindl«-Rostbraten.

Judendorfer Str. 24 | Tel. 0 42 42/ 5 65 25 | wirt-i-page.at | Di–So 10– 24 Uhr | €€

BARS

15 Brauhof Villach

Der schönste Biergarten der Stadt: Die Biere kommen direkt aus der Villacher Brauerei nebenan, das Essen ist gut und reichlich. Man kann aber auch an einem lauen Sommerabend nur bei einem Glas Glocknerpils sitzen und sich unterhalten.

Bahnhofstr. 8 | Tel. 0 42 42/2 42 22 | www. villacherbrauhof.at | Mo–So 9–24 Uhr

EINKAUFEN

MODE

16 Blaue Blusen ► S. 41

17 Rettl

Schon Thomas Gottschalk und Sean Connery wurden von diesem arrivierten Trachtenproduzenten (seit 1868) angezogen. Moderne Kollektionen u. a. mit Kärnten-Karo und auch die Heimat des Kärnten-Kilts.

Freihausgasse 12 | www.rettl.com | Mo–Fr 9–18, Sa 9–13 Uhr, 1. Sa im Monat 9–17 Uhr

Villachs stimmungsvoller Hauptplatz (► S. 82) datiert aus dem 12. Jh.; im Hintergrund ragt die gotische Hallenkirche St. Jakob (► S. 82) auf.

KONDITOREI

** Koloini**

Das Rezept der »Villacher Torte« ist zwar ein Geheimnis, hier gibt es sie aber zu kaufen.

Ossiacher Zeile 72 | Di–Fr 8–18, So 10–18 Uhr

SHOPPINGCENTER

** Atrio**

86 Shops im Dreiländereck nur ein paar Kilometer südlich von Villach, das ist das größte Shoppingcenter Kärntens. Von Mode bis Sport mit einer eigenen Familienerlebniswelt auf drei Etagen.

Kärntner Str. 34 | www.atrio.at | Mo–Fr 9–19.30, Sa 9–18 Uhr

KULTUR UND UNTERHALTUNG

20 neuebühnevillach

Junges Theater deutschsprachiger Autoren gibt es auf der wichtigsten Kellerbühne Kärntens.

Theatereingang: Rathausplatz 1
Büro: Hauptplatz 10 | Tel. 0 42 42/
2 73 41 | www.neuebuehnevillach.at

WELLNESS

21 KärntenTherme

Sie kombiniert erholsame Thermalanwendungen mit einer auf Familien abgestimmten Erlebniswelt. Rutschen oder der »Crazy River«, wo das Wasser bergauf fließt, gefallen auch den Kleinen. Und das Wasser? Davon strömen 40 Millionen Liter täglich aus sechs Quellen, der Reichtum an Calcium-Magnesium-Hydrogencarbonat hilft bei unterschiedlichsten Beschwerden.

Kadischenallee 25 | www.kaerntentherme.com | Mo–So 9–21 Uhr | Eintritt 19,50 €, Kinder 11,50 €

22 Warmbad Villach

Von einem Einkaufsbummel durch die Shops von Villach erholt man sich am besten im entspannenden Thermalwasser der frisch umgebauten Erlebnistherme in Warmbad-Villach. Bereits die Römer wussten die mit 30 °C aus dem Boden hervorsprudelnden Heilquellen zu schätzen: Das zeigen noch heute die tiefen Spurrillen, die römische Wagen im Stein bei Warmbad-Villach hinterlassen haben. Auch Napoleon, der während seines Feldzugs Villach als Quartier wählte, war von der Therme begeistert und ließ einen eleganten Kurpark anlegen.

🕐 Wenn man im Sommer zum Planschen nicht unbedingt an einen See will, dann ist das der richtige Zeitpunkt für die Therme. Wenn alle am Strand oder in den Bergen sind, sind die Becken wunderbar leer.

SERVICE

AUSKUNFT

Tourismusinformation Villach-Stadt

Bahnhofstr. 3 | Tel. 0 42 42/2 05 29 00 | www.villach.at | Mo–Fr 9–18 Uhr, in den Sommermonaten länger

Ziele in der Umgebung

◎ BAD BLEIBERG  F5

2500 Einwohner

Blei und Zinn wurden einst hier abgebaut, später wurde – durch einen Wassereinbruch im Stollen – die Heilkraft des Wassers entdeckt: Seit dem Ende des Bergbaus im Jahre 1993 steht eine Therme mit zwei öffentlich zugänglichen Heilklimastollen im Ortszentrum. Angeboten werden Therapien für Atemwegserkrankungen und Allergien.

7 km westl. von Villach

Das Atrio (▶ S. 86) in Villach rühmt sich, größtes Shoppingcenter der Alpen-Adria-Region zu sein. Unter seinem Dach werben 80 Läden um die Gunst der Käufer.

SEHENSWERTES

Terra Mystica/Terra Montana

1300 km Stollen wurden einst in den Bleiberg gebohrt, heute ist es ein Schaubergwerk – die Terra Montana – und eine unterirdische Wunderwelt – die Terra Mystica. Während die Eltern in 14 Stationen etwas über Geschichte des Bergbaus seit 800 v. Chr. erfahren, gehen die Kinder in der Terra Mystica auf Abenteuerreise und Schatzsuche. Das angeschlossene Montanmuseum informiert über die technischen und wirtschaftlichen Seiten des Bergbaus.
Bleiberg-Nötsch 91 | www.terra-mystica. at | Eintritt 17,50 €, Kinder 10 €
– Terra Mystica: Einfahrt Mai–Juni, Sept.– Okt. tgl. 11 und 13, Juli–Aug. 9.30–15 Uhr
– Terra Montana: Einfahrt Mai–Juni, Sept.–Okt. tgl. 15, Juli–Aug. tgl. 16 Uhr

SERVICE

AUSKUNFT
Tourismusinformation Bad Bleiberg
Bad Bleiberg 149 | Tel. 0 42 44/ 3 13 06 | www.bad-bleiberg.at | Mo–Fr 9–12 und 14–17, Sa 9–12 und 14–16 Uhr, So und feiertags geschl.

◎ FAAKER SEE   G 5

Eines der landschaftlich reizvollsten Urlaubsgebiete: der Faaker See mit den Orten Faak, Egg und Drobollach an seinem Ufer. Der See liegt südöstlich von Villach am Fuß des Mittagskogels (2143 m) und zeichnet sich auch durch versteckte Kulturschönheiten aus. In Egg am Faaker See steht z. B. der berühmteste der Kärntner Bildstöcke: Er ist vor allem wegen seines Ausblicks auf Karawanken und Faaker See ein beliebtes Fotomotiv. Imposantes Wahrzeichen des nahen Ortes Finkenstein ist die gleichnamige Burgruine, die sich auf einem Felskegel über dem See erhebt. In der angeschlossenen Freilichtarena traten schon José Carreras und Placido Domingo auf.

5 km südöstl. von Villach

ÜBERNACHTEN
Bio-Naturhotel Faaker See

Seeblick – Vom Frühstücksbuffet bis zum Wein – alles wird nach biologischen Kriterien hergestellt. Hoteleigener Biobauernhof.

Droballach am Faaker See, Strandbadstr. 11 | Tel. 0 42 54/33 12 | www.naturhotel-faakersee.at | 10 Zimmer | €€

Karnerhof

Für Gourmets – Wellness- und Genießerhotel am Seeufer, in 100 000 qm Grün eingebettet. Pool- und Saunalandschaft. Die exquisite Küche basiert auf lokalen Produkten.

Egg am Faaker See, Karnerhofweg 10 | Tel. 0 42 54/21 88 | www.karnerhof. com | 95 Zimmer | €€

Naturel Hoteldorf Schönleitn 🧍‍♂️🧍

Bauerndorf zum Mieten – In malerischer Lage auf einem Hochplateau über dem Faaker See: Appartements in liebevoll restaurierten Bauernhäusern, die um einen Außenpool herum angeordnet sind.

Latschach, Dorfstr. 26 | Tel. 0 42 54/2 38 44 50 | www.schoenleitn.at | 94 Zimmer | €€

ESSEN UND TRINKEN
Götzl-Stube 🧍‍♂️🧍

Erstklassiger Service – Wohlfühlrestaurant im Hotel Karnerhof, sehr ambi-

tioniert von Küchenchef Hans-Peter Jungmann geleitet. Das Hotel liegt direkt am See. Großzügiger Spa-Bereich.

Egg am Faaker See, Karnerhofweg 10 | Tel. 0 42 54/21 88 | www.karnerhof. com | ab Mai Mi–Sa 18–21 Uhr | €€€

SERVICE
AUSKUNFT
Tourismusinformation Faaker See

Dietrichsteinerstr. 2 | Tel. 0 42 54/21 10 | www.faakersee.at | Mo–Fr 8–18 Uhr

◎ LANDSKRON   🔖 G 5

Im 14. Jh. wurde die Festung Landskron errichtet, die sich auf einem Felskegel über dem Drautal erhebt. Heute ist sie zwar weitgehend eine Ruine, in der Burg befindet sich allerdings eine Greifvogelwarte und gleich daneben ein Gehege mit Japanmakaken, der sogenannte Affenberg.

Greifvogelwarte: Ossiacherstr. 93 | www. adlerarena.com | April–Juni, Sept. Mo–Sa 10.30–16, So 10.30–17.30, Juli, Aug. tgl. 10.30–18.30, Okt. 10.30–16 Uhr, Flugschauzeiten: April – Juni, Sept. Mo–Sa 11, 14.30, So auch 16.30, Juli, Aug. tgl. 11, 14.30, 17.30, Okt. tgl. 11, 14.30 Uhr | Eintritt inkl. Flugschau 10 €, Kinder 5 €

1 km nordöstl. von Villach

SEHENSWERTES
Affenberg

Frei lebende Affen? Auf dem Affenberg kann man sie nicht nur hinter Gittern beobachten, sondern – bei einer 50-minütigen fachkundigen Führung – die Tiere in freier Wildbahn erleben.

Schlossbergweg 18 | www.affenberg. com | April–Okt. tgl. 9.30–17.30 Uhr | Eintritt 9 €, Kinder 4,50 €

◎ OSSIACHER SEE ⚑ G/H 4

Mit 11 km Länge und 1 km Breite ist der Ossiacher See der drittgrößte See Kärntens. Er ist 47 m tief und wird bis zu 27 °C warm. Vom Volksmund manchmal geheimnisvoll als der »See des Schweigens« bezeichnet – zum Teil aufgrund seiner Lage zu Füßen der Kärntner Bergwelt und der Wälder, die sich oft bis an seine Ufer erstrecken, zu einem Großteil aber auch wegen seines smaragdgrünen, tiefen Wassers, um das sich zahlreiche Legenden ranken.

Hauptort am See ist die Gemeinde Ossiach am Südufer mit ihrem Benediktinerstift auch Annenheim, Steindorf und Bodensdorf sind beliebte Badeorte. Von Annenheim fährt die Seilbahn auf die Kanzelhöhe und weiter auf den Gipfel der Gerlitzen, von dem man einen herrlichen Rundblick über die Nockberge im Norden und die Karnischen Alpen und Karawanken im Süden hat.

4 km nordwestl. von Villach

SEHENSWERTES

Gerlitzen 👫

Im Winter ein kleines Skigebiet, im Sommer ein Wandergebiet, kann man auf der 1911 m hohen Gerlitzen nicht nur Rucksacktouren unternehmen, sondern auch mit einem »Pistenflitzer« genannten Miniboliden über eine Holzbohlenstrecke zu Tal rasen, die Schaualm Pöllingerhütte besuchen oder einfach nur die Natur genießen.

Annenheim | www.gerlitzen.com | Kanzelbahn: Juni–Sept. tgl. 9–12 und 12.45–17 Uhr, Gipfelbahn: Juni–Sept. tgl. 9.10–12.15 und 13–16.45 Uhr | Fahrt 19,50 €, Kinder 10 €

Vom Plateau eines Felskegels wacht die Ruine Landskron (▶ S. 88) über das Dorf St. Andrä. In der Burg gibt es eine imposante Greifvogelwarte mit Adler-Arena.

Stift Ossiach

Direkt am Ossiacher See liegt das ältes-te Männerkloster Kärntens, das auf das Jahr 1028 zurückgeht. Alljährlich im Juli und August bildet die Ossiacher Stiftskirche den prunkvollen Rahmen für das hochkarätige Musikfestival des Carinthischen Sommers (▶ Feste fei-ern, S. 52).

MUSEEN

Berg- und Almmuseum Pöllingerhütte

Von der Kanzelbahn-Bergstation führt der Alm- und Forstlehrpfad bis zum Museum: Die Almbewirtschaftung ver-gangener Jahrhunderte steht im Mittel-punkt der Ausstellung.

Treffen, Pölling 18 │ Mitte Mai–Mitte Okt. tgl. 9–17 Uhr │ Eintritt frei

ÜBERNACHTEN

Alpenhotel Pacheiner 🚩

Bergerlebnis – Unter dem Gipfel der Gerlitzen neu errichtet und mit Sattel-dächern und Holzarchitektur perfekt in die Landschaft eingebunden. Zu Zimmern mit Aussicht kommt eine schöne Terrasse mit Blick über die Ger-litzen und das Villacher Becken. Die hoteleigene Sternwarte verhilft zu neuen astronomischen Kenntnissen. Kärntnerisch dominiert ist die Küche.

Gerlitzen, Pölling 20 │ Tel. 0 42 48/28 88 │ www.pacheiner.at │ 32 Zimmer │ €€

Hotel 12 ▶ S. 24
Hotel educare ▶ S. 24

Mountain Resort Feuerberg

Beste Lage – Auf der Gerlitzen, am Ende der gleichnamigen Straße, liegt dieses Hotel, das aus den »Berger-Hüt-ten« – kleinen Selbstversorgerhütten–entstanden ist. Heute verfügt das Re-sort auf 1765 m Seehöhe über einen solarbeheizten Naturbadesee und so-gar ein Sufi-Bad. Selbstversorgerhütten kann man aber immer noch mieten.

Bodensdorf/Steindorf │ Gerlitzenstr. 87 │ Tel. 0 42 48/28 80 │ www.hotel-feuerberg. at │ 320 Betten in Hütten │ 🐾 │ €€

Seehotel Hoffmann

Naturnah – In einer ausgedehnten Bucht am Nordostufer des Sees gelege-nes Haus, eigener Privatstrand, kom-fortable Zimmer. Stimmungsvoll: das Frühstück auf der Terrasse mit Blick auf Ossiach.

Steindorf am Ossiacher See │ Stiegl │ Tel. 042 43/87 04 │ www.seehotel-hoff mann.at │ 33 Zimmer │ €€

Hotel Seerose ▶ S. 25

ESSEN UND TRINKEN

Restaurant Café Allegro im Stift Ossiach

Mediterran mit Ausblick – Entweder im Gastgarten mit Blick auf den See oder in den Gewölben des Stiftes: Fan-tasievoll-mediterrane Küche und zu-vorkommender Service.

Ossiach │ Stift Ossiach │ Tel. 0 42 43/ 45 59 44 12 │ www.die-cma.at │ tgl. 10– 22 Uhr │ €€

◎ **WILDPARK/NATUR-STADEL FELD AM SEE** F 4

Wildpark, Fischmuseum, Grizzlywelt und Erlebnis Afrika: Vier Attraktionen sind nahe Feld am See vereint.

Feld am See │ Bernliegerweg 4 │ www. alpen-wildpark.com │ Mai–Sept. 9–18, Okt. 9–17 Uhr │ Eintritt 10 €, Kinder 5 €

Puppenmuseum Elli Riehl 🧍‍♀️

Die 1977 verstorbene Puppenmacherin hat das Kärntner Leben in vielen Szenen mit ihren handgefertigten Puppen wieder auferstehen lassen.

Winklern-Einöde, Buchholzer Str. 4 | www.elli-riehl-puppenwelt.at | April–Mai tgl. 9–12, 14–18, Juni–Sept. 9–18 Uhr | Eintritt 5,20 €, Kinder 2,70 € 15 km südöstl. von Feld am See

SERVICE

AUSKUNFT

Tourismusinformation Ossiach

Ossiach 8 | Tel. 0 42 43/4 97 | www. ossiach.com | Mitte Juli–Mitte Aug. tgl. 9–20, Juni, Sept. tgl. 9–18, Mitte Sept.–Mai Mo–Fr 7–12, Mo–Do 13–15 Uhr

HERMAGOR 🚩 D 5

7200 Einwohner

Rührige Bezirkshauptstadt, vor allem vom Handel dominiert. Mit dem Pressegger See besitzt Hermagor Anteil an einem der wärmsten Badeseen Kärntens.

MUSEEN

Gailtaler Heimatmuseum

Eine Lutherbibel von 1541 ist eines der Prunkstücke der naturwissenschaftlichen und kulturhistorischen Sammlungen (mit über 5000 Artefakten).

Möderndorf 1 | www.gailtaler-heimat museum.at | Nebensaison: Anfang Mai–Anfang Juli und Mitte Sept.–Mitte Okt. Di–Fr 10–17, Hauptsaison: 9. Juli–18. Okt. Di–So 10–17 Uhr | Eintritt 4 €, Kinder 2,50 €

Ziele in der Umgebung

◎ KÖTSCHACH-MAUTHEN 🚩 C 4

3500 Einwohner

Luftkurort am Übergang zwischen Gailtaler und Karnischen Alpen. Einst

wichtiger Etappe an der Handelsroute von Italien über den Plöckenpass und den Tauern weiter nach Salzburg.

19 km westl. von Hermagor

SEHENSWERTES

Gailtaler Dom

Die markante Markuskirche in Mauthen, die auch den Beinamen Gailtaler Dom trägt und 1308 erstmals urkundlich erwähnt wurde, ist schon wegen ihrer Fresken aus dem 16. Jh. an der Außenmauer sehenswert.

Hauptplatz | Besichtigung tgl. außer während der Gottesdienste

MUSEEN

Friedenswege

Der Schauplatz blutiger Kämpfe zwischen italienischen und österreichischen Truppen auf dem Plöckenpass ist heute ein Freilichtmuseum, in dem man ehemalige Gefechtsstellungen in den Kalkwänden besuchen kann. Der zweite Teil der Ausstellung, Fundstücke, die das Leben der Soldaten dokumentieren, ist im »Museum 1915–1918« im Rathaus von Kötschach-Mauthen zu sehen.

– Freilichtmuseum: immer zugänglich | www.koemau.com
– Museum im Rathaus: Mitte Mai–Mitte Okt. Mo–Fr 10–13, 15–18, Sa–So 14–18 Uhr

ESSEN UND TRINKEN

Landhaus Kellerwand

Topqualität – Sissy und Stefanie Sonnleitner kreieren kulinarische Fixpunkte am österreichischen Feinschmeckerhimmel.

Mauthen 24 | Tel. 0 47 15/2 69 | www. sissy-sonnleitner.at | Mi–So 12–14 und 18.30–21.30 Uhr | €€€

◎ LESACHTAL A/B 4

Die westliche Verlängerung des Gailtales ist das Lesachtal, das über die Grenze hinweg bis Osttirol führt. Hier hat sich noch viel bäuerliche Kultur erhalten, seien es traditionelle Bauernhäuser oder Mühlen. Einige davon sind noch in Betrieb und mahlen das Getreide für das schmackhafte Lesachtaler Brot.

40 km westl. von Hermagor

ÜBERNACHTEN
Alm-Wellness-Hotel

Bauernkur – Neben Heu- und Kräuterbädern offeriert dieses Hotel auch Wellnessbehandlungen. Gemütliche Zimmer, zum Teil in Holzhäusern.

St. Lorenzen | Tuffbad 3 | Tel. 0 4716 / 6 22 | www.almwellness.com | 50 Zimmer und Appartements | €€

SERVICE
AUSKUNFT
Kärntens Naturarena

Hermagor | Hauptstr. 14 | Tel. 0 42 82/ 31 31 | www.naturarena.com | Mo–Fr 8.30–19, Sa, So 8.30–13 Uhr

◎ NASSFELD D 5

Im Winter Ski-, im Sommer Wandergebiet, zählt das Nassfeld zu den touristisch erschlossensten Bergregionen Kärntens. Als Teil der Karnischen Alpen besitzt es eine Reihe von leicht erreichbaren Gipfelerlebnissen. Am imposantesten ist der Gartnerkofel (2195 m), an dessen Hängen man die Wulfenia findet. Die blau blühende Pflanze wurde 1779 vom blaublütigen Freiherrn von Wulfen entdeckt und kommt sonst nur mehr in Montenegro im Balkan und im Himalaja vor.

11 km südwestl. von Hermagor

ÜBERNACHTEN
Wulfenia

Spitzenküche – Neben komfortablen Zimmern ist das Hotel auch ein Pilgerort für Gourmets: Mit 30 Sitzplätzen zählt es zu den besten Restaurants Kärntens und Küchenchef Arnold Pucher zu den großen Könnern am Herd.

Nassfeld 7 | Tel. 0 42 85/81 11 | www.wulfenia.at | 65 Zimmer | €€€

EINKAUFEN
Schaukäserei Tressdorfer Alm
▶ S. 40

SERVICE
AUSKUNFT
Tourismusinformation Nassfeld

Sonnenalpe | Nassfeld 8 | Tel. 0 42 85/ 82 41 | www.nassfeld.at | Mo–Fr 8.30– 19, Sa 8.30–13 Uhr

VILLACHER ALPE F 5

Im Südwesten von Villach liegt das ausgedehnte Wander- und Skigebiet der Gailtaler Alpe. Es wird durch eine 187 km lange (mautpflichtige) Panoramastraße erschlossen. Mit einem Sessellift vom Parkplatz Rosstratte aus und nach einer zweistündigen Wanderung kann man den 2166 m hohen Dobratsch erreichen, den höchsten Gipfel der Villacher Alpe. Hier ist ein Alpengarten mit zahlreichen Pflanzen angelegt.

WEISSENSEE ⭐ D/E 4

Der viertgrößte Kärntner Badesee liegt 20 km nördlich der Bezirkshauptstadt Hermagor und ist zugleich mit 930 m Meereshöhe der höchst gelegene (zum Baden). Die Seeufer sind nicht verbaut, und so findet man rund um den See 150 km Wanderwege.

Weissensee

3

Springen Sie hinein und nehmen Sie ruhig einen Schluck! Der Weissensee im Westen Kärntens rühmt sich nicht nur des Titels »höchster Badesee der Alpen«, er hat auch wunderbar weiches kristallklares Wasser (▶ S. 13).

MUSEEN

Bergbauernmuseum Gnoppnitz

Am Berggasthof Edelweiß ist dieses kleine Museum untergebracht, das anhand von 500 Exponaten die harte Arbeitswelt der Bergbauern früherer Jahrzehnte dokumentiert.

Greifenburg | Gnoppnitz | Juni und Sept. Do–Sa 13–16, Juli, Aug. Mo–Sa 13–16 | Eintritt frei

ÜBERNACHTEN

Seehotel Enzian

Romantisch – Seit den 1930er-Jahren eine der besten Adressen am See. Aus dem Bootshaus wurde ein Spa mit Sauna, der Strand verlockt zu einem Sprung in die Fluten.

Neusach 32 | Tel. 0 47 13 / 22 21 | www.cieslar.at | 20 Zimmer | 🐾 | €€

Ziel in der Umgebung

◎ GOLDECK-PANORAMASTRASSE

E 4

14,5 km und über zehn Kehren führt diese Panoramastraße bis auf eine Höhe von 1895 m. Vom Parkplatz Seetal kann man weiter zum Gipfel des Goldecks (2142 m) wandern (ca. 45 Min.).

Zufahrt über Zlan am Weissensee-Ostufer | www.sportberg-goldeck.com | Mai–Okt. tgl. 8.30–17 Uhr | Maut Pkw 13 €

930 m über dem Meeresspiegel: Der idyllische Weissensee (▶ S. 92) am Fuß der Gailtaler Alpen darf sich rühmen, Kärntens höchstgelegener Badesee zu sein.

BERGWELT GROSSGLOCKNER

*Zwischen Großglockner und Karnischen Alpen lockt
der Nationalpark Hohe Tauern. Aber auch
Österreichs tiefster See, der Millstätter See, und der
Wallfahrtsort Heiligenblut sind attraktive Ausflugsziele.*

Oberkärnten wird von den Bergen dominiert: Hier hat Kärnten Anteil
am Nationalpark Hohe Tauern, hier thront der höchste Berg, der Großglockner, ebenso wie sich an seine Flanke der größte Gletscher Österreichs, die Pasterze, schmiegt. Die Gletscher der Alpen haben die Landschaft im Norden geformt: das grüne Mölltal ebenso wie das karge
Liesertal. Im Volksmund nennt man ihn einfach Glockner, und er ist mit
3798 m Meereshöhe der höchste Berg Österreichs (und damit natürlich
auch Kärntens): Seine schon von weitem dominante Spitze aus Grün-
schiefer macht ihn dazu zu einem der markantesten Gipfel der Ostalpen.
Der Großglockner ist Teil der Glocknergruppe, einer Gebirgsgruppe, die
sich dominant im Nordwesten Kärntens inmitten der Tauern erhebt.
Der Großglockner ist aber auch in jeder Beziehung der touristische und
wirtschaftliche Hauptanziehungspunkt im Nordwesten Kärntens. Sei es

◄ Blick von der Großglockner Hochalpenstraße (▶ S. 95) auf die Franz Josefs-Höhe.

Bergwelt
Großglockner
Die Nockberge und
Kärntens histor. Kern
Das Lavanttal
und Ostkärnten

Drau- und Lesachtal
Rund um den
Wörthersee

Das Rosental und
Südkärnten

durch die **Großglockner-Hochalpenstraße** 🟊, ein nach dem Zweiten
Weltkrieg entstandenes Meisterwerk der Ingenieurskunst, sei es durch den
1986 aus der Taufe gehobenen **Nationalpark Hohe Tauern** 🟊, das größte
Schutzgebiet Europas, das sich die Bundesländer Tirol, Salzburg und
Kärnten teilen. Hochalpenstraße und Nationalpark sorgen gerade im
Sommer für einen regen Fluss an Touristen: Einerseits Bus- und Autotou-
risten, die in 36 Kehren einer der schönsten Alpenstraßen unter die Rei-
fen nehmen, andererseits Naturliebhaber, die sich im Schutzgebiet des
Nationalparks Hohe Tauern auf Wanderschuhen auf die Suche nach
Steinböcken, Adlern und Murmeltieren machen. Murmeltiere sind übri-
gens auch eine gern fotografierte Attraktion der Hochalpenstraße.

MAJESTÄTISCHE BERGWELT

Wenn im Winter die Hochalpenstraße aufgrund von meterhohen Schnee-
verwehungen gesperrt ist und auch die Wanderschuhe im Schrank bleiben, dann kommen noch Skitourengeher oder Skifahrer auf ihre Kosten.
An der Grenze zum Nationalpark liegen die kleinen, aber feinen Skigebiete von Heiligenblut, von Möllbrücke oder des Mölltaler Gletschers (auf
dem man übrigens auch im Sommer Skifahren kann).
Auch wenn er den markanten Gipfel darstellt, der Großglockner ist nur
eine der Naturschönheiten der Bergwelt im Nordwesten Kärntens: Im
Osten der Glocknergruppe schließen sich die nicht weniger schroffe
Goldberggruppe, die Ankogelgruppe und die Reißeckgruppe an. Auch
hier findet man einige kleine, aber feine Skigebiete bzw. auch Stauseen
wie am Reißeck und im Maltatal, die einen wichtigen Teil zur Versorgung
Österreichs mit Energie aus Wasserkraft beitragen.
Wichtigster Ort im Nordwesten Kärntens ist Spittal an der Drau: Die
Hauptstadt Oberkärntens, war seit jeher ein wichtiger Stützpunkt an den
bedeutenden Handelsrouten über den Tauern und über den Großglockner. Spittal liegt zwischen dem Lurnfeld und dem Unteren Drautal. Von
Norden nach Süden durchfließt die Lieser die Stadt und mündet dann in
die Drau. Ebenfalls südlich von Spittal liegt der »Hausberg« der Spittaler,
das Goldeck. Das Gemeindegebiet von Spittal erstreckt sich zum Teil
über das Südufer des Millstätter Sees.

SPITTAL AN DER DRAU

 E 3

15 600 Einwohner

Spittal an der Drau ist eine geschäftige Bezirkshauptstadt, eingebettet in eine grüne fruchtbare Landschaft. Seit dem 12. h. war die Stadt auch die Herrscherresidenz der Grafen von Ortenburg. Das imposanteste Bauwerk wurde allerdings von einem Spanier errichtet: Graf Gabriel von Salamanca-Ortenburg (1489–1539) ließ im Herzen der Stadt einen Renaissancepalast erbauen: das heutige Schloss Porcia. Im 16. Jh. erbaut, beeindruckt es vor allem durch seine klare Renaissancelinie und seinen wunderschönen Arkaden-Innenhof.

SEHENSWERTES

Modelleisenbahn im Gerngroß-Citycenter

Für Eisenbahn-Fans wurde im ersten Stock des Gerngroß-Citycenters am Neuen Platz auf 300 qm eine riesige Modelleisenbahnanlage mit 600 m Gleisanlagen errichtet. Besondere Attraktion sind der Nachbau von Teilen der Tauernbahn und eine historische Fotodokumentation zum Bau der Tauernbahn um 1900.

Neuer Platz 1 | www-museum-spittal. com | Mitte Mai–Mitte Okt. Mo–Fr 9–18, Sa 9–17 Uhr | Eintritt 7 €, Kinder 3 €

Pfarrkirche

Die Pfarrkirche Spittal an der Drau steht südlich des Hauptplatzes. Die in der Mitte des 13. Jh. erbaute Kirche wurde im 19. Jh. weitgehend erneuert. Im nördlichen Seitenschiff steht in einer Nische eine um 1420 geschaffene Pietà. Die an der westlichen Rückwand befindliche neugotische Skulpturengruppe von 1863, welche die Verkündigung an Maria darstellt, war am ehemaligen Hochaltar aufgestellt.

Hauptplatz

Schloss Rothenturm

Ein langgestreckter Bau in erhöhter Lage über dem Drautal. Seine Geschichte reicht bis in das 11. Jh. zurück – zu jenem »Roten Turm«, der ihm und der Ortschaft im Tal den Namen gab. Seine heutige Gestalt erhielt das Schloss im 17. und 18. Jh.

8 km südöstl. von Spittal an der Drau

MUSEEN

Frühmittelaltermuseum Carantana

Dieses geschichtliche Museum bietet mit seinem Freigelände einen idealen Einblick in das frühe Mittelalter – für Kärnten eine sehr bedeutende Periode, deren künstlerischen Wert auch die gefundenen karolingischen Flechtwerksteine belegen.

Molzbichl 5 | www.spittal-drau.at/ carantana | Mai–Sept. So–Fr 10–12 und 13–17 Uhr | Eintritt 1,50 €, Kinder 1 € 6 km nordwestl. von Spittal an der Drau

Museum für Volkskultur

Die Sammlungen im Schloss Porcia sind in Kärnten einzigartig. Sie zeigen die Geschichte des Landes und den Einfluss des Bergbaus, des Handwerks und später auch des Wintersports. Dazu kommen »Rauchkuchl« und Almhütten und viel Krimskrams aus dem Leben in vergangener Zeit. Im Kino des Museums kann man einen 3D-Flug durch die Täler Oberkärntens und den Nationalpark Hohe Tauern unternehmen.

Burgplatz 1 | www.museum-spittal.
com | Mitte April–Mitte Okt. tgl. 9–18,
Mitte Okt.–Mitte April Mo–Do 13–16 Uhr |
Eintritt 8 €, Kinder 4 €

Römermuseum Teurnia

Zahlreiche Funde aus der Römerstadt
Teurnia – Reliefs, Grabsteine, Inschrif-
ten – sind hier ausgestellt. Dazu kommen wechselnde Sonderausstellungen
über die Präsenz der Römer in Kärnten. In St. Peter in Holz befand sich
einst die norische und später die römische Siedlung Teurnia, in der Spätanti-
ke bedeutende Provinzhauptstadt. Reste der Ansiedlung sind ebenso zu sehen
wie die Ausgrabungen einer Friedhofs-
basilika aus dem 5. Jh.
Lendorf, St. Peter in Holz 1a | www.
landesmuseum-ktn.gv.at | Mai–Okt.
Di–So 9–17 Uhr | Eintritt 5 €, Kinder 3 €

ÜBERNACHTEN

Erlebnis Post

Familiär geführt – Im Herzen der
Stadt und eine der besten Adressen in
Spittal. Interessant anmutende Zim-
merbezeichnungen wie »Mausoleum«,
»Hausarrest« und »Postbox«. Gute Kü-
che im Restaurant »Zellot«.
Hauptplatz 13 | Tel. 0 47 62/22 17 | www.
erlebnis-post.at | 41 Zimmer | €€

ESSEN UND TRINKEN

RESTAURANTS

Kleinsasserhof

Kunst und Küche – Hier speist man
zwischen Buddhas, Büffelhörnern und
Kunst. Dazu wird regionale Küche auf
höchstem Niveau serviert. Reservieren!
Kleinsass 3 | Tel. 0 47 62/22 92 | www.
kleinsasserhof.at | Do, Fr 18–24, Sa 12–15,
So 12–15 und 18–23 Uhr | €€

Gleichbleibend hohe Qualität in neugotischem Ambiente. So beschreibt der renommierte
Gault Millau das Restaurant Mettnitzer (▶ S. 98) in Spittal an der Drau.

Mettnitzer

Wirtshauskultur vom Feinsten – Holzvertäfelte Gründerzeitstuben mit urigen Jagdtrophäen, beste »Kärntner Nudeln« und hervorragende Rindfleischgerichte.

Neuer Platz 17 | Tel. 0 47 62/3 58 99 | Mi–So 11.30–13.30 und 18–21 Uhr | €€

EINKAUFEN

Naschmarkt

»Greißlerei« (Tante-Emma-Laden), in der man Lebensmittel und kleine Mitbringsel aus dem Alpen-Adria-Raum erstehen kann.

Post-Passage (am Hauptplatz) | Mo–Fr 9–12 und 15–18, Sa 9–12 Uhr

KULTUR UND UNTERHALTUNG

Garage Musicclub

Clubbings, aber auch Theateraufführungen und Cabaret. Im ersten und zweiten Stock gibt es durchdesignte Locations für Bier, Cocktails und gepflegtes Essen (aus der »Zellot«-Küche des Hotels Post).

Glashaus, Hauptplatz 12 | Mo–Do 10–1, Fr–Sa 10–2 Uhr

SERVICE

AUSKUNFT

Tourismusinformation

Burgplatz 1 | Tel. 0 47 62/5 65 02 20 | www.spittal-drau.at | Mo–Fr 9–18, (Juli–Aug. auch Sa 9–12 Uhr)

Ziele in der Umgebung

◎ **MILLSTÄTTER SEE** 🔹 E/F 3/4

Eingebettet in die Gebirgswelt des Nationalparks Nockberge, der Millstätter Alpe mit dem Tschiernock, dem Goldeck und dem Mirnock liegt der Millstätter See. An seinen Ufern befinden

sich die Gemeinden Millstatt, Seeboden und Döbriach/Radenthein.

Der See selbst gilt als Quelle innerer Kraft: Er liegt genau auf einer geomantischen Linie, und ein Bad in seinem Wasser, sagt man, hat eine wohltuend beruhigende Wirkung auf Körper und Geist. Außer Zweifel steht, dass der Millstätter See mit seiner Länge von 13 km und seiner Breite von 1,6 km zwar nur der zweitgrößte See Kärntens ist, aber mit seiner Tiefe von fast 150 m und seiner Wassermenge sogar den größten, den Wörthersee, übertrifft. Sein glasklares, mineralienreiches Wasser ist bei Badenden und Wassersportlern gleichermaßen beliebt.

1 km östl. von Spittal an der Drau

SEHENSWERTES

Stift Millstatt

In Millstatt sollten Sie dem im 11. Jh. gegründeten Benediktinerkloster mit seinen reichen Kunstschätzen einen Besuch abstatten. Die Stiftskirche und der Kreuzgang gehören durch ihre Tiersymbolik zu den repräsentativsten romanischen Bauten in Kärnten. Zur Anlage gehören auch vier Kapellen, darunter die gotische Loretokapelle.

Mai–Juni | Sept.–Okt., tgl. 10–16, Aug. 10–18 Uhr | Eintritt 3,50 €, erm. 2,50 €

Feuerinsel im Millstätter See 4

Ein perfekter Platz zum Chillen ist die Feuerinsel im Millstätter See. Und herrlich der Anblick, wenn die Sonne im Westen über dem Drautal versinkt und ihre letzten Strahlen über den See schickt (▶ S. 13).

Eingerahmt von den Hohen Tauern (im Bild) und den Nockbergen schmiegt sich der Ort Millstatt (▶ S. 98) ans Nordufer des Millstätter Sees.

Mirnock

Der Millstätter See ist idealer Ausgangspunkt für Bergtouren auf den Aussichtsberg Mirnock (ein Gipfel der Nockberge), zum Klangwandern in der Millstätter Schlucht oder einen beschaulichen Spaziergang über den Kneipp- und Mühlenwanderweg bei Kaning ob Radenthein zum Kärntner Handwerksmuseum in Baldramsdorf.

MUSEEN

Granatium Radenthein 🚹👧

Radenthein ist bekannt für einen blutroten Halbedelstein: Die Millstätter Alpe birgt nämlich das größte Granatvorkommen der Alpen. Einige der schönsten Exemplare kann man im Granatium bewundern. Ein unterirdischer See und die größte Granat-Ader der Welt sind im Stollen zu sehen, im Außengelände kann man die Granatschlucht erforschen oder am Schürfgelände selbst Granate suchen (günstige Kombination mit dem Sagamundo in Döbriach).

Radenthein | www.granatium.at | tgl. 10–18 Uhr | Eintritt 9,90 €, Kinder 6,90 € (Führung und Schürfen)
5 km östl. des Millstätter Sees

»Blutstropfen der Nocke«

Granate (Karfunkelsteine) werden seit Jahrhunderten aus dem Gestein der Millstätter Alpe gespült. Begeben Sie sich auf die Suche nach den kugelrunden Schmucksteinen und genießen Sie den Rundblick vom Mirnock (▶ S. 13).

Kärntner Handwerksmuseum

In einer ehemaligen Klosteranlage zu Füßen der Ortenburg findet man mehr als 40 Handwerksstuben, die einem die Arbeit von Schmied, Schuster, Schneider, Gerber und Weber in vergangenen Zeiten näher bringen.

Baldramsdorf | www.handwerks museum. info | Mai–Sept. tgl. 10–17 Uhr, Eintritt 5 €, Kinder 2 €

Sagamundo

In Döbriach am Ostufer des Millstätter Sees liegt das Haus des Erzählens: Führungen zum Thema Sagen, auch verschiedene Vernissagen und Kunstveranstaltungen.

Döbriach, Hauptplatz 8 | www. sagamundo.at | Öffnungszeiten variabel | Eintritt 5 €, Kinder 3 €

ÜBERNACHTEN
Familienhotel Post

Familie und Sport – Je nach Alter werden die Kinder hier in verschiedenen Gruppen betreut – und die Eltern können sich währenddessen im Felsenfreibad oder im See vergnügen.

Millstatt, Mirnockstr. 38 | Tel. 0 47 66/ 21 08 | www.familienhotelpost.com | 36 Zimmer und Appartements | €€

Hotel Seefischer

Direkt am See – An einer Bucht mit eigenem Jachthafen gelegen. Komfortabel im Landhausstil eingerichtet.

Döbriach | Fischerweg 1 | Tel. 0 42 46/ 7 71 20 | www.seefischer.at | 40 Zimmer | ♿ | €€

ESSEN UND TRINKEN
RESTAURANTS
Metzgerwirt

Bodenständig – Hier erwarten den Gast gute Küche, selbst gemachte Hauswürstel, hervorragende Topfennudeln. Speck und Obstler gibt es auch zum Mitnehmen.

Radenthein, Hauptstr. 22 | Tel. 0 42 46/ 20 52 | www.metzgerwirt.co.at | Do–Di 11–22 Uhr | €

BARS
Bar Kap 4613

Tagsüber ist sie eine lässige Strandbar, abends ein Hotspot des Nachtlebens. Die Bar – auch Feuerinsel genannt – liegt im Millstätter See, westlich von Millstatt. Die ausgeklügelte Inselkonstruktion verlockt mit einer atemberaubenden Aussicht über den See und kleinen mediterranen Snacks. Ein Geheimtipp ist das ausgiebige Frühstück am Sonntag.

Millstatt | Kaiser-Franz-Josef-Str. 330 | www.kap4613.at | Jan.–Feb. und Nov.– Dez. Mi–Do ab 16, Fr–So und feiertags ab 12, März–Mai und Sept.–Okt. Mo–Fr ab 12, Sa, So und feiertags ab 10, Juni–Aug. tgl. ab 10 Uhr | €€

EINKAUFEN
Fian Mode und Trachten

Wer ein fesches Kärntner Dirndl, ein Schultertuch, eine Lederhose oder einen Trachtenanzug sucht, ist hier an der richtigen Adresse.

Millstatt, Kaiser-Franz-Josef-Str. 181 | Mo–Fr 9–12 und 15–18, Sa 9–12 Uhr

WELLNESS

Kärnten Badehaus

2012 am idyllischen Millstätter See eröffnet, architektonisch an die klassische Badehausarchitektur des 19. Jh. angelehnt. Nachhaltige Bauweise mit großzügigen Glasfronten, die einen weiten Blick auf den See freigeben. Umfangreiches Wellness- und Beauty-programm, spezielle Aufguss-Zeremonien in den verschiedenen Saunen, dazu ein 35 °C warmer Außenpool im Millstätter See.

Millstatt | Kaiser-Franz-Josef-Str. 334 | www.badehaus-millstaettersee.at | Mo–So 10–21 Uhr | Eintritt 19,50 €, Kinder 11,50 €

◉ SEEBODEN ⚑ E3
6200 Einwohner

Bis ins späte Jahrhundert war der Ort auf der Westseite des Millstätter Sees bäuerlich geprägt, erst danach gewann das Seeufer für den Tourismus an Bedeutung: Heute bieten eine Reihe von Strandbädern am Seeufer Liegeflächen und Zugang zum See.

5 km nordöstl. von Spittal an der Drau

SEHENSWERTES

Burg Sommeregg

1187 erstmals erwähnt, wurde die auf einer Bergkuppe thronende Zwillingsburg vor dem Verfall bewahrt und beherbergt gegenwärtig ein Restaurant und ein Foltermuseum. Ende Juli bis Mitte August finden hier Ritterspiele und ein Mittelaltermarkt statt (▶ Feste feiern, S. 52).

Zu den Ritterspielen auf Burg Sommeregg (▶ S. 101) finden sich alljährlich im Juli/August die besten Stuntreiter Europas ein und lassen das Mittelalter aufleben.

MUSEEN

Bonsai-Museum

Im größten Bonsai-Museum Europas findet man nach japanischen Vorbildern angelegte Zen-Gärten und mehr als 3000 bis zu 100 Jahre alte Bonsai.

Liedweg 3 | www.bonsai.at | April, Okt. Di–Fr 10–17, Mai–Sept. Mo–Fr 10–18, Sa 10–17 Uhr | Eintritt 8 €, Kinder 4 €

Foltermuseum 🧒

Originalgetreue Exponate bringen einem die Foltertechniken des Mittelalters nahe – vom Rad bis zum Scheiterhaufen. Gruselig!

Schloßau 7 | Tel. 0 47 62/8 13 91 | www. sommeregg.at | April tgl. 11–17, Mai, Juni tgl. 10–18, Juli, Aug. tgl. 10–20, Sept., Okt. tgl. 11–17 Uhr | Eintritt 5,90 €, Kinder 2,90 €

Kärntner Fischereimuseum

Zahlreiche Ausstellungsstücke zum Thema Fischerei, aber auch ein Einblick in die Kärntner Unterwasserwelt werden hier geboten.

Fischerweg 1 | Tel. 0 47 62/8 16 69 | Mai–Okt. tgl. 10–18 Uhr | Eintritt 4 €, Kinder 2 €

ÜBERNACHTEN

Koller's Hotel

Angenehmer Luxus – Die luxuriöse Bootshaus-Suite über dem See mit eigenem Dampfbad wird man sich wohl nur selten gönnen, aber auch die übrigen Zimmer haben Stil. Nicht zu vergessen ein großer Wellness-Bereich und ein Schwimmbad im See – ganzjährig auf 30 °C beheizt.

Seepromenade 2–4 | Tel. 0 47 62/ 8 20 00 | www.kollers.at | 34 Zimmer | €€€

ESSEN UND TRINKEN

RESTAURANTS

Ofenloch

Kartoffelkeller – In dieser Patataria in einem heimeligen Keller im Zentrum gibt's nicht nur allerlei aus Kartoffeln, sondern auch saftige Steaks.

Hauptstr. 84 | Tel. 0 4 762/8 26 20 | www.ofenloch.info | Mo–Sa 16–24 Uhr | €

Restaurant Pichler

Frischer Fisch – Direkt am Wasser mit eigenem, sehr gepflegtem Badestrand und Terrasse. Der Millstätter See liefert einige der besten Fischgerichte auf der Speisekarte.

Seepromenade 46/48 | Tel. 0 47 62/ 8 11 80 | www.strand-hotel.at | Mai–Okt. tgl. 11–21 Uhr | €€

SERVICE

AUSKUNFT

Infocenter Millstätter See

Seeboden, Thomas-Morgenstern-Platz 1 | Tel. 0 47 66/37 00 | www.mill staettersee.at | Mo–Fr 9–17 Uhr

◎ GMÜND 🔖 E 3

2600 Einwohner

Dominant erhebt sich über dem kleinen Städtchen die Burg Gmünd, einst wichtiges Bollwerk an der Handelsroute über den Tauern. Viel von diesem mittelalterlichen Charakter hat sich die Stadt bis heute erhalten. Die mittelalterlichen Gassen sind zudem ein Refugium für moderne Kunst: Mehr als ein halbes Dutzend Galerien sind im Städtchen zu finden, während der Sommermonate sind auch Künstler aus der ganzen Welt in den Ateliers zu Gast.

17 km nördl. von Spittal an der Drau

Beim Anblick der Edelschlitten im Porsche Museum (▶ S. 103) flattert der Puls eines jeden Autofreaks. 48 Porsche-Raritäten (ab 1965) umfasst die Privatsammlung.

MUSEEN

Eva-Faschaunerin-Heimatmuseum

Kurioses Museum, das der gleichnamigen mutmaßlichen Gattenmörderin gewidmet ist: Sie soll ihren Mann durch Arsen getötet haben. Sie gestand den Mord allerdings erst unter Folter und wurde 1773 durch das Richtschwert hingerichtet.

Kirchgasse 48 | www.museum-gmuend.at | Mo–So 10.30–12.30 und 14–17, Sa Führung 14 Uhr | Eintritt 3,50 €, Kinder 1,50 €

Porsche Automuseum Helmut Pfeifhofer

Nach der Bombardierung des Stuttgarter Werks verlegte Ferdinand Porsche die Produktion seiner Fahrzeuge nach Kärnten: Zwischen den Jahren 1944 und 1950 wurden die berühmten Porsche-Sportwagen in Gmünd produziert – das erste Fahrzeug mit Namen Porsche stammt ebenfalls aus Kärnten. An diese Zeit erinnert dieses private Museum mit einer Kollektion an Porsche 356 und Porsche-Sportwagen, das heute Christoph Pfeifhofer, der Sohn von Gründer Helmut, führt.

Riesertratte 4a | www.auto-museum.at | Mitte Mai–Mitte Okt. tgl. 9–18, Mitte Okt.–Mitte Mai 10–16 Uhr | Eintritt 7 €, Kinder 3 €

ÜBERNACHTEN

Europas 1. Baby- und Kinderhotel

Für Babys mit Anhang – Mit diesem Betrieb wurden die österreichischen Baby- und Kinderhotels ins Leben gerufen, die sich auf Familien spezialisiert haben. Bis heute ein sicherer Tipp

für einen relaxten Familienurlaub im Grünen mit Kinderbetreuung (fast) rund um die Uhr.
Trebesing, Bad 1 | Tel. 0 47 32/23 50 | www.babyhotel.eu | 38 Zimmer | | €€

ESSEN UND TRINKEN
RESTAURANTS
Alte Burg
Deftige Kost – Beim Burgschmaus geht's rustikal zu, ansonsten bietet das Restaurant für jeden Geschmack etwas.
Burgwiese 1 | Tel. 0 47 32/36 39 | www.alteburg.at | April–Juni Mi–So ab 11.30, Juli–Mitte Sept. tgl. ab 11.30, Mitte Sept. und Okt. Mi–So ab 11.30, Nov.–23. Dez. Fr–So ab 12, 25. Dez.–6. Jan. tgl. ab 11.30 Uhr

CAFÉS
Café und Konditorei Nussbaumer
Gmündner Tafelschokolade und Pralinés zum Mitnehmen, es gibt auch Torten und einen saftigen »Reindling« zum Kaffee auf der Terrasse.
Hauptplatz 23 | www.cafe-nussbaumer.at | tgl. 9–21 Uhr | €

EINKAUFEN
Kunst-Handwerkshaus ▶ S. 41

SERVICE
AUSKUNFT
Gästeinformation Gmünd
Hauptplatz 20 | Tel. 0 47 32/22 15 14 | www.stadtgmuend.at | Mitte Sept.–Mitte Juni Mo–Fr 8–16.30, Mitte Juni–Mitte Sept. 8–17, Sa 9–15 Uhr

◎ MALTATAL   E 2
»Das Tal der stürzenden Wasser« wird es auch genannt: Sehenswert sind die Malteiner Wasserspiele am Maltabach

Wollen Sie's wagen?
Der Airwalk ist eine Mutprobe: Man kann auf einer Glasfläche stehen, mit 200 m freier Sicht in den Abgrund; rundherum eine atemberaubende Aussicht auf die hochalpine Landschaft der Hohen Tauern.

und der Melnikfall, Kärntens höchster Wasserfall. Eine 14,4 km lange Mautstraße führt zur größten Staumauer Österreichs, der 200 m hohen Kölnbreinsperre, ein massiver Körper aus 2 Mio. cbm Beton. Staumauerführungen gibt es tgl. zu jeder vollen Stunde zwischen 10 und 17 Uhr.
Malta, | Hochalmstraße: Mitte Mai–Okt. tgl. 7–18 Uhr | www.verbund.com/tourismus | Maut Pkw: 18 €, Führungen Staumauer: 6 €, Kinder 3 €
Ca. 17 km nördl. von Spittal an der Drau

ÜBERNACHTEN
Berghotel Malta
Atemberaubende Lage – Frisch renoviertes Hotel an der Kölnbreinsperre: Von hier aus startet man zu Bergtouren im Tauerngebiet.
Malta | Brandstatt 36 | Tel. 05 03 13/3 91 30 | www.berghotelmalta.at | 38 Zimmer | | €€

SERVICE
AUSKUNFT
Tourismusverband Lieser- und Maltatal
Gmünd, Hauptplatz 20 | Tel. 0 47 32/2 22 2 | www.familiental.com | Hauptsaison Mo–Fr 8–17, Sa 9–15, Nebensaison Mo–Fr 8–16.30 Uhr

NATIONALPARK HOHE TAUERN A1–D2

Die Idee zur Gründung eines Nationalparks im Gebiet der Hohen Tauern wurde Anfang des 20. Jh. geboren: 1909 erwarb der Münchner Verein »Naturschutzpark« 11 qkm Almgebiet im Salzburger Stubachtal. Aus der Taufe gehoben wurde der Nationalpark allerdings erst 1971 mit der »Vereinbarung von Heiligenblut« (▸ Im Fokus, S. 109). 1981 erklärte schließlich Kärnten ein Gebiet in der Glockner- und Schobergruppe zum Nationalpark, 1984 folgte Salzburg, 1992 Tirol. Der Nationalpark erstreckt sich über 100 km von Ost nach West sowie über 40 km von Nord nach Süd. Kärnten besitzt 327 qkm in der Kernzone, 113 in der Außenzone und 36 qkm Sonderschutzgebiete, die sich auf zwei Gebiete aufteilen: Großglockner – Pasterze und Gamsgrube. Insgesamt liegen im Nationalpark Hohe Tauern über 300 Gipfel, die höher als 3000 m sind, und 342 Gletscher mit einer Gesamtfläche von 130 qkm.

ÜBERNACHTEN

Ferienhotel Alber

Im Herzen der Berge – Auf 1200 m gelegen und ein idealer Ausgangspunkt für Bergtouren im Nationalpark Hohe Tauern sowie für Skitouren im Ankogelgebiet oder am Mölltaler Gletscher. Arnoldstr. 26 | Tel. 0 47 84/5 25 | www. ferienhotel-alber.at | 80 Zimmer | 🐕 | €€

ESSEN UND TRINKEN

Gasthof Zur guten Quelle

Gemütlich – Gleich zwei Schluchten kann man von hier aus leicht erreichen:

Von wilder Schönheit zeigt sich das von den Dreitausendern der Schobergruppe eingerahmte Gradental; im Vordergrund der türkis leuchtende Eissee.

**Bartgeier im National-
park Hohe Tauern**

Hoch droben nahe der Felswand
zieht der Vogel seine Bahn. Mit seiner Flügelspannweite von mehr als
2 m ist der Bartgeier der größte Vogel der Alpen. Einige davon haben
im Nationalpark Hohe Tauern eine
neue Heimat gefunden (▶ S. 13).

Die Groppenstein- und die Rabisch-
schlucht, dazwischen mag man sich in
diesem alteingesessenen Gasthof bei
guter Hausmannskost stärken (▶ S.13).
Obervellach, Lassach 18 | Tel. 06 64/
1 83 69 41 | www.zurgutenquelle.at |
Mo, Mi–Fr ab 10.30, Sa, So, feiertags ab
10 Uhr | €

SERVICE

AUSKUNFT
Urlaubsinformation Mallnitz
Mallnitz 11 | Tel. 0 48 24/27 00-40 |
www.mallnitz.at | Juli–Aug. Mo–Fr 8.30–
17, Sa 15–18, So 9–11, Sept.–Juni Mo–Fr
8.30–12 und 14–17.30 Uhr

Ziele in der Umgebung

 GROSSGLOCKNER A 1/2

Mit seinen 3798 m ist der Großglockner nicht nur der höchste Berg Österreichs, sondern zählt auch zu den
höchsten Gipfeln der Ostalpen. Dem
pyramidenförmigen Großglockner ist
der etwas niedrigere Kleinglockner
(3770 m) vorgelagert, dazwischen liegt
die sogenannte Glocknerscharte. Die
Erstbesteigung erfolgte im Jahre 1800.
Die Pasterze ist der größte und längste
Gletscher der Ostalpen, aus dem 8 km
langen Eiswall speist sich der Fluss

Möll, der dem Mölltal den Namen gab.
Seit 1856 hat allerdings die Fläche des
Gletschers von damals über 30 qkm um
rund die Hälfte abgenommen. Seit 1918
ist der Großglockner samt Pasterze im
Besitz des Österreichischen Alpenvereins. Bis heute ist er von großer Bedeutung für den Fremdenverkehr in der
Region und mit über 5000 Gipfelbe-
steigungen pro Jahr ein beliebtes Ziel
von Bergsteigern.

Die **Großglockner-Hochalpenstraße**
⭐, die wohl berühmteste Alpenstraße, führt ins Herz des Nationalparks
Hohe Tauern, zum höchsten Berg Österreichs, dem Großglockner. Auf
48 km werden 36 Kehren bei einem
Höhenanstieg bis auf 2504 m überwunden. In nur fünf Jahren Bauzeit wurde
die Straße 1935 fertig gestellt, geplant
war sie ursprünglich für rund 120 000
Besucher jährlich. Bereits im dritten
Jahr nach der Eröffnung war dieses
Ziel um mehr als das doppelte überschritten worden. Heute besuchen
jährlich fast eine Million Besucher den
Großglockner, die Großglockner
Hochalpenstraße zählt zu den drei
wichtigsten Sehenswürdigkeiten der
Alpenrepublik.

🕐 Am schönsten ist die Großglockner-
straße in den frühen Morgenstunden
oder am späten Abend. Dann kann man
den Sonnenauf- oder -untergang über
den Hohen Tauern miterleben (und auch
den Kolonnenverkehr auf den 36 Kehren
im Gefolge von Bussen und Campern
vermeiden).
Großglockner Hochalpenstraße | www.
großglockner.at | befahrbar Mai–Okt. |
Maut: Pkw 33 €, Motorrad 23 € (günstiger
ist es ab Okt. bis zur Wintersperre der
Straße).

Skifreuden am Mölltaler Gletscher

Wenn es unten im Tal schon grün wird, liegt oben am Berg noch eine dicke Schneeschicht, durch die man seine Spuren zieht. Skifahren ist am Mölltaler Gletscher auch dann noch möglich, wenn andernorts bereits der Frühling einkehrt (▶ S. 14).

HEILIGENBLUT 🏴 B 2
1100 Einwohner

Die Tauern waren einst das wichtigste Gold-Abbaugebiet Europas. Wahrzeichen des 1288 m hoch gelegenen Ortes ist aber seine Wallfahrtskirche, die ein Fläschchen mit dem Blut Christi bewahrt – daher auch der Name des Wallfahrtsortes.

SEHENSWERTES

Goldgräberdorf 🧒
Im original rekonstruierten Goldgräberdorf kann man Gold schürfen und erfährt vieles über die Bedeutung der Goldgewinnung und des Goldbergbaus in den Hohen Tauern. Im Fleißbach kann man dann das Gold waschen. Kleines Fleißtal, vom Parkplatz Handelsbrücke in 15 Min. zu Fuß erreichbar | www.nationalpark-hohetauern.at | Juni–Okt. tgl. 10–17 Uhr | Eintritt frei, Gold waschen 8 €, Kinder frei, Führungen im Freilichtmuseum 4 €

SERVICE
AUSKUNFT
Tourismusverband Heiligenblut
Hof 4 | Tel. 0 48 24/27 00 | www.heiligenblut.at | Mo–Fr 9–18, Sa 9–12, 16–18 Uhr

Zwei Hoheiten, die gleichermaßen beeindrucken: die Wallfahrtskirche von Heiligenblut (▶ S. 107) und dahinter der majestätische Großglockner.

Im Fokus
Nationalpark Hohe Tauern ⭐

Die beiden Greifvogel-Damen »Glocknerlady« und »Inge« bekamen im Sommer 2012 ein neues Zuhause. Kaum ihrer Voliere entledigt, erhoben sie sich in die Lüfte und flogen über die Felswände des Großen Fleißtales, um ihre neue Heimat zu erkunden.

Im Juni 2012 fand zum fünften Mal im Kärntner Teil des Nationalparks Hohe Tauern eine Freilassung von zwei jungen Bartgeiern statt. In den gesamten Alpen allerdings eine von vielen, denn seit über 20 Jahren wird der größte Greifvogel Europas, der Bartgeier, wieder in den Alpen angesiedelt, nachdem er lange daraus verschwunden war.

Kaum ein Greifvogel hat die Menschen so zu Legenden angeregt wie der Bartgeier. Über die Jahrhunderte hinweg wurde er auch als blutrünstige Bestie dargestellt, die Lämmer und Gämsen in den Tod hetzte und selbst vor Kindesraub nicht zurückschreckte. »Lämmergeier« oder »Gamsgeier« wurde er deshalb genannt und in den Alpen verfolgt. Giftköder und Abschussprämien taten das ihre, sodass der Geier bis zu Beginn des 20. Jh. verschwunden war. Allerdings überlebte der Bartgeier in den Pyrenäen, auf Korsika und in Griechenland.

Erst dem Alpenzoo Innsbruck ist es gelungen, die ersten Bartgeier mithilfe eines Ammenvogels in einer Voliere aufzuziehen. Das war der Grund-

◀ Spaß oder Ernst? Steinböcke in ihrem
Lebensraum, dem Nationalpark Hohe Tauern.

stein des Bartgeier-Projektes und ein wesentlicher Beitrag für eines der
bedeutendsten Artenschutzprojekte des Nationalparks Hohe Tauern und
Österreichs. 1978 konnte mit Unterstützung der Zoologischen Gesellschaft Frankfurt, des WWF Österreich und Schweiz das internationale
Projekt zur Wiederansiedlung des Bartgeiers in den Alpen aufgenommen
werden.

GRÖSSTER GREIFVOGEL DER ALPEN

Der Bartgeier ist wohl die beeindruckendste Geierart und mit einer Flügelspannweite bis zu 2,85 m der größte Greifvogel in den Alpen. Als Aasfresser verwertet er auch das, was andere Aasfresser übriglassen: Knochen! Deshalb ist sein Schlund besonders dehnbar. Zudem hat er eine
spezielle Technik entwickelt, große Futtertiere zu zerlegen: Ihre Knochen
werden mit den Fängen hoch in die Luft getragen und auf schräge Fels-
platten abgeworfen, auf denen sie zersplittern – das hat wohl zum schlech-
ten Ruf der Tiere beigetragen …
Eine internationale Expertenkommission wählte im Alpenraum vier
gleich weit voneinander entfernte Freilassungsorte aus. 1986 wurden im
Krumltal/Rauris im Salzburger Teil des Nationalparks Hohe Tauern die
vier jungen Bartgeier »Hans«, »Fritz«, »Ellen« und »Winnie« freigelassen.
Insgesamt wurden bisher 150 Tiere alpenweit ausgewildert, 45 im Nationalpark Hohe Tauern, seit 2000 auch im Kärntner Seebachtal bei Mallnitz
und an der Glocknerstraße in der Salzburger Gemeinde Rauris.
Als eines der wichtigsten Tierschutzvorhaben ist das Bartgeierprojekt ein
Musterbeispiel für den Wert des Nationalparks Hohe Tauern, der Teile
Kärntens, Salzburgs und Osttirols umfasst und als größtes Schutzgebiet
der Alpen gilt.

VEREINBARUNG VON HEILIGENBLUT

Der Nationalpark Hohe Tauern ist eine ursprüngliche Natur- und Kultur-
landschaft, bei der es – im Gegensatz zu vielen anderen – noch nicht zu
spät ist, sie zu erhalten. Die Idee zur Gründung eines Nationalparks im
Gebiet der Hohen Tauern entstand Anfang des 20. Jh. – in Bayern! 1909
erwarb der Münchner »Verein Naturschutzpark« 11 qkm Wald- und Almgebiet im Salzburger Stubachtal. Wirklich aus der Taufe gehoben wurde
der Nationalpark Hohe Tauern aber erst 60 Jahre später, 1971 mit der

»Vereinbarung von Heiligenblut« zwischen den Landeshauptleuten von Kärnten, Salzburg und Tirol, einer Willensbekundung, den Aufbau des Nationalparks voranzutreiben. Bis zur endgültigen Verwirklichung des Projektes dauerte es aber immer noch einige Jahre, nicht zuletzt wegen des Vetos der Elektrizitätswirtschaft, die nach dem Vorbild von Kaprun die Hohen Tauern mit Speicherkraftwerken überziehen wollte. Der echte Startschuss fiel 1981 in Kärnten: Das Bundesland erklärte ein Gebiet in der Glockner- und Schobergruppe zum Nationalpark, 1984 folgte Salzburg, 1992 schließlich auch Tirol.

Der geplante Schutz der Landschaft stieß in den betroffenen Gebieten zunächst auf Widerspruch, zu groß war die Angst der Bauern, nicht mehr »Herr auf dem eigenen Land« zu sein. Inzwischen hat man sich geeinigt, ja, nicht nur das, der Nationalpark wird als »intakte Natur« gewinnträchtig vom Tourismus vermarktet.

MURMELTIERE UND STEINADLER

Die Funktion des Nationalparks als Ausflugsziel sollte allerdings nebensächlich sein, in erster Linie sollte die Natur geschützt werden: Charakteristisch für den Nationalpark Hohe Tauern sind ausgedehnte Gletscherfelder, eiszeitlich geformte Täler mit imposanten Talschlüssen, mächtige Schwemm- und Murenkegel, alpine Gras- und Strauchheiden, neben ausgedehnten Wäldern mit Lärchen, Fichten und Zirben. Latschen und Grünerlenbüsche, alpine Rasen und Pioniervegetation profitieren von den vielfältigen Bodenverhältnissen in den Tauern, Murmeltier und Hermelin, Birk- und Schneehühner, Steinadler, Weißkopf- und Bartgeier leben hier. Rund 10 000 Tierarten hat man gezählt, davon allerdings fast 90 % Wirbellose, z. B. die einzige in den Alpen lebende arktische Hummelart.

STRENG GESCHÜTZT

Die von den Landes- und Bezirksbehörden verwalteten und überwachten Schutzzonen gliedern sich in Außenzonen, Kernzonen und Sonderschutzgebiete. Im gesamten Nationalpark ist die Errichtung von Skiliften, Straßen und Anlagen zur Energieerzeugung verboten. In der Kernzone und den Sonderschutzgebieten ist darüber hinaus jeder Eingriff in die Natur sowie jede Beeinträchtigung des Landschaftsbildes untersagt. Düngemittel sind sowieso verboten, bei Almen und Schutzhütten wird die Verwendung von traditionellen Baumaterialien – z. B. Holzschindeln zum Dachdecken – gefördert. Der private Autoverkehr ist – außer von den Grundbesitzern selbst – untersagt, in der Außenzone fahren Nationalparktaxis als Zubringer zu den Hütten. Sonderschutzgebiete sind sogenannte echte Reservate – hier ist jeder Eingriff in die Natur untersagt.

1800 QUADRATKILOMETER

Heute erstreckt sich der Nationalpark über 100 km von Ost nach West sowie über 40 km von Nord nach Süd und eine Fläche von über 1800 qkm. Der Kärntner Anteil beträgt 440 qkm und erstreckt sich vom Großglockner, der in der Kernzone liegt, bis zum Maltatal. Der Nationalpark Hohe Tauern wurde 2006 durch die Weltnaturschutzunion IUCN als Schutzgebiet der Kategorie II (Nationalpark) anerkannt.

Übrigens: Mit etwas Glück kann man im Nationalparkgebiet, in Mallnitz, Maltatal oder am Großglockner Bartgeier in freier Wildbahn sehen: Das ist mit ein Beweis, dass es das erfolgreichste Arten- und Wiederansiedlungsprojekt im Nationalpark darstellt.

AKTIVITÄTEN

Bartgeierbeobachtung im Fleißtal ⚑ B 2

Im Rahmen einer geführten Wanderung mit einem Nationalparkranger kann man – mit etwas Glück – die seltensten und zugleich größten Greifvögel Europas, aus nächster Nähe beobachten. Die Wanderung führt vom 2600 m hoch gelegenen Schareck ins Große Fleißtal zum Bartgeierfreilassungsplatz, auf dem 2012 »Glocknerlady« und »Inge« freigelassen wurden. Infos: Heiligenblut, Hof 4 | Tel. 0 48 24/ 27 00 | www.nationalpark-hohetauern. at

BIOS Nationalparkzentrum Mallnitz ⚑ C 2

In der Dauerausstellung »Entdecke unsichtbare Wunder« und jährlich wechselnden Sonderausstellungen kann man einen ersten Blick in die Vielfalt des Nationalparks Hohe Tauern werfen: Von Einzellern und Insekten über die Geologie und die Pflanzenwelt bis zum Bartgeierprojekt erfährt man einiges. Es ist auch ein guter Platz um die ersten Entedeckungsreisen im Nationalpark zu planen. Mallnitz 36 | www.bios-hohetauern. at | Mitte April–Anfang Okt. tgl. 10– 18 Uhr | Eintritt 8,70 €, Kinder 4,70 €

Bartgeier GPS

Der Nationalpark Hohe Tauern bietet auf seiner Website einen Online-Service an, bei dem man via GPS den Flug und Aufenthalt von vier Bartgeiern im Nationalpark verfolgen kann. Die Bartgeier tragen an einem Beckengurt einen Satellitensender, von dem jeden Tag Daten geliefert werden. Weitere Infos: www.hohetauern.at. Sollten Sie »Jakob«, »Smaragd«, »Glocknerlady« und »Inge« in der Natur beobachten, melden Sie dies bitte an beobachtung@ gmx.net oder bartgeier@gmx.at!

DIE NOCKBERGE UND KÄRNTENS HISTORISCHER KERN

Unaufdringliche Landschaft schmückt sich in dieser Region mit versteckten Naturschönheiten, Thermalbädern, mittelalterlichen Städtchen, Wehrkirchen und einer berühmten Ritterburg.

Kärnten ist hier entstanden, an den Ufern der Flüsse Glan und der Gurk. Das kleine Gurk mit seinem großen Dom ist zwar bis heute das religiöse Zentrum des Landes geblieben, aber in der alten Hauptstadt St. Veit an der Glan residieren die Kärntner Herzöge schon seit 400 Jahren nicht mehr. Trotzdem besitzt die Landschaft zwischen den Nockbergen und der Saualpe mit dem Gurker Dom, der Burg Hochosterwitz und dem Magdalensberg einige der wichtigsten Sehenswürdigkeiten des Landes. Ihren Namen haben sie von ihrer Form: Nocke heißt auf Deutsch gerundeter Fortsatz, und so sehen sie auch aus. Die Nockberge sind die westlichste und höchste Gebirgsgruppe der Gurktaler Alpen und betreffen außer Kärnten auch Salzburg und die Steiermark. Man kennt sie sofort an

◀ Malerisch thront Hochosterwitz, Kärntens
schönste Ritterburg (▶ S. 115), auf einem Felsen.

Bergwelt
Großglockner   **Die Nockberge und**
              Kärntens histor. Kern   Das Lavanttal
                                          und Ostkärnten
Drau- und Lesachtal   Rund um den
                      Wörthersee
                   Das Rosental und
                      Südkärnten

ihren kuppenartigen und grasbe-
wachsenen Berggipfeln. »Nocky
Mountains« heißen sie auch in jüngster Zeit, vor allem aber haben sie durch
ihre weiche, abgerundete Form einen großen Vorteil: Sie sind ein perfektes
Wandergebiet.

Die Nockberge lassen sich in acht Untergruppen gliedern. Südlich von
Bad Kleinkirchheim finden sich die Stöcke des Mirnock (2110 m ü. d. M), des
Wöllaner Nocks (2145 m) und der Gerlitzen (1909 m). Den Kern bilden
die Millstätter Alpe (2101 m) und der Rosennock (2440 m).

BIOSPHÄRENPARK

Erst im Juli 2012 wurden die Kärntner Nockberge und der angrenzende
Salzburger Lungau von der UNESCO als Biosphärenpark ausgezeichnet.
Damit ist das Gebiet im Grenzbereich der Bundesländer Salzburg und
Kärnten eine »Moderegion für nachhaltige Entwicklung«. Der Biosphä-
renpark ist 1490 qkm groß, ein Drittel davon liegt in Kärnten.

Trotzdem sind die Nockberge eine Kärntner Spezialität – zu verdanken
ist das auch dem Nationalpark Nockberge. Ursprünglich war im heutigen
Gebiet der Kernzone der Nockberge seit Anfang der 1970er-Jahre, als mit
der Tauernautobahn die Region erschlossen wurde, ein Skigebiet geplant.
1979 war mit dem Bau der **Nockalmstraße** 🟥⁹ begonnen worden, die das
Liesertal mit dem obersten Gurktal verband. Sie sollte die Nockberge für
den Tourismus erschließen und wurde bis 1981 zur durchgängig asphal-
tierten, mautpflichtigen Tourismusstraße ausgebaut.

Die Pläne zur Bebauung dieses Gebiets mit 18 Seilbahnen und Liften sowie zwei Hoteldörfern stießen jedoch auf wenig Gegenliebe bei der Bevölkerung: Eine Volksbefragung 1980 brachte ein klares Votum gegen
diese Art von Tourismus. Skigebiete somit nur in Innerkrems und auf der
Turracher Höhe. 1987 wurde dafür der Nationalpark Nockberge ins Leben
gerufen, der allerdings 2012 aufgelöst wurde, als er essenzieller Teil des Biosphärenparks wurde. Die Nockalmstraße ist aber bis heute ein perfekter
Einstieg in diese Landschaft geblieben, mit einer kleinen Mautgebühr kann
man einen ersten Eindruck dieser einzigartigen Landschaft gewinnen. Ihre
Geheimnisse und versteckten Schönheiten offenbaren die Nockberge allerdings nicht mit dem Auto, sondern nur auf Schusters Rappen.

Der Speik, Nockberge

Der Speik, eine alte Heilpflanze, wächst nur noch in den Nockbergen und wird wegen seiner wohltuenden Wirkung geschätzt. Zu Kosmetika verarbeitet, kann man sogar in ihm baden – nach einem Tag in den Wanderschuhen ein erquickendes Erlebnis (▶ S. 14).

ST. VEIT AN DER GLAN ◣◣ J 4

13 000 Einwohner

Die auf den ersten Blick etwas unscheinbare Kleinstadt war vom 12. bis ins 16. Jh. die Residenz der Kärntner Herzöge und Landeshauptstadt. Davon zeugt heute noch der von einer 10 m hohen Mauer umschlossene mittelalterliche Stadtkern.

Von vergangener Größe erzählt auch der imposante Hauptplatz mit seinen Bürgerhäusern und dem prunkvollen Rathaus, der Pestsäule aus dem Jahr 1715, dem Schlüsselbrunnen aus dem 16. und dem Walther-von-der-Vogelweide-Brunnen aus dem 17. Jh. Der verkehrsberuhigte Hauptplatz ist jetzt eine stille Oase inmitten der Stadt, mit behaglichen Kaffeehäusern, Spielplätzen und kleinen Geschäften.

SEHENSWERTES

Rathaus

Imposant ist die prachtvolle Stuckfassade mit kunstvollen Reliefs, die der Bildhauer Johann Pacher 1754 schuf. Einen Blick lohnen auch die prachtvolle Stuckdecke im Rathaussaal und der schöne Arkadenhof.

April–Okt. tgl. 9–12 und 14–18 Uhr

MUSEEN

Verkehrs- und Stadtmuseum

Umfassende Sammlungen zur 900-jährigen Geschichte der Stadt, einen Schwerpunkt bildet das Thema Verkehr von der Pferdeeisenbahn bis zur Lokomotive, Modellbahnanlage. Das Stadtmuseum ist in der ehemaligen Herzogsburg untergebracht.

Hauptplatz 29 | www.museum-stveit. at | April–Okt. tgl. 9–12 und 14–18, Juli und Aug. durchgehend von 9–18 Uhr | Eintritt 7 €, Kinder 3,50 €

ÜBERNACHTEN

Blumenhotel

Florale Architektur – Modernes Hotel in der Nähe der Fußgängerzone, das komfortable Zimmer und ein gutes Frühstücksbuffet bietet.

Bürgergasse 7 | Tel. 0 42 12/3 34 22 | www.blumenhotel-at. | 110 Zimmer | €€

Fuchs Palast

Fantastisch wohnen – Ernst Fuchs, einer der wichtigsten Künstler des österreichischen Fantastischen Realismus, zeichnete die Entwürfe für diesen Hotelbau, der mit einer Fassade aus Tiffanyglas glänzt.

Prof.-Ernst-Fuchs-Platz 1 | Tel. 0 42 12/ 46 60 | www.hotel-fuchspalast.at | 60 Zimmer | ♿ | 🐾 | €€

Weißes Lamm

Im Herzen der Altstadt – Komfortables Hotel mitten im Zentrum; im schönen Arkadenhof lässt es sich gut und traditionell speisen.

Unterer Platz 4–5 | Tel. 0 42 12/23 62 | www.weisseslamm.at | 25 Zimmer | 🐾 | €€

ESSEN UND TRINKEN

La Torre

Bester Italiener – Mediterran ange-hauchte, hervorragende Küche in ei-nem alten Stadtturm im Herzen der Stadt.

Grabenstr. 39 | Tel. 0 42 12/3 92 50 | www.latorre.at | Di–Sa 12–14.30 Uhr, So, Mo geschl. | €€

SERVICE

AUSKUNFT

Tourismusinformation St.Veit/Glan

Prof. Ernst-Fuchs-Platz 1 | Tel. 0 42 12/ 46 60-600 | www.stveit.carinthia.at | Mo–Fr 10–16 Uhr

Ziele in der Umgebung

◎ ALTHOFEN   K 3

Die Stadtgemeinde im Norden von St. Veit ist eine der ältesten noch heute bewohnten Bergsiedlungen in Öster-reich und eine Kurstadt.

15 km nördl. von St. Veit

MUSEEN

Auer von Welsbach Museum

Gasglühlicht, Metallfadenglühlampe oder den Zündstein fürs Feuerzeug – all das erfand der österreichische Er-finder Carl Auer von Welsbach. Ihm und seinen Schöpfungen ist dieses Mu-seum in der Altstadt gewidmet.

Burgstr. 8 | Mai–Okt. Di–So 10–17 Uhr | Eintritt 5 €, Kinder 2 €

◎ BURG HOCHOSTERWITZ K 4

Sie ist wahrscheinlich die berühmteste Ritterburg Österreichs und wurde nie von einem ihrer zahlreichen Belagerer eingenommen: Hochosterwitz nahe

Teiche, sanfte Bergkuppen, saftige Wiesen und eine große Artenvielfalt von Pflanzen und Tieren prägen die Landschaft im Biosphärenpark Nockberge (▶ S. 113).

St. Veit. Warum, das spürt man am eigenen Leib, wenn man den steilen Pfad erklimmt, der von 14 mit unterschiedlichsten Mechanismen bewehrten Toren bewacht wird, bevor man erst in den eigentlichen Burgbereich vordringt. 860 wurde Hochosterwitz erstmals urkundlich erwähnt und fiel im Mittelalter an das Geschlecht der Khevenhüller, bis heute Besitzer der Burg. Neben einem Burgmuseum mit einer Waffen- und Gemäldesammlung gibt es auch ein Restaurant: Im Rittersaal werden Ritteressen veranstaltet. Die Burgkapelle ist mit Wand- und Deckenmalereien von 1570 geschmückt. Die auf einem 160 m hohen Kreidefelsen thronende Festung soll Walt Disney zu seinem Film »Cinderella« inspiriert haben.

Niederosterwitz 1 | www.burg-hochosterwitz.at | Mai–Sept. tgl. 9–18, April und Okt. 9–17 Uhr | Eintritt 12 €, Kinder 8 €

6 km östl. von St. Veit

 ◎ **FELDKIRCHEN** H 4
3300 Einwohner

Die durch mehrere Gemeindereformen heute 86 Ortschaften umfassende Großgemeinde zählt 14 343 Einwohner und ist damit die fünftgrößte Stadt

Burg Hochosterwitz ⑨

Ihre Lage hat schon Walt Disney beeindruckt, der hier Maß nahm für Cinderellas Schloss. Noch heute wirkt die mittelalterliche Trutzburg abweisend. Um bis ganz nach oben zu gelangen, braucht man etwas Kondition für den – zugegeben – steilen Pfad (▶ S. 14).

Kärntens. Der Hauptort Feldkirchen, eine alte Handwerkstadt, wurde um 1065 / 66 erstmals urkundlich erwähnt und erhielt 1176 das Marktrecht zugesprochen. 1930 wurde die Gemeinde zur Stadt erhoben.

25 km westl. von St. Veit

MUSEEN UND GALERIEN

Amthofmuseum

Das schlossartige, vierflügelige Gebäude des Bamberger Amthofs geht auf einen im 13. und 14. Jh. errichteten Baukomplex zurück. Im Gebäude ist heute das Stadtmuseum bzw. Flächen für wechselnde Ausstellungen untergebracht. Im überdachten Innenhof finden kulturelle Veranstaltungen statt, in den Galerieräumen und im verliesartigen »Gwölb« werden Ausstellungen einheimischer und international bekannter Künstler gezeigt.

Amthofgasse 5 | www.museum-feldkirchen.at | Juli–Aug. 9–13, 14–18 Uhr | Eintritt 4 €, Kinder 2 €

◎ **FRIESACH** J 2
7000 Einwohner

Erwähnt wurde Friesach bereits um 860 als ein Zentrum der Christianisierung Kärntens. Von 1125 wurde in der Stadt der »Friesacher Pfennig« geprägt. Noch heute finden sich in und um die Stadt verteilt Klosterbauten und Kirchen. Als Burgenstadt wird die Siedlung auch gern bezeichnet: Drei Burgberge umgeben das Städtchen, auf jedem von ihnen stehen die Reste einer mittelalterlichen Festung: Am Petersberg zum Beispiel ein Burgfried (mit dem Stadtmuseum) und eine Kirche aus dem 9. Jh., auf dem Geiersberg die St.-Anna-Kapelle aus dem 14. Jh. mit spätgotischen Wandmalereien. Im Burghof am Petersberg finden im Sommer die Friesacher Burghofspiele mit Theateraufführungen statt (Programm: www.burghofspiele-friesach.at).

In Friesach selbst ist die Stadtmauer aus dem 12. Jh. noch fast vollständig erhalten. Am Hauptplatz stehen ein schöner Renaissancebrunnen und das Alte Rathaus aus dem 16. Jh. Die Stadtpfarrkirche nördlich des Hauptplatzes weist schöne Glasmalereien auf, darunter im Chor ein Bild von klugen und törichten Jungfrauen aus dem 13. Jh.

Im Dominikanerkloster nördlich des Hauptplatzes ist die Kirche aus dem 13. Jh. sehenswert, sie beherbergt ein schönes Kruzifix aus dem 14. und eine steinerne Madonna aus dem 13. Jh.

20 km nördl. von St. Veit

MUSEEN

Stadtmuseum Friesach

Auf mehreren Etagen kann man Interessantes über die Geschichte der Stadt erfahren. Die präsentierten Exponate stammen aus der Kelten- und Römerzeit bis hin ins Mittelalter, darunter auch Exemplare des »Friesacher Pfennigs«, der bis ins 12. Jh. geprägt wurde.

Petersbergweg 18 | Juni–Aug. 10–18 Uhr | Eintritt 3 €, Kinder 1 €

ÜBERNACHTEN

Hotel Restaurant Metnitztalerhof

Mit Charakter – In einem 500 Jahre alten Gebäude am Friesacher Hauptplatz untergebrachter Traditionsbetrieb. Gute Küche, probieren Sie die »Kasnudeln«!

Hauptplatz 11 | Tel. 0 42 68/2 51 00 | www.metnitztalerhof.at | 28 Zimmer | 🐕 | €€

ESSEN UND TRINKEN

Erlebnisgasthof Seppenbauer

Mit Museum – Ausgefeilte Kärntner Wirtshausküche, Hirter Bier, gemütliche Zimmer und dazu noch ein privates Oldtimermuseum (Di–So 10–20 Uhr, Eintritt 4 €).

St. Salvator, Marktplatz 6 | Tel.0 42 68/2 01 00 | www.seppenbauer.eu | Di–So 9–24 Uhr | €

EINKAUFEN

SÜSSIGKEITEN

Café-Confiserie Craigher

Schokolatier Dieter Craigher kreiert immer wieder Neues: Kürbishonig – Zartbitter- oder Milchschokolade, gefüllt mit Nougat, Kürbis und Honig – und eine köstliche Zartbitterschokolade gefüllt mit Pistazienkrokant, aber auch sonst gibt es hier viel Süßes zu probieren und zu kaufen. Highlights sind der vielschichtige »Friesacher Würfel« und der »Friesacher Pfennig« – in der Schokoladeversion.

Hauptplatz 3 | Tel. 0 42 68/22 95 | www.craigher.at | Mo–Sa 7–20, So 10–18 Uhr

TRACHTENMODE

Trachten Gutra

Große Auswahl an Trachten, Schmuck und Lederhosen – für Sie und Ihn.

Gaisbergstr. 3 | Mo–Fr 9–18, Sa 9–12.30 Uhr

GURK 🔖 J3

1500 Einwohner

Die hl. Hemma von Gurk (ca. 995/1000–1045) ist Kärntner Landesmutter und Schutzheilige. Um ihr Leben rankt sich eine Reihe von Legenden, die wichtigste betrifft wohl den Bau des Gurker Doms: Als ihr Mann Wilhelm auf dem Rückweg von einer Pilgerfahrt in Gräbern (Lavanttal) starb, stiftete seine Witwe Kloster und Dom zu Gurk. Der Ort für den Bau wurde festgelegt, in dem Hemma ein Ochsengespann entlang des Flusses Gurk laufen ließ, bis es stehen blieb. Dort wurden dann Dom und Kloster erbaut.

SEHENSWERTES

Gurker Dom 🔶8

Der Dom eines der beeindruckendsten Kirchenbauwerke in romanischem Stil in Europa. Die hl. Hemma von Gurk stiftete ihn im 11. Jh., der Ursprungsbau wurde allerdings über die Jahre immer mehr erweitert: Das Bild der Kirche prägen heute die 60 m hohen Zwillingstürme. Einer der großartigsten Kryptenbauten in Österreich wird von 100 Säulen gestützt, in einem mit Marmor umkleideten Steinsarkophag befinden sich seit 1174 auch die Gebeine der 1938 heiliggesprochenen Hemma. Auch der Hemmastein ist in der Krypta zu sehen: Auf dem grünen Chlorit-Schiefer-Stein saß die Heilige, als sie selbst die Löhne für die Arbeiter am Dombau auszahlte. Wer sich heute darauf setzt, dessen Wünsche sollen in Erfüllung gehen. Ein weiterer Fixpunkt, der nur im Rahmen einer Führung zu sehen ist, ist die Bischofskapelle über dem Eingang zur Kirche: Ihre Fresken aus dem 13. Jh. haben das Leben Christi und Maria zum Thema.

Die reich geschmückte Kanzel und der Kreuzaltar, beide im 18. Jh. entstanden, stammen aus der Zeit des Rokoko.

🕑 Am schönsten ist der Gurker Dom in den Abendstunden, wenn das Licht der untergehenden Sonne auf die Fassade fällt. Dann sind auch schon die Busse mit den Touristen verschwunden, die tagsüber die Kirche stürmen.

Domplatz 11 | www.dom-zu-gurk.at | Führungen: April–Okt. Mo–Sa. 10.30, 13.30, 15 Uhr, So ab 11 Uhr | Kombiführung: 6,20 €, Kinder 5,70 €

Schloss Albeck

Am Oberlauf der Gurk bei Sirnitz liegt Schloss Albeck. Sehenswert ist – neben dem hübschen Barockensemble – der frei zugängliche Skulpturenpark. Im Schloss finden auch Ausstellungen, Konzerte und Theateraufführungen.

Café-Restaurant Schloss Albeck: Sirnitz | www.schloss-albeck.at | März–Dez. Mi–So 10–21 Uhr | €€

Schloss Straßburg

Ehemalige Residenz der Fürstbischöfe von Gurk, strategisch ideal gelegen im Gurktal, über der Stadt Straßburg. Erbaut wurde sie unter dem Gurker Bischof Roman, der auch den Gurker Dom errichten ließ. Die Straßburg war bis 1783 Sitz der Bischöfe von Gurk. Danach dem Verfall preisgegeben, wurde sie ab den 1950er-Jahren wieder aufgebaut und beherbergt heute volkskundliche Sammlungen mit Objekten bäuerlichen Lebens wie Werkzeugen, Möbeln und Hausrat vergangener Jahrhunderte. Die permanente Ausstellung »Frauenkunstwerke« zeigt einzigartige Exponate aus 200 Jahren mit Handarbeiten von Bauern, Bürgern und Adeligen. Im Restaurant kann man nach einem Besuch die Aussicht über das Gurktal genießen.

Straßburg | Schlossweg 6 | Mai–Sept. tgl. 10–18 Uhr | Eintritt 6 € (inkl. Restaurantgutschein 2 €)

3 km östl. von Gurk

Im romanischen Dom von Gurk (▶ S. 118) lohnt ein Blick nach oben, um das filigrane Netzrippengewölbe an der Decke des Langhauses zu bewundern.

Zwergenpark Gurktal

Rund 1000 Zwerge und Wichtel sind in diesem kleinen Park nahe dem Stift Gurk vereint. Dazu gibt's eine Liliputbahn und verschiedenste Spiele und Vergnügungen. So kann man auch einen Zwerg bemalen und mit nach Hause nehmen.

Dr. Schnerich-Straße | Tel. 0 42 66/ 80 77 | www.zwergenpark.com | Mai– Mitte Juni Mo–Sa 11–16, Mitte Juni–Mitte Aug., tgl. 10–18, 19.08.–25.08. tgl. 11–17, 26.08.–29.09. tgl. 11–16 Uhr | Eintritt 5,50 €, Kinder 3,50 €

ESSEN UND TRINKEN

Gasthof Kronenwirt

Hausmannskost – Kärntner Specknudeln oder Bauerngeselchtes stehen auf der Speisekarte dieses traditionellen Wirtshauses.

Domplatz 8 | Tel. 0 42 66/82 37 | www. kronenwirt.at | tgl. 8–24 Uhr | €

EINKAUFEN

Domladen

Im kleinen Shop neben dem Stift ist auch der Gurktaler zu erwerben, ein milder Alpenkräuter-Likör, der aus den Kräutern im Stiftsgarten gewonnen wird. Jährlich am 15. August werden die Kräuter im Gurker Dom geweiht. Neben dem Likör gibt es auch Kräutersenf und -bonbons zu kaufen. www.gurktaler.at

SERVICE

AUSKUNFT

Tourismusbüro Gurk

Dr. Schnerich Str. 12 | Tel. 0 42 66/ 81 25 27 | www.gurk.at | Mo–Do 8–12 und 13–16, Fr 8–12 Uhr

Ziele in der Umgebung

 HIRT **J 3**

Dieser Ortsteil der Gemeinde Micheldorf im Osten von Gurk ist die Heimat des Hirter Biers, des – so sagen viele – besten Biers Kärntens, das seit fast 800 Jahren gebraut wird. Im Braukeller werden dazu herzhafte Kärntner Schmankerln serviert.

Micheldorf, Hirt 9 | Tel. 0 42 68/2 05 00 | www.hirterbier.at | Mo–Do 6.30–18, Fr 6.30–16 Uhr | €
10 km nördl. von St. Veit

 HÜTTENBERG **B 3**
1800 Einwohner

Der Ort war im Mittelalter ein Zentrum des Bergbaus, weit über die Grenzen Kärntens hinaus bekannt. Erst im 19. Jh. wurde der Bergbau immer unbedeutender, 1978 wurde er völlig eingestellt. Heute erinnern noch ein Schaubergwerk und ein Bergbaumuseum im Weiler Knappenberg an diese Zeiten. Bekannt ist das Gebiet rund um Hüttenberg zudem für seinen Mineralienreichtum, es ist der größte Mineralienfundort in Europa und der drittgrößte der Welt. In der Albert-Halde kann man selbst auf Mineraliensuche gehen. Mit geübtem Auge und Glück findet man hier Bergkristalle, Malachit, Kalzit, Pyrit, Chalcedon oder Amethyst. Ein alljährlicher Fixtermin für Liebhaber von Mineralien ist die Mineralienbörse am ersten Juliwochenende.

60 km nordöstl. von Gurk

MUSEEN

Bergbaumuseum mit Mineralienausstellung und Schaubergwerk

Im Schaubergwerk, einem über 400 Jahre alten Originalstollen mit 900 m Länge, wird die harte Arbeit unter Tage veranschaulicht. Erklärt werden Bergbautechniken und die Erzförderung durch Schächte und Stollen. Das Museum zeigt Fundstücke, historisches Arbeitsgerät, eine umfangreiche Sammlung von Grubenlampen und eine spezielle Abteilung für Vermessungswesen und Sprengtechnik. Hier befindet sich auch die »Hüttenberger Bergwerksordnung« der Kaiserin Maria Theresia.

Gegenüber dem Schaubergwerk in Knappenberg ist ein kleines **Puppenmuseum** untergebracht. Die liebevoll handgefertigten Puppen erzählen vom Leben, der Tradition und dem Brauchtum der Hüttenberger Einwohner. Zu sehen ist auch der Hüttenberger Reiftanz, ein Bergmannsfest, das alle drei Jahre gefeiert wird (das nächste Mal 2016).

Prof.-Dr.-Kahler-Platz 1 | www.huettenberg.at | Mai–Okt. tgl. 10–17 Uhr | Eintritt 13,50 €, Kinder 8 € (mit Heinrich-Harrer-Museum)

Freilichtmuseum Heft

Einen Besuch lohnt die Heft, eine der größten historischen Eisenwerkanlagen Europas im 19. Jh.: Dabei wurde die historische Bausubstanz durch den Architekten Günther Domenig mit einer modernen Stahlkonstruktion kombiniert. Der historische Teil der Anlage ist als Freilichtmuseum ganzjährig öffentlich zugänglich. Zu sehen sind die imposanten Holzkohlehochöfen mit Namen »Johann-Ernst« und »Pulcheria« – im klassizistischen Stil sowie weitere Verarbeitungsanlagen. Der Weg der alten Erzbahn, die das Erz zur Verhüttung in die Heft transportierte, kann heute bewandert werden. Erkenn-

Heinrich Harrer (▶ S. 121), dem aus Hüttenberg stammenden Bergsteiger und Lehrer des Dalai Lama, widmet sich das gleichnamige Museum in seinem Heimatort.

bar ist auch noch der alte Schrägaufzug am Berg, über den das Erz zu Tal gebracht wurde.

www.huettenberg.at | Jan.–Dez. tgl.

Heinrich-Harrer-Museum

Hüttenberg ist der Geburtsort von Heinrich Harrer (1912–2006): Der Ethnologe, Forscher, Bergsteiger, Freund und Lehrer des Dalai Lama – seine Tibetreise wurde 1997 mit Brad Pitt verfilmt – hat von seinen Reisen in Asien, Afrika und Amerika eine Reihe von Funden mitgebracht, die in einer Dauerausstellung in seinem Geburtshaus zu sehen sind: Zaubermasken, Giftpfeile und vieles mehr. Die Nachbildung eines Lingkor, eines tibetischen Pilgerpfades, führt auf einem Felsen gegenüber vom Museum in die Höhe.

Bahnhofstr. 12 | www.harrermuseum. at | Mai–Okt. tgl. 10–17 Uhr | Eintritt (mit Bergbaumuseum) 13,50 €, Kinder 8 €

SERVICE

AUSKUNFT

Marktgemeindeamt Hüttenberg

Reiftanzplatz 1 | Tel. 0 42 63/2 47 | www. huettenberg.at | Mo–Do 8–16, Fr 8–12 Uhr

◎ LÄNGSEE B 3

Kaum etwas hat der kleine See im Norden Kärntens mit dem Trubel am Wörther- oder Faaker See gemein. Hier findet man ausgedehnte Wälder, malerische Buchten und vor allem viel Ruhe. Direkt am See liegt auch das älteste erhaltene Kloster Kärntens, das im Jahr 1002 gegründete Stift St. Georgen. In der Vergangenheit wurde es mehrmals zerstört, aber immer wieder aufgebaut, sodass sich heute verschiedenste Stilformen miteinander verbinden: Gotik, Renaissance und Barock.

5 km nordöstl. von St. Veit

ÜBERNACHTEN
Gasthof Schratt

Im Grünen – Am Nordufer des Längsees, in einer naturbelassenen Landschaft. Gemütliche Zimmer.

Töplach 5 | Tel. 0 42 13/21 36 | www.gasthof-laengsee.at | 11 Zimmer | €

ESSEN UND TRINKEN
RESTAURANTS
Gasthof Liegl

Landküche mit Anspruch – Brot, Speck, Wurstwaren, aber auch Apfelmost und Schnaps werden hier selbst gemacht, das alles gibt's neben klassischer Kärntner Küche.

St. Georgen/Längsee | St. Peter-Taggenbrunn | Tel. 0 42 13/21 24 | www.gasthof-liegl.at | Mai–Sept. Mi–Mo, Okt.–April Mi–So 10–14 und 17.30–23 Uhr | €

Landgasthof Neugebauer

Restaurant und Schmiede – Hier kann man nicht nur hervorragend Backhendl schmausen, sondern auch das Schmiede- und Schlossereimuseum im Haus besuchen.

Lölling-Graben 6 | Tel. 0 42 63/4 07 | www.landgasthof-neugebauer.at | Di–So 11.30–21 Uhr | €

EINKAUFEN
Norische Nudelwerkstatt

Will man nach dem Urlaub nicht auf Kärntner »Kasnudeln« verzichten, kann man sich hier damit oder mit Knödeln eindecken.

Guttaring | Christophorusweg 2 | www.nudl.at | Mo–Fr 6–16, Sa 9–12 Uhr

SERVICE
AUSKUNFT
Tourismusregion Längsee–Hochosterwitz

St. Georgen am Längsee | Längseestr. 48 | Tel. 0 42 13/41 92 | www.laengseehochosterwitz.at | Öffnungszeiten auf Anfrage

◎ MAGDALENSBERG J 4

1502 fand ein Bauer beim Pflügen die Bronzestatue eines Jünglings, bei Grabungen wurde in den Folgejahrhunderten eine der wichtigsten keltisch-römischen Siedlungen freigelegt. Sie gibt heute Einblick in das Leben von

Vierbergewallfahrt, Magdalensberg   10

Die größte Wallfahrt Kärntens führt vom mittelalterlichen Kirchlein hinab ins Tal und wieder hinauf bis zum Lorenziberg. Die 52 km lange Strecke windet sich rund um St. Veit. Danach hat man das gute Gefühl, etwas für Gesundheit und Seelenheil zugleich getan zu haben (▶ S. 14).

Vier Berge – Magdalensberg, Ulrichsberg, Veits- und Lorenziberg – und eine Strecke von 52 km müssen bei der Vierbergewallfahrt (▶ S. 122) überwunden werden.

vor 2000 Jahren. Zu sehen sind das Forum, Werkstätten, Wohnhäuser und die Badeanlagen. Auch der bronzene »Jüngling vom Magdalensberg« ist im angeschlossenen Museum zu bewundern. Sehenswert ist auch die spätgotische Magdalenenkirche auf der Spitze des Berges: In die Mauern sind römische Marmorquader eingebaut. Von hier startet jährlich im April die Vierbergewallfahrt (▶ Feste feiern, S. 51).

Pischelsdorf | Magdalensberg 15 | www. landesmuseum-ktn.gv.at | April–Okt. Di–So 10–18 Uhr | Eintritt 5 €, Kinder 3 € 8 km südöstl. von St. Veit

◎ MARIA SAAL 　　　　🔖 J 4
3800 Einwohner

Das Städtchen Maria Saal liegt auf einer Anhöhe über dem Zollfeld und ist seit Tausenden von Jahren eine wichtige Kultstätte. Der Vorgängerbau wurde um 750 als einer der erste Kirche Kärntens errichtet. Die zweitürmige Wallfahrtskirche stammt aus dem 15. Jh. und ist bis heute – gemeinsam mit dem Friedhof – von einer Festungsmauer umgeben.

An die Zeit davor – als am Zollfeld eine römische Siedlung lag – erinnern die Römersteine, die in die Fassade des zweitürmigen gotischen Baus eingemauert sind. Am bekanntesten ist das Relief einer römischen Postkutsche. An der Südwand ist ein ebenfalls sehr schöner Grabstein aus rotem Marmor zu sehen, der Keutschacher Epitaph aus dem 16. Jh. Sehenswert sind auch die Fresken im Inneren der Kirche – u. a. der Stammbaum Christi aus der Zeit um 1490. Beeindruckend ist das spätgotische Gnadenbild am Hochaltar: eine Muttergottes mit verzücktem Ausdruck (1425). Im linken Seitenschiff befindet sich unter einem Altartisch ein Sarkophag mit den Reliquien des hl. Modestus (763).

8 km südl. von St. Veit

SEHENSWERTES
Herzogsstuhl

Auf dem Zollfeld, an der Autobahn zwischen Klagenfurt und St. Veit, steht in einem Wäldchen neben der Straße eines der wichtigsten Monumente der Kärntner Geschichte: der Herzogsstuhl, auf dem seit dem 12. Jh. die Kärntner Herzöge zu Gericht saßen. Das Monument besteht aus zwei Sitzen, einem höheren, nach Osten zugewandt, dem sogenannten Richterstuhl, sowie einem kleineren, nach Westen gewandt, dem sogenannten Pflegerstuhl. Auf dem Zollfeld, nördlich des Stuhls, lag einst die Römerstadt Virunum.

Karnburg

Am Fundort des Fürstensteins (heute im Wappensaal des Klagenfurter Landhauses) steht die älteste Kirche Kärntens: Die Pfarrkirche des Dorfes ist aus einer karolingischen Pfalz des Jahres hervorgegangen und stammt aus dem 8. Jh.

Ulrichsberg

Von der Bundesstraße nördlich von Maria Saal führt eine Straße auf den 1015 m hohen Ulrichsberg. Am Mons Carantanus war einst ein norisches Heiligtum zu finden, später eine gotische Kirche. Heute ist es eine Gedenkstätte für die Volksabstimmung von 1920 bzw. für die Gefallenen der beiden Weltkriege. Rechte Gruppierungen und Kriegsveteranen feiern hier seit 1958 traditionell ihr umstrittenes Ulrichsberg-Treffen.

MUSEEN
Kärntner Freilichtmuseum

Hier wurden Bauernhöfe aus ganz Kärnten zusammengetragen. Die bäuerliche Arbeit wird auch anhand von Sägemühlen und Kohlenmeilern dokumentiert.

Domplatz 3 | www.freilichtmuseum-mariasaal.at | Mai, Juni, Sept. tgl. 10–16, Juli, Aug. tgl. 10–18, Sa 10–16 Uhr | Eintritt 7 €, Kinder 3 €

ESSEN UND TRINKEN
Kollerwirt

Hendlwirt – Weithin berühmt für seine knusprigen Backhendln und seine köstliche Mohntorte ist dieses gemütliche Gasthaus nahe dem Schloss Tanzenberg, hoch über dem Zollfeld.

Affelsdorf 3 | Tel. 0 42 23/24 55 | www.kollerwirt.com | Fr–So ab 12, Mo und Do ab 17, Juli und Aug. tgl. ab 17, Sa, So ab 12 Uhr | €€

SERVICE
AUSKUNFT
Tourismusbüro Maria Saal

Am Platzl 7 | Tel. 0 42 23/5 11 45 | April–Okt. 9–17 Uhr

◎ METNITZTAL ⚑ H 2/3

Von Friesach führt das Metnitztal gegen Westen. In Grades ist ein Schloss der Bischöfe von Gurk zu sehen, in der romanischen Pfarrkirche sind Fresken aus dem 13. Jh. zu bewundern. Noch 4 km weiter westlich liegt das Dorf Metnitz mit seiner gotischen Wehrkirche. In ihrem Inneren sind 13 lebensgroße spätbarocke Apostelstandbilder zu sehen.

29 km nördl. von St. Veit

MUSEEN

Metnitzer Totentanzmuseum

Im Karner (Beinhaus) am Friedhof waren früher diese Fresken untergebracht, inzwischen sind sie in einem eigenen kleinen Museum zu sehen: Ein monumentaler Totentanz aus dem 15. Jh. zeigt in eindrucksvollen Bildern die Endlichkeit allen Seins. Am achteckigen Karner kann man eine Kopie bewundern, davor wird alljährlich ein ebenfalls »Metnitzer Totentanz« genanntes Volksschauspiel aufgeführt.

Metnitz | Marktplatz 7 | www.metnitz. at/totentanz | Mai–Okt. Di–So 10–12, 14– 17 Uhr | Eintritt frei

BAD KLEINKIRCHHEIM
⚑ F 3

1800 Einwohner

Das auf knapp 1000 m Höhe gelegene Bad Kleinkirchheim im Zentrum der Nockberge ist eine hervorragende Basis für Ausflüge und Wanderungen. Von St. Oswald aus, einem Weiler nahe Bad Kleinkirchheim, fährt die Brunnachbahn mitten ins Kerngebiet der sanften Berglandschaft – Ausgangspunkt einer Reihe von leichten bis mit-

Die sanfte Berglandschaft rund um Bad Kleinkirchheim (▶ S. 125) verlockt im Frühjahr und Herbst zum Wandern, im Winter zum Rodeln und Skifahren.

telschweren Touren. Der höchste Punkt ist der Klommnock (2331 m). Im Winter zählen die Skigebiete Hungerburg und Brunnach zu den schneesichersten Gegenden Kärntens.

Dank zweier Thermalbäder verdient Kleinkirchheim den Namen Bad zu Recht: Die Therme St. Kathrein mit Wassertemperaturen zwischen 30 und 34 °C ist ein ideales Refugium für alle, die Entspannung und Ruhe suchen.

Das Römerbad hingegen bietet auf einem 12 000 qm großen Areal Wasserrutsche, Wasserfall und einen Wildbach. 1166 wurde ein Pfarrer namens Pabo in einer Urkunde erwähnt, in der der Salzburger Erzbischof die Schenkung der Kapelle St. Ruprecht an das Kloster Millstatt bestätigt – dieses Schriftstück gilt als erste urkundliche Erwähnung von Kirchheim. Den heutigen Namen Kleinkirchheim erhielt der Ort erst 1m 16. Jh., um 1hn vom gleichnamigen Bergbauort im Mölltal, dem heutigen Großkirchheim, leichter unterscheiden zu können. Der Ort ist allerdings schon seit Jahrhunderten wegen seiner Heilbäder bekannt: Der Sage nach hat ihn der erste Kurgast im 11. Jh. besucht. Heute gehört die Gemeinde zu den 20 meistbesuchten Fremdenverkehrsorten Österreichs.

SEHENSWERTES

St. Katharina

Im Ortsteil Bach liegt das Kirchlein, das 1492 über einer Heilquelle errichtet wurde. Ein Netzrippengewölbe und ein schöner Flügelaltar schmücken die Kirche, die einst von zahlreichen Wallfahrern aufgesucht wurde, in der Hoffnung, Augenleiden mit dem Thermalwasser heilen zu können.

ÜBERNACHTEN

Pension Alt Kirchheim ▸ S. 25

Hotel Die Post 🛉

Heimelig – Von der Familie Ronacher liebevoll geführtes Hotel mit großem Wellnessbereich und sehr komfortablen Zimmer und Suiten. Es gibt sogar einen eigenen Spa für Kinder.
Dorfstr. 64 | Tel. 0 42 40/2 12 | www.diepost.com | 94 Zimmer | €€

Hotel Trattlerhof

Wasserwelt – Schöne Saunalandschaft, dazu noch ein großzügiges Schwimmbecken und das alles in der Nähe der beiden Thermen. Solide Küche mit Kärntner Schmankerln und auch Pizza aus dem Holzofen.
Gegendtalerweg 1 | Tel. 0 42 40/81 72 | www.trattlerhof.at | 45 Zimmer | 🐕 | €€

Thermenhotel Pulverer

Wellness pur – Das Thermalwasser kommt direkt aus dem Berg. Gemütlich eingerichtete Zimmer, ausgedehnte Spa-Landschaft.
Thermenstr. 4 | Tel. 0 42 40/7 44 | www.pulverer.at | 100 Zimmer und Suiten | 🐕 | €€€

Thermenhotel Ronacher

Sternenhimmel – Eine 4000 qm große Wohlfühlwelt mit Thermalquelle sorgt für die Gesundheit, um das körperliche Wohl kümmert man sich im Hauben-Restaurant mit viel Witz und Gefühl. Und wer vor dem Schlafengehen die Sterne sehen will, der ist im »Sterngucker«-Zimmer richtig: Dort blickt man durch Glas auf den Nachthimmel.

Wohltuendes Kräuterbad gefällig? In den Thermen des Kurorts Bad Kleinkirchheim (▶ S. 125) kommen Sie in den Genuss dieser duftenden Heilbäder.

Thermenstr. 3 | Tel. 0 42 40/2 82 | www. ronacher.com | 90 Zimmer | ♿ | 🐕 | €€€

Thermenstr. 4 | Tel. 0 42 40/7 44 | www. loystubn.at | Mo–So 12–13.30 und 18–21.30 Uhr | €€

ESSEN UND TRINKEN
RESTAURANTS
Loy-Stubn (im Thermenhotel Pulverer)

Kärntnerisch-gediegen – Man bekommt hier zwar auch Wiener Schnitzel und hervorragende »Kasnudeln«, aber erst das Degustationsmenü zeigt, warum das Restaurant das beste im Ort ist. Das Ambiente ist urig, aber dennoch charmant und stilvoll.

Die Tränke

Familiär – Nettes Ambiente, mitten im Ort, gute Steaks und perfekt-italienische Pizze. Dass das Lokal einst ein Lagerraum für Kartoffeln war, sieht ihm heute keiner mehr an.

Dorfstr. 77 | Tel. 042 40/83 33 | www. traenke.at | Di–Sa ab 16 Uhr | €

EINKAUFEN
Speick Naturkosmetik ▶ S. 40

Ziele in der Umgebung

◉ HEIDI ALM AM FALKERT  G/F 3

Am idyllischen Falkertsee (mit dem Auto über eine Bergstraße erreichbar) in 1875 m Höhe liegt in einem Zirbenwald die einzige Heidi-Alm der Welt mit mehr als 100 Figuren.

Falkert, Patergassen | www.heidialm. at | Mitte Mai–Okt. tgl. 10–17 Uhr | Eintritt 7 €, Kinder 4 €

15 km nordöstl. von Bad Kleinkirchheim

◉ NOCKALMSTRASSE 🔴9 F 2

Über 34 km führt diese Panoramastraße mitten durch das Nockalmgebiet von Reichenau nach Krems. Die fast 35 km lange Straße führt in 52 Kehren durch sanftes Hochgebirge mit dem größten Fichten- und Zirbenbestand der Ostalpen. Höhepunkte: Von der Eisentalhöhe hat man einen herrlichen Rundblick, und im HOLZ.HAUS wurde ein kleines Museum installiert, in dem man viel Interessantes zum Thema Wald und Holz erfährt. Neu ist das Biosphärenpark-Zentrum, das 2012 eröffnet wurde: Die Ausstellung »Versteinerte Welten« erlaubt einen Blick in die

Vergangenheit. Sie zeigt Pflanzenfunde aus dem Karbon, Muschelbänke aus der Trias, versteinerte Schnecken und Seeigel aus der Kreidezeit und bis zu 160 000 Jahre alte Bäume von Zwischeneiszeiten. Die Fossilfunde sind bis zu 2 t schwer.

14 km nordöstl. von Bad Kleinkirchheim

ÜBERNACHTEN

Almdorf Seinerzeit G 3

Luxus-Alm – Zwei Dutzend Almhütten und Jagdhäuser, dazu Teich und Wiesen inmitten des Biosphärenparks. Mit Champagnerkeller.

Fellacheralm | Patergassen | Tel. 0 42 75/ 72 01 | www.almdorf.com | 21 Hütten, 4 Häuser, 3 Chalets | €€–€€€

EINKAUFEN

Nockberge-Bauernhofeis

Hans-Peter Hubers Eis – über 100 Sorten – werden am Bauernhof in 1600 m Höhe hergestellt. Darunter das kräftig rote Granten-Eis (Preiselbeereis), das weiße und doch überaus geschmackvolle Zirbenschnaps-Eis und das lieblichsüße Honigeis aus Nockberge-Waldhonig. Verkauft wird ganzjährig ab Hof.

Reichenau, Saureggen 4 | Tel. 06 64/ 4 21 21 72

Ferien auf einer Alm in den Nockbergen 🔵11

Morgens fällt der Blick über die sanfte Bergwelt, hinüber auf die schneebedeckten Gipfel der Hohen Tauern und die bewaldeten Hänge des Drautales. Rundherum Almmatten und braungefleckte Kühe, dahinter eine urige Almhütte. Kein Handyempfang, kein Warmwasser … Entschleunigung pur (▶ S. 14)!

◉ ST. OSWALD F 3

Romantisches Bergbauerndorf im Norden von Bad Kleinkirchheim, sehenswert sind die spätgotische Pfarrkirche und das Handwerksmuseum: Die heute noch bestehende Pertlschmiede mit Doppelesse und Sägemühle wurde urkundlich bereits 1565 erwähnt. Die Schmiede mit ihren Gerätschaften war bis nach dem Zweiten Weltkrieg in Betrieb und ist heute als Museum zugänglich (Öffnungszeiten erfragen unter Tel. 0 42 75/6 65). In der Gemeinde gibt es noch zahlreiche alte Bauernhöfe, z. B. den Egarter Hof mit einem traditionellen Getreidekasten. Diese Vorratslager, »Troadkåstn« genannt, standen immer etwas abseits von Haus und Hof, um im Falle eines Brandes nicht auch noch die Lebensmittelvorräte zu verlieren. Die noch erhaltenen Speicher stammen meist aus dem 17. oder 18. Jh.

3 km nördl. von Bad Kleinkirchheim

ÜBERNACHTEN

Alte Schule

Herzliche Gastfreundschaft – Unterricht gibt es in der ehemaligen Schule schon lange nicht mehr, dafür gemütliche Betten zum Übernachten.

St. Oswald, Kirchweg 2 | Tel. 06 50/8 59 60 00 | 2 Zimmer, 1 Appartement | €

AKTIVITÄTEN

Turracherhöhe

Im Winter ein schneesicheres Skigebiet, im Sommer ein ideales Terrain für Nockbergewanderungen und Almurlaub. Und für den Nocky-Flitzer: Die Alpen-Achterbahn startet auf 2000 m, dann geht es in spektakulären Kurven und mit toller Aussicht 1600 m bergab. Ein Vergnügen auf Schienen, im Sommer wie im Winter.

Turracherhöhe | www.turracherhoehe. at | Mitte Juni–Ende Okt. tgl. 10–16, Juli, Aug 10–17 Uhr | Eintritt 10 €, Kinder 8 €

SERVICE

AUSKUNFT

Bad Kleinkirchheimer Tourismus

Dorfstr. 30 | Tel. 0 42 40/82 12 | www. badkleinkirchheim.at | Mo–Fr 9–18, Sa, So 9–17 Uhr

Stilvoller Hüttenzauber mit Badehaus, Spa, Weinkeller und rustikalem Restaurant erwartet Gäste im Almdorf Seinerzeit (▶ S. 128) auf der Fellacheralm.

DAS LAVANTTAL UND OSTKÄRNTEN

Der Osten ist touristisch noch wenig erschlossen. Das klassische Kärnten-Image mit warmen Badeseen und hohen Bergen sucht man hier vergebens. Dafür ist es eine noch weitgehend unentdeckte Region mit landschaftlichen Schönheiten und verborgenen Schätzen.

Sehenswert ist das **Benediktinerstift St. Paul** 🏰 mit seiner wertvollen Bibliothek. Mit Bad St. Leonhard nennt das Tal auch einen Thermalort sein Eigen, dessen heilkräftiges schwefelhaltiges Wasser bei Erkrankungen des Stütz- und Bewegungsapparates hilft. Wichtigste Stadt des Gebietes ist Wolfsberg, eine ruhige Bezirkshauptstadt, deren Vergangenheit durch Bergbau und Industrie geprägt ist.

Das Lavanttal hat seinen Namen vom gleichnamigen Fluss, der es auf einer Länge von 64 km von Norden nach Süden durchfließt, im Grenzgebiet zwischen Steiermark und Kärnten am steirischen Zirbitzkogel entspringt und bei Lavamünd in die Drau mündet. Das Tal teilt sich in das Obere Lavanttal, nördlich des Twimberger Grabens und zwischen Pack-

◄ Ein Kleinod der Romanik: die dreischiffige
Stiftskirche St. Paul (► S. 137) im Lavanttal.

Bergwelt
Großglockner   Die Nockberge und
       Kärntens histor. Kern   Das Lavanttal
                     und Ostkärnten

Drau- und Lesachtal   Rund um den
                Wörthersee
          Das Rosental und
          Südkärnten

alpe und Seetaler Alpen gelegen, und das Untere Lavanttal, eingebettet zwischen Kor- und Saualpe.

SANFT UND NATURBELASSEN

Wohl zu den schönsten und noch weitestgehend naturbelassenen Gebieten im südostösterreichischen Raum zählt die Saualpe mit ihren weiten Ausläufern, ein aus Gneis und Glimmerschiefer bestehender Gebirgsstock. Der sanfte Almenrücken erstreckt sich von Nord nach Süd vom Klippitztörl bis zum Drautal. Der höchste Gipfel ist der Ladinger Spitz (2079 m). An den Hängen der Saualpe, bereits hoch über dem Tal, befinden sich Wehrkirchen, die in den Zeiten der Türkeneinfälle der Bevölkerung Schutz boten. Die Koralpe hingegen erstreckt sich im Osten des Lavanttals, an der Grenze zur Steiermark. Höchste Erhebung ist der Große Speikkogel (2140 m). Saualpe und Koralpe sind beliebte Wandergebiete mit vielen – auch einfachen – Touren und bewirtschafteten Berghütten. Von Wolfsberg aus können beispielweise das Koralpenhaus und der Große Speikkogel in einer einfachen Wanderung erreicht werden.

Im Lavanttal und im östlichen Granitztal werden Getreide, Obst und Gemüse angebaut, u. a. Äpfel für die Mosterzeugung, aber auch Spargel. Der Raum Wolfsberg war einst bekannt für den Weinanbau, eine Tradition, auf die man sich – ausgelöst auch durch den Klimawandel – inzwischen wieder besinnt: Einige Produzenten keltern inzwischen wieder Kärntner Rebensaft. Die höheren Lagen des Tales dienen bis heute der Holzwirtschaft.

SLOWENISCH GEPRÄGT

Südostkärnten im Süden des Lavanttales ist ein von slowenischer Kultur geprägtes Gebiet an der Grenze zu Slowenien und der Steiermark. Die Bezirkshauptstadt Bleiburg verdankt ihren Namen der früheren Bedeutung des Bergbaus in dieser Region. Das Städtchen ist eingebettet in eine sanfte und zum Teil hügelige Landschaft, in der auch versteckte Kleinode wie das Liaunig-Museum mit seiner Sammlung moderner Kunst und die Schlösser Neuhaus oder Eberwein zu finden sind. Die Stadtgemeinde liegt im Jauntal, am Fuße des Petzen-Gebirges – mit seinem kleinen, aber feinen Skigebiet.

WOLFSBERG L3

25 000 Einwohner

In den Ausläufern der Koralpe, der Saulpe und in der Mitte des Lavanttales, liegt die Bezirkshauptstadt Wolfsberg, die bereits 1178 erstmals erwähnt wurde und seit dem 11. Jh. zum Bistum Bamberg gehörte. Im 16. Jh. wurde Wolfsberg ein Zentrum der Reformation. In der nahegelegenen Burg Waldstein errichtete Hans Ungnad eine der ersten österreichischen Druckereien. 1759 kam Wolfsberg durch Kauf an das Haus Österreich. Wichtiges Bollwerk der Stadt, die auch von Türken und Ungarn niemals eingenommen wurde, ist die mittelalterliche Burg, die im 19. Jh. ihr heutiges Aussehen im Tudor-Stil erhielt. Damals war die Stadt als Zentrum der eisenverarbeitenden Industrie sehr wohlhabend.

SEHENSWERTES

Pfarrkirche

Die Kirche ist eine spätromanische dreischiffige Basilika mit einem wunderschönen Portal aus dem Jahr 1240. Die Bilder am Hauptaltar wurden vom Kremser Schmidt geschaffen (um 1777). Sehenswert in dem in seinem Kern romanisch geprägten Kirchenbau sind auch das romanische Relief des Markuslöwen am vorderen rechten Pfeiler und einige Grabmäler aus dem 15. und 16. Jh.

Schloss Wolfsberg

Die imposante Festung ist bereits im Mittelalter entstanden. Sein heutiges Aussehen erhielt sie aber erst Mitte des 19. Jh., als ihre Mauern vom Architekten Johann Romano von Ringe mit Zinnen versehen und in ein Schloss im englischen Tudor-Stil verwandelt wurden. Während der Sommermonate finden hier Kunstausstellungen und Konzerte statt.
www.schloss-wolfsberg.at

MUSEEN

Museum im Lavanthaus

Zum Teil stammen die Objekte in diesem modernen Regions-Museum aus privaten Sammlungen, insgesamt entsteht ein Bild des Lavanttals seit der Urzeit bis heute.
St. Michaeler Str. 2 | www.museum-lavanthaus.at | April–Okt. Di – So 10–17 Uhr | Eintritt 5 €, Kinder 2 €

ÜBERNACHTEN

Hotel Hecher

Gut und günstig – Natürlich steigt man hier nicht nur wegen der köstlichen Torten und Kuchen aus der eigenen Konditorei ab, das ist allerdings ein zusätzlicher Grund, diese familiär geführte Herberge für eine Rast zu wählen.
Wiener Str. 6 | Tel. 0 43 52/29 46 | www.hecher.at | 38 Zimmer | 🐾 | €€

Hotel Zum Landrichter

Turmzimmer – Wunderschönes Ambiente in historischem Turm mitten in der Altstadt. Die Zimmer sind zum Teil mit Sauna, Dampfdusche oder Whirlpool ausgestattet.
Getreidemarkt 6 | Tel. 0 43 52/3 75 56 | www.zumlandrichter.at | 13 Zimmer | €€

ESSEN UND TRINKEN

Brauhof Franz Josef

Herzhafte Speisen – Gebraut wird hier zwar schon lange nicht mehr, aber die

Küche – vor allem die schmackhaften »Kasnudeln« – erfreut den Gaumen.
Herrengasse 14 | Tel. 0 43 52/24 53 | www.brauhof.at | tgl. 8.30–23 Uhr | €

SERVICE
AUSKUNFT
Touristeninformation
Minoritenplatz 1 | Tel. 0 43 52/33 40 | www.wolfsberg.at | Mo–Do 7.30–16, Fr 7.30–12 Uhr

ZIELE IN DER UMGEBUNG
 **BAD ST. LEONHARD** L2
4600 Einwohner

In den heißen Schwefelquellen kann man Hautkrankheiten kurieren, aber auch sonst hat der Kurort einiges zu bieten: nämlich die Kirche St. Leonhard, die mit ihrer kunstvollen Bauweise an die Zeiten des Gold- und Silberbergbaus in dieser Gegend erinnert. Die Glasfenster aus dem 14. Jh. zählen zu den schönsten ihrer Art in Kärnten. Die rund um die Kirche geschmiedete Kette soll ein Bauer gestiftet haben, nachdem er aus der Gefangenschaft entkam.
18 km nördl. von Wolfsberg

ÜBERNACHTEN
Wellnesshotel Moselebauer
Erstklassiger Service – Idealer Ausgangspunkt für Touren auf das Klippitztörl. Schöne Wellnessanlage mit ganzjährig beheiztem Freibad. Komfortable Zimmer, rustikalere Unterkunft in der Dependance »Opas Waldluck'n« an einem Fischteich.
Kliening 30 | Tel. 0 43 50/2 33 30 | www.moselebauer.at | 85 Zimmer | ♿ | 🐾 | €€

Schloss Wolfsberg (▶ S. 132): 1178 im Renaissancestil erbaut, 1759 Besitztum von Kaiserin Maria Theresia, ab 1846 im englischen Tudorstil umgebaut.

◎ GRÄBERN-PREBL A/L 3

Auf den östlichen Hängen der Saualpe liegen die Orte Gräbern und Prebl. Die Wallfahrtskirche Gräbern wurde laut Sage von der hl. Hemma gegründet, als ihr Mann Wilhelm von Zeltschach nach einer Pilgerreise hier gestorben war. Sein Grabmal ist in der Kirche zu sehen. Vor dem Gotteshaus steht die 1043 gepflanzte Hemmalinde.

9 km nördl. von Wolfsberg

ÜBERNACHTEN

Gräbnerwirt

Auf dem Land – Urlaub am Bauernhof gleich neben der Wallfahrtskirche. Die Zutaten der Gerichte im Wirtshaus stammen aus eigener Landwirtschaft.

Prebl, Gräbern 18 | Tel. 0 43 53/2 04 95 | www.deixelberger.at | 13 Zimmer | €

◎ KLIPPITZTÖRL L 2/3

Im Winter ein Ski-, im Sommer ein Wandergebiet, liegt dieser Passübergang im Osten des Lavanttales, an der Grenze zur Steiermark. Auf dem Klippitztörl locken ein Klettergarten und Kärntens längste Sommerrodelbahn: Sie beginnt am Gipfel des Hohenwarts auf 1818 m Seehöhe. Auf der über 1400 m langen Bahn erreicht man bis zu 40 km/h und bringt 600 Höhenmeter hinter sich (www.klippitz.at).

Ca. 30 km nordwestl. von Wolfsberg

ÜBERNACHTEN

Almhüttendorf Klippitztörl

Für Selbstversorger – Auf einer Alm und doch mit allem Komfort – das bieten diese Hütten für bis zu 14 Personen im Sommer wie im Winter.

St. Leonhard, Klippitztörl 26 | Tel. 0 43 50/ 81 66 | www.huettenerlebnis.at | €€

◎ SAUALPE M 3

Eine Reihe von abgerundeten bewaldeten Bergen (höchste Erhebung ist der Ladinger Spitz mit 2079 m) bildet die Saualpe im Westen von Wolfsberg. Sehenswert sind die kleinen Orte an den Hängen wegen ihrer Wehrkirchen: Diese wurden in der Zeit der Türkeneinfälle errichtet und sind mit einer bis zu 5 m hohen und 3 m dicken Mauer umgeben. Besonders schöne findet man in Diex, Grafenbach, Wölfnitz und St. Leonhard. Die Saualpe lässt sich am besten bei einer Wanderung kennenlernen – z. B. auf einer Etappe des 140 km langen Lavanttaler Höhenweges. Man wird immer mit einem schönen Panoramablick belohnt: im Norden der Zirbitzkogel, im Osten die Packalpe, im Südosten die Koralpe, im Süden die Karawanken/Julische Alpen, und bei Schönwetter sieht man im Westen bis zu den Schladminger- und Wölzer Tauern.

Westl. an Wolfsberg anschließend

ÜBERNACHTEN

Panoramadorf Saualpe

Mit Talblick – Familär und aufmerksam geführtes Haus mit Streichelzoo und Wellness-Bereich. Komfortable Zimmer mit schöner Aussicht, ideal als Basisstation für Wanderungen.

Eberstein, St. Oswald 4 | Tel. 0 42 64/ 8 32 10 | www.panoramadorf-saualpe. at | 11 Zimmer | | €

ESSEN UND TRINKEN

Gasthaus Gießlhütte

Höhenlage – Mitten im Wandergebiet, über eine Bergstraße erreichbar. Gute regionale Küche mit Zutaten aus dem eigenen Bauerngarten.

Die letzte Etappe des Lavanttaler Höhenweges führt vom Geierkogel (1917 m) abwärts zum Naturfreundehaus Klippitztörl (▶ S. 134).

St. Michael, Aichberg 77 | Tel. 0 43 52/ 6 12 50 | www.giesslhuette.at | €

SERVICE
AUSKUNFT
Regionalmanagement Lavanttal
Wolfsberg, Minoritenplatz 1 | Tel. 0 43 52/2 87 80 | www.region-lavanttal. at | Mo–Do 8–12 und 13–17, Fr 8–16 Uhr

BLEIBURG ◢◣ L5
4000 Einwohner

Der Ort liegt an einer wichtigen Handelsroute entlang der Drau und war wegen seiner reichen Blei- und Zink-vorkommen berühmt. Die Stadtge-meinde liegt im Jauntal am Fuße der Petzen, eines Gebirgsmassivs der Kara-wanken. Der Hauptplatz mit Pestsäule von 1724 ist umstanden mit Häusern aus dem 16. bis 18. Jh. Der Freyungs-brunnen – ein Wasser speiender Stier in Bronze – auf der Stirnseite des Plat-zes wurde von der Kärntner Pop-Art-Künstlerin Kiki Kogelnik gestaltet. Do-minant erhebt sich über Bleiburg das im Renaissancestil gestaltete Schloss, das sich in Privatbesitz befindet.
Ein Geheimtipp ist das Skigebiet Pet-zen: Mit einer Kabinenbahn gelangt

man auf 1700 m Höhe, anschließend geht es über eine 12 km lange verschneite Abfahrt zu Tal.

MUSEEN

Werner Berg Museum

An das bäuerliche Leben in Südkärnten vor fast 100 Jahren erinnern die Bilder und Holzschnitte des in den 1930er-Jahren nach ausgewanderten Wuppertaler Malers Werner Berg (1904–1981). Im angeschlossenen Skulpturengarten sind u. a. Arbeiten der Künstler Alfred Hrdlicka und Fritz Wotruba zu bewundern. Eine weitere Ausstellung widmet sich unter dem Motto »Weltallende« dem österreichischen Maler August Walla (1936–2001) und den Gugginger Künstlern.

10.-Oktober-Platz 4 | www.wernerberg. museum | Mai–Nov. Di–So 10–18 Uhr | Eintritt 7 €, Kinder 3 €, jeden So um 11 Uhr Gratisführung

ESSEN UND TRINKEN

Altes Brauhaus

Bier und Kunst – Zum ungefilterten hellen oder dunklen Bier kommen deftige Gerichte oder mediterrane Spezialitäten auf den Tisch. Die Zutaten (Fleisch, Fisch, Gemüse) stammen aus der Region. Wurde 2009 zu Kärntens »Bierlokal des Jahres« gekürt.

10. Oktober-Platz 9 | Tel. 0 42 35/20 26 | www.brauhaus.breznik.at | Mo–So ab 17 Uhr | €

ZIELE IN DER UMGEBUNG

◎ Hemmaberg  L 5

Der Hemmaberg – benannt nach der Kärntner Landesmutter und Heiligen – ist eine der ältesten Pilgerstätten in Europa. Schon in frühchristlicher Zeit stand auf diesem Bergkegel im Süden von Völkermarkt eine Kirche. Teile ihrer Mosaikböden und andere wertvolle Fundstücke sind im Archäologischen Pilgermuseum im Dorf Globasnitz ausgestellt.

Pilgermuseum: Globasnitz 13 | www. museum-globasnitz.at | Mai–Mitte Okt. Di–So 10–12 und 14–17, Mo geschl. | Eintritt 4 €, Kinder 2,50 €

7 km südwestl. von Bleiburg

◎ NEUHAUS M 4

1100 Einwohner

Neuhaus liegt im Jauntal, knapp 4 km von der slowenischen Grenze entfernt. In dominierender Lage über dem Ort befindet sich Schloss Neuhaus, das bereits im 13. Jh. urkundlich erwähnt wurde. Das renovierte Schloss ist im Familienbesitz und daher leider nicht zu besichtigen.

9 km nordöstl. von Bleiburg

ESSEN UND TRINKEN

Landgasthof Hafner

Had'nwirt – Dem Kärntner »Had'n« ist ein nicht unwesentlicher Teil der Speisekarte dieses alteingesessenen Gasthofes gewidmet. Probieren Sie doch mal die süße »Had'ntorte«! Oder – wenn Sie keinen Buchweizen mögen – das Rindfleisch in Krensauce nach Mamas Art.

Oberdorf 14 | Tel. 0 43 56/20 44 | www. hadnwirt.info | Mi–So 11–21 Uhr | €€

ST. PAUL IM LAVANTTAL

M 4

3500 Einwohner

Das Schatzhaus Kärntens wird es auch genannt: Das **Stift St. Paul** 🔟 ist ein Kloster, das im Jahre 1091 in einer herrlichen Lage – zuvor schon Standort eines römischen Kastells, später Residenz der Spanheimer – inmitten des grünen Lavanttales gegründet wurde. Das Kloster war lange von regionaler Bedeutung. Reich an Schätzen wurde es allerdings erst wenige Jahre nach seiner Aufhebung 1782, als es von Mönchen des Klosters St. Blasien im Schwarzwald wieder besiedelt wurde, die auch einen Teil ihrer Kunstschätze mitbrachten: So findet man in dem Kloster heute eine beispiellose Sammlung an Inkunabeln, Handschriften, Druckerzeugnissen und figuralen plastischen Werken. Im Stiftsmuseum sind wertvolle Monstranzen, Kelche und Gemälde von Rubens oder Samuel van Hoogstraeten zu sehen. Die Stiftskirche selbst ist eine imposante romanische Basilika mit barocker Ausstattung und Fresken von Thomas von Villach und Michael Pacher.

Hauptstr. 1 | www.stift-stpaul.at | Mai–Okt. Di–So 9–17 Uhr | Eintritt 11 €, Kinder 5,50 € | Stiftskirche tgl. 9–17 Uhr

ÜBERNACHTEN

Loigge's Landgasthof

Ideal mit Kindern – Mitten im Ort liegt dieser von der Familie Loigge geführte Gasthof. Komfortable Zimmer und eine hervorragende Küche.

Hauptstr. 19 | Tel. 0 43 57/20 56 | www.loigge.net | 21 Zimmer | | €€

SERVICE

AUSKUNFT

Regionalmanagement Lavanttal

Wolfsberg, Minoritenplatz 1 | Tel. 0 43 52/2 87 80 | www.region-lavanttal.at

Das Werner Berg Museum (▶ S. 136) widmet sich dem Lebenswerk Werner Bergs, zeigt aber auch Bilder der Gugginger Künstler wie die »Zwei Engel« von August Walla.

DAS ROSENTAL UND
SÜDKÄRNTEN

*Der Südosten Kärntens ist eine sanfte grüne Landschaft,
durchzogen von den Tälern der Drau, der Lavant und überragt
von den Gipfeln der Karawanken. Hier entstand über die
Jahrhunderte eine Melange aus deutscher und slawischer Kultur.*

Die Nähe zu Slowenien prägt auch heute noch diesen grünen Landstrich
mit seinen Flusstälern, beschaulichen Kleinstädten, Klöstern und dem
Klopeiner See. Bis nach dem Ersten Weltkrieg war das Gebiet zum größten Teil von slowenischen Kärntnern bewohnt. Heute ist die slowenische
Kultur ein essenzieller Bestandteil Südkärntens und wird im Brauchtum
und in vielfältigen regionalen Initiativen gepflegt.
Südkärnten und das Rosental sind ein eigenständiger Teil Kärntens.
Während das Rosental, das von der Drau durchflossen wird, durch seine
Nähe zum Wörthersee und den Städten Villach und Klagenfurt auch
landschaftlich mediterran geprägt ist, ziehen sich die übrigen Täler Südkärntens in Richtung Karawanken und erreichen zum Teil eine Schroff-

◄ Eine beliebte Bergtour führt auf den 2024 m hohen Kosiak in den Karawanken (► S. 139).

Bergwelt Großglockner
Die Nockberge und Kärntens histor. Kern
Das Lavanttal und Ostkärnten
Drau- und Lesachtal
Rund um den Wörthersee
Das Rosental und Südkärnten

heit, die man sonst nur in den Alpen findet. Das Rosental selbst ist ungefähr 40 km lang. Es reicht von der Drauschleife bei Rosegg im Westen bis zur Mündung des Flusses Vellach im Osten. Mit Rosen hat der Name übrigens wenig gemein: Der Name stammt vom Flurnamen Rasa ab, der bereits im Jahre 876 im Gemeindegebiet des heutigen Rosegg zu finden war. Schon ab 1227 wurde dem Oberen Rosental die Bezeichnung Rastal gegeben. Das Rosental ist als Genussregion Rosentaler Carnica Biene eingetragen. Der Honig der hier vorkommenden Kärntner Biene wird schon seit Jahrzehnten für seine Qualität geschätzt. Wer mehr über den Honig oder die hier beheimatete Bienenrasse »apis mellivera carnica«, die auch graue Kärntnerbiene genannt wird, wissen will, muss nur dem Bienenerlebnismuseum Kirschentheuer (► S. 40) einen Besuch abstatten. Dort erfahren Sie beispielsweise, dass eine Biene rund 150 000 Ausflüge unternehmen muss, um 1 kg Honig zu produzieren.

BERGWELT DER KARAWANKEN

Der südliche Teil Südkärntens – entlang des Loiblbaches und der Vellach – ist von den Karawanken geprägt, die eine Länge von rund 1125 km haben und bis zu 40 km breit sind. Der Gebirgsstock beginnt im Westen beim Grenzübergang Thörl-Maglern, ab dem Bärental teilen sich die Karawanken in zwei Kämme, die sich nach Eisenkappel wieder vereinigen. Die nördliche Kette ist bewaldet, eine Ausnahme bildet nur der kahle Gipfel des Hochobir (2139 m). Zur südlichen Kette mit ihren nach Norden hin steil abfallenden Hängen zählt unter anderem der Hochstuhl, der höchste Gipfel der Karawanken (2238 m). Über den Loiblpass und den Seebergsattel ist Kärnten auch durch zwei Bergstraßen mit dem südlichen Slowenien verbunden.

Rosental und Südkärnten sind auch ein wichtiges Siedlungsgebiet der Kärntner Slowenen (► Im Fokus, S. 148): Der Status der Volksgruppe ist verfassungs- und völkerrechtlich abgesichert. Ende des 19. Jh. machten die Kärntner Slowenen ungefähr ein Viertel der Gesamtbevölkerung Kärntens aus. Soviel ist es heute nicht mehr – auf slowenisches Brauchtum, die slowenische Sprache und ein multikulturelles Flair stößt man aber in Südkärnten oft.

FERLACH J5

7500 Einwohner

Der Ort in Südkärnten ist vor allem für seine Büchsenmacherkunst bekannt. Basis dafür war die eisenverarbeitende Industrie, die in dieser Region eine große Tradition hat. Seit dem 16. Jh. werden in Ferlach Waffen produziert, bis ins 19. Jh. hinein sogar für das österreichische Heer. Heute hingegen sind Jäger und Waffenliebhaber die Abnehmer der Ferlacher Büchsen, die zu den besten und kunstvollsten der Welt gehören. Ferlach ist Ausgangspunkt der vor allem bei Motorradfahrern beliebten Loibl-Passstraße nach Slowenien.

SEHENSWERTES

Tscheppaschlucht

Etwas mehr als 1 km lang ist diese Schlucht, die man auf gesicherten Stegen durchqueren kann, umtost von Wasserfällen und Stromschnellen. Höhepunkt und Ende des Wegs ist der 26 m hohe Tschauko-Fall.

Ferlach | www.ferlach.at | von Mai–Okt. begehbar | Eintritt 7,50 €, Kinder 4,50 € (Tickets am Gasthof Goldenes Brünnl erhältlich)

Auf dem Weg zur Tscheppaschlucht befindet sich der gleichnamige Wald-

Tscheppaschlucht 12

Die Urgewalt des Wassers hat Schluchten ausgewaschen und gewaltige Felsformationen abgeschliffen, so auch in der wildromantischen Tscheppaschlucht in den Karawanken. Werfen Sie einen Blick auf die herrlichen Kaskaden des Tschauko-Wasserfalls (▶ S. 15).

Wollen Sie's wagen?

Abseilen über die Tscheppaschlucht mit einem Flying Fox verlangt einiges an Mut, wenn man unter sich das Wasser tosen sieht. Aber keine Angst: Die Sicherheitsausrüstung wird zur Verfügung gestellt – und hält!

seilpark mit acht Parcours in unterschiedlichen Schwierigkeitsgraden.

www.waldseilpark-tscheppaschlucht. at | April–Okt. variable Öffnungszeiten | Eintritt 21 €, Kinder 10/17 €

MUSEEN

Büchsenmacher- und Jagdmuseum

Wie man ein Gewehr (Büchse) fertigt und die Geschichte der Waffenproduktion wird einem in diesem Museum im Ferlacher Schloss nahegebracht. Unter anderem sind 32 000 Jahre alte Schnitzereien aus Mammutelfenbein und eine Büchsenmacherwerkstatt zu sehen. Wussten Sie, dass auch die teuerste jemals produzierte Büchse aus Ferlach stammt: Die Auftragsarbeit kostete rund eine Million Euro!

Schloss Ferlach | www.ferlach.at | Mitte Okt.–Mitte Mai Di–Fr 14–18, Mitte Mai–Mitte Okt. tgl. 10–18 Uhr | Eintritt 5,50 €, Kinder 3,50 €

ESSEN UND TRINKEN

Gasthof Plasch/Auf der Huabn

Kärntnerisch speisen – Direkt am Drauradweg gelegene, idyllische Pension. Das Restaurant bietet bodenständige Küche der Region.

Ressnig 17 | Tel. 0 42 27/2 37 00 | www. gasthof-plasch.at | 20 Zimmer | 🛏 | €€

SERVICE
AUSKUNFT
Tourismusinformation Ferlach
Kirchgasse 5 | Tel. 0 42 27/49 20 | Mitte
Mai–Mitte Okt. tgl. 10–18 Uhr

ZIELE IN DER UMGEBUNG
 **BÄRENTAL** H 6

Bei Feistritz beginnt das idyllische Bärental, das sich auf 7 km Länge bis zum
Ort Bärental (auf 900 m) zieht. Das Tal
hat seinen Namen von den Bären, die
es einst dort gab und war Wohnort von
Kärntens verstorbenem Landeshauptmann Jörg Haider. »Republik Bärental«
wurde daher im politisch-satirischen
Sprachgebrauch Haiders Einfluss auf
die österreichische Politik genannt.
Aber Politik beiseite: Das Bärental ist
aber auch idealer Ausgangsort für Touren in die Karawanken. So erreicht man

in 2 Std. die bewirtschaftete Klagenfurter Hütte, weitere 2 Std. dauert es, bis
man am Gipfel des Hochstuhl (2238 m)
steht, des höchsten Berges der Karawanken, bereits auf slowenischer Seite.
Ca. 11 km westl. von Ferlach

◎ **KARAWANKEN-AUSSICHTS-
STRASSE** J 5

Von Viktring zweigt die Karawanken-
Aussichtsstraße nach Westen ab und
führt entlang der Drau in Richtung
Velden. Nahe Maria Rain steht hoch
über dem Tal Schloss Hollenburg, ein
Bau aus dem 16. Jh. mit sehenswerten
Renaissance-Lauben und einer Haflin-
ger-Pferdezucht.

◎ **LOIBLPASS** J 5/6

Von Ferlach führt eine kleine Mautstraße 15 km auf den Loiblpass im Haupt-

Schon im 15. Jh. war Ferlach für seine Waffen bekannt. Raritäten wie diesen reich verzierten
Jagdstutzen zeigt das Büchsenmacher- und Jagdmuseum (▶ S. 140).

kamm der Karawanken. Am Passübergang des Kleinen Loibl liegt die
Magdalenenkapelle, westlich führt eine
kleine Straße ins idyllische Bodental.

15 km südl. von Ferlach

◎ MARIA ELEND H 5

Wallfahrtskirche in St. Jakob im Rosental. Die gotische Hallenkirche wurde
später barockisiert. Die Kirche ist mit
einem barocken Hochaltar geschmückt, der von der Stadt Wien als
Dank für die Befreiung von der Türkengefahr gestiftet wurden. Der Hochaltar mit der Muttergottes und dem Je-
suskind wurde um 1731 durch den
Klagenfurter Maler Johann Marcell
Singer fertig gestellt. Die kleine Kirche
ist mit einer erstaunlichen Anzahl von
künstlerisch wertvollen Altären ausgestattet. Eine besondere Kostbarkeit
stellt der spätgotische Flügelaltar dar,
der sich im Südschiff befindet. Er
stammt aus der Zeit um 1515 und wurde vermutlich von Künstlern der Villacher Schule geschaffen.
Neben zwei Kapellen nahe der Kirche
liegt eine heilkräftige Quelle (auf slowenisch »Vudica«/Wässerchen genannt),
die von Wallfahrern besucht wird: Mit
dem Wasser, das aus einer Jesus-Statue
sprudelt, müssen die Augen dreimal
benetzt werden, während man betet.

13 km westl. von Ferlach

◎ ROSENTALER SCHLÖSSER-
STRASSE ⬿ J 5

Ferlach eignet sich als Ausgangsort für
die Rosentaler Schlösserstraße, auf der
man vier herrschaftliche Ansitze besuchen kann: die Schlösser Hollenburg,
Ebenau, Ferlach und Rosegg. Jedes hat
etwas Besonderes zu bieten: Hollenberg

eine Haflingerzucht, das Schloss Rosegg
ein Wachsfigurenkabinett, der Schloss-
park von Ebenau seine Land-Art-Skulp-
turen oder das Schloss Ferlach sein
Büchsenmacher- und Jagdmuseum.

Westl. von Ferlach

SEHENSWERTES

Schloss Rosegg – Wachsfiguren-
kabinett

Die lange Geschichte des Schlosses –
seit 1831 im Besitz der Familie Liech-
tenstein – wurde hier mit Wachsfigu-
ren nachgestellt.

www.rosegg.at | Mai–Juni, Sept. Di–So
10–18, Juli–Aug. tgl. 10–18 Uhr | Eintritt
7 €, Kinder 4,50 €

Tierpark Rosegg 🧑‍🧒

Zwar nicht der Kärntner Tierwelt, aber
bekannten Exoten widmet sich der
Wildpark zu Füßen der Burgruine Rosegg. Luchse, Wapiti, Kängurus und
weiße Wölfe sind bei einem Rundgang
zu entdecken. Danach kann man das
Schloss besuchen oder sich im Labyrinth verlieren.

Rosegg 1 | www.rosegg.at | Eintritt
16,50 €, Kinder 10,50 € (Tierpark, Schloss
und Labyrinth)
– Tierpark: April–Okt. tgl. 9–18 Uhr | Ein-
tritt 8,50 €, Kinder 5,50 €
– Schloss: Mai, Juni, Sept. Di–So 10–18,
Juli, Aug. tgl. 10–18 Uhr | Eintritt 7 €, Kin-
der 4,50 €
– Labyrinth: Mai, Juni, Sept.–Okt. Di–So
10–18, Juli–Aug. tgl. 10–18 Uhr | Eintritt
4,50 €, Kinder 3 €

MUSEEN

Freilichtmuseum Froeg-Rosegg 🧑‍🧒

In die Hallstattzeit vor rund 3000 Jahren entführt dieses Freilichtmuseum:

Ehemals heimische, aber auch Wildtiere anderer Kontinente sind die Stars im Tierpark Rosegg (▶ S. 142). So etwa Lüchse, Wölfe, Bisons, Lamas und Kängurus.

Hier begruben die Kelten einst ihre Toten in Grabhügeln. Gefunden wurde in Froeg u. a. ein prunkvoller Totenwagen aus Blei mit zwölf Pferden, ein in Europa einzigartiges Stück. Heute ist das Gräberfeld mit einem Wegesystem verbunden, in dem man hautnah das rekonstruierte Leben in einem keltischen Dorf nachvollziehen kann. Eines der Fürstengräber wurde zu einem Schaugrab ausgebaut und gewährt Einblick in den Totenkult der Hallstattzeit.

Froeg-Rosegg, Bergweg 22 | www.keltenwelt.at | Öffnungszeiten variabel | Eintritt 6,50 €, Kinder 3 €

ÜBERNACHTEN
Rosentaler Hof

Verspielt – Die Rose ist das übergreifende Thema dieses Hotels: Überall im Haus findet man sie, auch im Wellnessbereich und im zauberhaften Naturgarten.

St. Jakob | Mühlbach 28 | Tel. 0 42 53/ 22 41 | www.rosentaler-hof.at | 39 Zimmer | €€

◉ **FEISTRITZ** ⚑ H 5

Schon Anfang des 16. Jh. verarbeitete man am Feistritzbach Erz aus dem Bärental. Später spezialisierte man sich auf die Weiterverarbeitung des Eisens zu Draht, ab Mitte des 19. Jh. wurden Produkte wie Weberkammdrähte, Möbelfedern und Telegrafendrähte hergestellt. Später machte eine Akkumulatorenfabrik die »Bären-Batterien« aus Feistritz weltweit bekannt. 1998 wurde die Produktion eingestellt.

11 km westl. von Ferlach

ESSEN UND TRINKEN
Restaurant Juritz

Karawanken-Blick – Je nach Saison stehen Spargel, Fisch, Wild, Lamm und

Gans'l auf der Karte. Sonnenterrasse mit Aussicht.

Unterfeistritzerstr. 41 | Tel. 0 42 28/21 15 | www.camping-juritz.com | Mi–So und feiertags 11.30–14 und 18–21 Uhr | €€

VÖLKERMARKT  K 4

11 000 Einwohner

Die Marktstadt in einer dominanten Lage über der Drau und am Nordrand des Jaunfeldes war jahrhundertelang ein wichtiges Handelszentrum, daran erinnern noch die Biedermeier-Bürgerhäuser im Stadtzentrum. Eisenerz aus Hüttenberg oder Bad Eisenkappel wurde hier ebenso umgeschlagen wie Blei aus den Bergen um Bad Bleiberg. Die Stadt liegt im nördlichen Jauntal in einer Seehöhe von 462 m, direkt nördlich des Flusses auf einer Terrasse, die nach drei Seiten steil abfällt. Auf der Südseite liegt das Flussbett der Drau, die durch das Kraftwerk Edling seit 1962 zu einem langen See aufgestaut wurde.

Lag Völkermarkt im Spätmittelalter unter den landesfürstlichen Städten noch regelmäßig an zweiter Stelle hinter der herzoglichen Residenz St. Veits, verlor es im Lauf des 16. Jh. an Bedeutung. Heute ist Völkermarkt das Wirtschafts-, Schul- und Einkaufszentrum des Jauntales, während das Umland noch stark landwirtschaftlich geprägt ist.

MUSEEN

Volksabstimmungsmuseum

Das Museum wurde in der ehemaligen Herzogsburg untergebracht und zeigt neben volkskundlichen Funden und Zeugnissen der Stadtgeschichte auch eine umfangreiche Sammlung von Exponaten zum »Abwehrkampf« und zur Volksabstimmung 1920.

Faschinggasse 1 | www.kulturdreieck-suedkaernten.at | Mai–Okt. Di–Fr 10–13, 14–16, Sa 9–12 Uhr | Eintritt 3 €, Kinder 1,50 €

ESSEN UND TRINKEN

Stauseewirt

Gute Fischküche – Fisch und Meeresfrüchte in allen Varianten gibt es in diesem gepflegten Restaurant mit seiner herrlichen Terrasse über dem Völkermarkter Stausee. Aber auch Grillspezialitäten, Nudelgerichte und eine reichhaltige Weinauswahl.

Neudensteinweg 1 | Tel. 0 42 32/3 72 50 | www.stauseewirt.at | Mai–Aug. tgl. ab 11.30, Sept.–April Do–Mo ab 11.30 Uhr | €€

KULTUR UND UNTERHALTUNG

Heunburgtheater

Schauspiel, Lyrik und Jazz stehen während der Sommermonate in Haimburg bei Völkermarkt auf dem Programm. Spielort ist die um 1100 erstmals erwähnte Heunburg.

Juli–Aug. | Programm unter www.heunburgtheater.at

SERVICE

AUSKUNFT

Klopeiner See – Südkärnten

Tel. 0 42 39/22 22 | www.klopeinersee.at | tgl. 9–19 Uhr

ZIELE IN DER UMGEBUNG

◎ BAD EISENKAPPEL ⚑ K 5

2500 Einwohner

Durch eine enge Talstraße erreicht man den Kurort Bad Eisenkappel, den südlichsten Punkt Österreichs und Teil der Gemeinde Eisenkappel-Vellach: Hier entdeckte man im Mittelalter große Erzvorkommen, die dem Ort auch seinen Namen eintrugen. Eine sehr schöne Mautstraße, die Alpenstraße Hochobir, führt bis zur Eisenkappler Hütte (1555 m). Von dort aus kann man den dominantesten Gipfel dieses Teiles der Karawanken – den Hochobir (2139 m) – in knapp 1,5 Std. erklimmen. 20 km südl. von Völkermarkt

SEHENSWERTES
Peršmanhof ▶ Im Fokus, S. 149

ÜBERNACHTEN
Berghof Brunner
Zimmer mit Aussicht – In Panoramalage über dem Ort liegt dieses familiengeführte Hotel. Gutes Restaurant. Spezialangebote für Fliegenfischer. Lobnig 4 | Tel. 0 42 38/3 01 | www.berg hof-brunner.at | 20 Zimmer und Ferienwohnungen | 🐾 | €€

Kurzentrum
Heilsames Wasser – Neben Therapien kann man sich im Thermalwasser tummeln, im Freien oder in der Halle. Vellach 9 | Tel. 0 42 38/9 05 00 | www. kurzentrum.at | 170 Zimmer | ♿ | €€

ESSEN UND TRINKEN
Gasthof Zum Florian
Deftig – Hier werden Salami und Speck, Most und Schnäpse aus eigener Produktion aufgetischt. Ein kleines Oldtimer-Museum ist angeschlossen. Ebriach 82 | Tel. 0 42 38/5 43 | www. zum-florian.at | tgl. 8–24 Uhr | €

SERVICE
AUSKUNFT
Bad Eisenkappel Tourismus
Tel. 0 42 38/86 86 | www.bad-eisen kappel.info | tgl. 9–16 Uhr

Hoch über dem Ort Griffen (▶ S. 145), Geburtsort des Schriftstellers Peter Handke, thront die Ruine der von den Bamberger Fürstbischöfen erbauten Burg.

◎ GRIFFEN L 4
3700 Einwohner

Der Geburtsort des Schriftstellers Peter Handke ist schon wegen seiner herrlichen Lage einen Besuch wert: Inmitten eines fruchtbaren Beckens erhebt sich ein bewaldeter Kalkfelsen mit einer Burgruine, an seinen Fuß schmiegt sich der Ort. Von hier gelangt man in einer 20-minütigen Wanderung auf die 130 m über dem Ort gelegene Bergspitze des Griffener Schlossbergs.

6 km nordöstl. von Völkermarkt

SEHENSWERTES
Tropfsteinhöhle
Die bislang älteste Besiedlung Kärntens wurde in dieser Höhle nachgewiesen: Vor mehr als 30 000 Jahren lagerten hier bereits steinzeitliche Jäger. Der Eingang befindet sich gleich hinter der Pfarrkirche von Griffen.

www.tropfsteinhoehle.at | Führungen: Mai–Sept. tgl. 9–16 (12 Uhr-Führung nur Juli, Aug.), Okt. tgl. 10, 13, 14, 15 Uhr | Eintritt 8 €, Kinder 4 €

ESSEN UND TRINKEN
Schlossbergschänke
Deftige Küche – Mit einem Ritterspieß oder einer Schlossbergsuppe wird man auf der Spitze des Schlossbergs nach einer Wanderung versorgt.

Schlossberg 1 | Tel. 06 64/1 11 30 02 | www.schlossbergschaenke.at | Mai– Okt. ab 9 Uhr | €

◎ KLOPEINER SEE K 5
1,8 km lang, rund 800 m breit und 48 m tief sowie durch die Veranstaltung »See in Flammen« bekannt und beliebt: Anfang Juli wird über dem See das größte Feuerwerk Österreichs abgefeuert, be-

staunt von 50 000 Besuchern. Er gilt auch als einer der wärmsten Badeseen Österreichs.

6 km südl. von Völkermarkt

SEHENSWERTES
Vogelpark Turnersee
1200 Tiere, 340 verschiedene Arten, ein Streichelzoo und eine Vogelzuchtstation, in der man der Fütterung beiwohnen kann.

St. Primus | www.vogelpark.at | Mitte April–Sept. tgl. 9–18, 1.–20. Okt. 10– 20 Uhr | Eintritt 9,50 €, Kinder 4,80 €

ÜBERNACHTEN
Strandhotel Amerika-Holzer
Eigener Badestrand – Direkt am Klopeiner See gelegen mit komfortablen Zimmern. Feinschmeckerrestaurant.

St. Kanzian | Am See 4 | Tel. 0 42 39/ 22 12 | www.amerika-holzer.at | 65 Zimmer | 🐾 | €€€

ESSEN UND TRINKEN
RESTAURANTS
Fischrestaurant Sicher
Fantasievolle Kreationen – In einem ehemaligen Sägewerk an einem kleinen Bach wurden vor 35 Jahren die ersten Fischbecken aufgebaut. Heute zählt das Lokal zu den besten Fischrestaurants Österreichs. Probieren Sie auf jeden Fall den selbst erzeugten Saiblings-Kaviar.

Tainach | Mühlenweg 2 | Tel. 0 42 39/ 26 38 | www.sicherrestaurant.at | Mi– Sa 11.30–14 und 18–21.30 Uhr | €€€

Loving Hut
Vegan – Ob asiatische oder italienische Küche, hier kommen auch Nicht-Veganer bei veganem Essen auf ihre Kosten. In der Pension gibt's natürlich ebenfalls

veganes Frühstück und gleich gegenüber einen Privatstrand.

St. Kanzian | Am See XII 7/7a | Tel. 0 42
39/4 01 50 | www.lovinghutpension.at |
Mitte Mai–Mitte Okt. tgl. 11.30–14.30,
17.30–21 Uhr | €€

Moritz

Schmuckes Ambiente – Der einstige
»Forellenhof« ist heute ein Landgast-
haus mit hervorragender Küche.

Grafenstein | Oberwuchel 5 | Tel.
06 64/4 24 03 16 | www.restaurant
moritz.at | Di–Fr 16–21.30, Sa 11.30–
21.30 Uhr | €€

EINKAUFEN

Wrienzhof Jäger

Vom geselchten Hauswürstel bis zum
Marillenschnaps: Alles wird hier selbst
gemacht und ab Hof verkauft.

St. Primus | Nageltschach 9 | Tel. 0 42
39/ 28 80

AKTIVITÄTEN

Walderlebniswelt

Brücken in luftiger Höhe, ein Mini-
Tierpark, Rutschen und ein Riesen-
labyrinth machen den Wald am Klopeiner See für Kinder zu einem Aben-
teuerspielplatz. Hundehotel im Ein-
gangsbereich kostenlos für Besucher.

St. Kanzian | Schulstr. 8 | www.walder
lebniswelt.at | 6. April–6. Juli und 9.–
15. Sept. tgl. 10–17, 7. Juli–8. Sept. 9–
18 Uhr | Eintritt 9,50 €, Kinder 7,50 €

SERVICE

AUSKUNFT

Klopeiner See – Südkärnten

Tel. 0 42 39/22 22 | www.klopeinersee.
at | tgl. 9–19 Uhr

Der kleine Klopeiner See (▶ S. 146) – 1800 m lang und 800 m breit – ist eines der wärmsten
Badegewässer, weil er der am wenigsten durchflutete See Kärntens ist.

Im Fokus
Kärntner Slowenen

Am 25. April 1944 überfiel eine SS-Patrouille nach einem Gefecht mit Partisanen den Peršman Hof in Koprein-Petzen. Das Kiegsverbrechen war einer der brutalsten Ausbrüche der Spannungen zwischen Deutschnationalen und Slowenen.

Der Bauer Luka Sadovnik, Teil der slowenischen Bevölkerungsgruppe in Kärnten, galt als Sympathisant der Partisanen. Nicht nur das: Sein Hof galt als Stützpunkt der Kärntner Widerstandsbewegung gegen das NS-Regime. Die Schergen stürmten den Hof – innerhalb weniger Stunden töteten die Nazis den Bauern und zehn weitere Mitglieder seiner Familie, vom Kleinkind bis zur Großmutter. Anschließend wurden sämtliche Gebäude niedergebrannt. Nur zwei Mädchen überlebten dieses Massaker. Als Helfer am nächsten Morgen ankamen, bot sich ihnen ein Bild des Entsetzens: »Rauch stieg aus den Trümmern auf. Es stank nach verbranntem Fleisch. Nanci lag erschlagen auf dem Hof, ihr jüngstes Töchterl in den Händen. Ungefähr vier Meter entfernt lag die Leiche Katras, der Schwester des Besitzers. Neben ihr lagen der älteste Sohn Peršmans und sein elfjähriges Schwesterl. Die ermordete Großmutter und Luka wurden verbrannt im Haus aufgefunden.« Das Massaker vom Peršman-Hof ist zwar ein besonders brutales, aber nur eines von vielen Ereignissen, die

◀ Zweiter Weltkrieg: Die deutsche Polizei
führt slowenische Partisanen (▶ S. 148) ab.

die Spannungen innerhalb der Kärntner Volksgruppen widerspiegelt. Die
Umsiedlungspolitik des Deutschen Reiches sah vor, die bis dahin starke
slowenische Minderheit in Kärnten auszusiedeln. Dadurch wurden viele
Kärntner Slowenen als Partisanen in die Wälder getrieben. Die Partisanen – eng verbunden mit den Tito-Partisanen Jugoslawiens – fügten der
deutschen Wehrmacht im Laufe des Krieges starke Verluste zu und wurden erbarmungslos verfolgt, bekämpft und ermordet.

SLAWISCHE WURZELN

Als Kärntner Slowenen bezeichnet man die slowenischsprachige Volksgruppe, die vorwiegend im Süden und Osten Kärntens lebt und Vertreter
in den österreichischen Volksgruppenbeirat entsendet. Der Status der
Volksgruppe ist verfassungs- und völkerrechtlich abgesichert. Ihre Geschichte reicht weit zurück: Gegen Ende der Völkerwanderungszeit wurden Teile Kärntens zuerst von Westslawen, dann von Südslawen besiedelt.
Daraus entstand eine südslawische Umgangssprache mit westslawischem
Einfluss und ein Staatsgebilde: Karantanien, der Vorläufer des heutigen
Kärntens, das weit über das heutige Bundesland hinaus Einfluss hatte.
Die Herrscher Karantaniens wurden auf dem Zollfeld, nördlich von Kla-
genfurt, gekrönt.

Unter Karl dem Großen wurde Karantanien Teil des Heiligen Römischen
Reiches, der Adel in Kärnten wurde zunehmend deutsch, die Bevölkerung blieb allerdings zum Teil slawisch. Durch die Ansiedlung der Bai-
ern, die Waldgebiete und Hochtäler besiedelten, kam es zu einem Aus-
tausch mit der slawischen Bevölkerung, bis im 19. Jh. etwa zwei Drittel
der Kärntner deutsch geworden waren. Die Landeshauptstadt Klagenfurt
war zu dieser Zeit zweisprachig, das Hinterland slowenisch, Spannungen
zwischen den Volksgruppen gab es im Habsburgerreich kaum. Erst mit
dem Aufkommen deutschnationaler Bewegungen gegen Ende der Mon-
archie verstärkte sich die Konfrontation zwischen den Volksgruppen.

1918, mit Ende der Habsburgermonarchie versuchte das Königreich der
Serben, Kroaten und Slowenen (der sogenannte SHS-Staat) die slowenischen Gebiete Kärntens zu besetzen. Am 5. November 1918 drangen SHS-
Truppen in Südostkärnten ein. Die Kärntner Landesregierung verlegte
ihren Sitz nach Spittal an der Drau und beschloss den bewaffneten Widerstand. Der »Befreiungskampf«, auch »Kärntner Abwehrkampf« be-

zeichnet, begann mit der Rückeroberung von Arnoldstein, dem Rosental und Ferlach. Ein Waffenstillstand wurde vereinbart, und bis Mai waren alle bis auf die laut Waffenstillstandsvertrag geräumten Gebiete von Kärntner Truppen besetzt.

Der Friedensvertrag von St. Germain sah daraufhin eine Abstimmung in Südkärnten vor; bei der sich am 10. Oktober 1920 auch ein Teil der Slowenen für einen Verbleib bei Österreich aussprach. Allerdings wurden das Kanaltal Italien und das Gebiet um Unterdrauburg dem SHS-Königreich zugeschlagen. Trotzdem bleibt die Kärntner Volksabstimmung eine der wenigen Voten weltweit, bei der ein Volk über seine Staatszugehörigkeit abstimmen konnte. Bis heute ist der 10. Oktober der Kärntner Landesfeiertag.

AUSSIEDLUNG

In der Folge gab es bis zum »Anschluss« Österreichs an Deutschland 1938 noch zweisprachige Schulen, Pfarren und eigene Zeitungen und Vertreter im Landtag. Slowenen wurden allerdings im Dritten Reich konsequent verfolgt: 1942 begann sogar die Aussiedlung der Kärntner Slowenen. Das führte zum bewaffneten Widerstand durch Partisanen in der slowenischen Bevölkerung. Nach der Niederlage Deutschlands wurde wiederum versucht, Teile Kärntens für Jugoslawien zu annektieren – ohne Erfolg.

Im österreichischen Staatsvertrag von 1955 wurden schließlich die »Rechte der slowenischen und kroatischen Minderheiten« in Österreich festgeschrieben, ab 1975 eskalierte die Situation allerdings erneut: Eine Wahlgruppierung der slowenischen Volksgruppe verfehlte knapp den Einzug in den Kärntner Landtag. Das führte zu einer umstrittenen Neuordnung der Wahlkreise: Das Siedlungsgebiet der Kärntner Slowenen wurde aufgeteilt und mit rein deutschsprachigen Landesteilen zusammengefasst. Ein Einzug von Slowenen in den Landtag war daher unmöglich. Aufregung herrschte neuerlich, als zweisprachige Ortstafeln aufgestellt wurden.

ORTSTAFELSTREIT

Die SPÖ-Alleinregierung unter Bruno Kreisky musste dafür die Abgeordneten der ÖVP und der FPÖ überstimmen. Das »Ortstafelgesetz« sah die Aufstellung von 205 zweisprachigen Bezeichnungen vor. Noch im selben Jahr wurden alle Tafeln zerstört, Bundeskanzler Kreisky wurde bei einem Besuch in Kärnten sogar tätlich angegriffen. Die daraufhin einberufene »Ortstafelkommission« wurde von den Vertretern der slowenischen Volksgruppe boykottiert. Zweisprachige Ortstafeln wurden nur mehr in Gebieten mit sehr hohem Prozentsatz an slowenischer Bevölkerung errichtet. Als die FPÖ mit Jörg Haider zum ersten Mal den Landeshauptmann stellte, spitzten sich die Auseinandersetzungen weiter zu. Auch Aussagen slowenischer Politiker wurden von Teilen der deutschsprachigen Bevölkerung Kärntens als slowenische Gebietsansprüche ausgelegt. Eine Interpretation, die von Kärntner Slowenenverbänden ebenso abgelehnt wird wie von der slowenischen Regierung.

LEBENDIGES KULTURGUT

Heute, auch im Zeichen einer erweiterten EU, ist die Volksgruppenfrage kaum mehr ein Thema. Wie groß der Anteil der Kärntner Slowenen zurzeit ist, ist allerdings Ansichtssache: Die Volkszählung 2001 verzeichnete 13 109 slowenische Volksgruppenangehörige, eine Zahl, die von der slowenischen Volksgruppenvertretung als Untergrenze angesehen wird. Eine Erhebung in Kärntner Pfarreien von 1991 hatte nämlich 50 000 Kärntner erbracht, die Slowenisch als Umgangssprache pflegten. Die Kärntner Traditionsverbände sprechen hingegen nur von rund 2000 bis 5000 Slowenen in Kärnten. Die Wahrheit liegt wohl irgendwo dazwischen. Die Gemeinden mit dem höchsten Bevölkerungsanteil an Kärntner Slowenen sind übrigens Zell, Globasnitz und Eisenkappel im Südosten Kärntens, bis heute ein Gebiet, in dem die slowenische Kultur sehr lebendig ist. Und nicht zu vergessen: 2010 wurde der Sprachschatz der slowenischen Flur- und Hofnamen zum Immateriellen Welterbe der UNESCO erklärt und als nationales Kulturgut in die Österreich-Liste aufgenommen.

MUSEEN

Peršmanhof ▶ K 5

Diese Gedenkstätte ist dem Massaker am Peršman-Hof bei Bad Eisenkappel gewidmet: Ein kleines Museum dokumentiert auch die Geschichte der Kärntner Slowenen während der NS-Zeit.

Bad Eisenkappel, Koprein-Petzen 3 | www.persman.at | Mai–Okt. Fr–So 10–17 Uhr | Eintritt frei

Volksabstimmungsmuseum ▶ S. 144

EINKAUFEN

Haček ▶ Klappe hinten, d 4

Die Buchhandlung in der Paulitschgasse fungiert als »Schaufenster« des zweisprachigen Kärnten sowie als Schnittstelle zu Slowenien (und dem angrenzenden Alpe-Adria-Raum). Außer als Buchhandlung, mit einer großen Auswahl an slowenischer Literatur, dient es auch als Informations- und Kulturzentrum der Bürger.

Klagenfurt, Paulitschgasse 5–7 | www.slo.at | Mo–Fr 9–18, Sa 9–12 Uhr

Die Großglockner Hochalpenstraße (▶ S. 154):
mit 36 Kehren auch ein Fahrerlebnis!

TOUREN
DURCH KÄRNTEN

ERLEBNISWELT GROSSGLOCKNER – VON HEILIGENBLUT ZUR EDELWEISSSPITZE

CHARAKTERISTIK: Mit dem Auto auf einer der schönsten Alpenstraßen bis zur Franz-Josefs-Höhe und weiter ins Salzburger Land **DAUER:** ab Heiligenblut 4 Std., Mai–Okt., Maut pro Pkw: 33 € **LÄNGE:** hin und zurück 100 km **EINKEHRTIPP:** Glockner Sennerei Knapp Kasa, Heiligenblut, Winkl 25, Tel. 06 64/2 74 11 73, www. knapp-kasa.at, Juni–Okt. € **AUSKUNFT:** Großglockner Hochalpen- straßen-AG, Tel. 0 65 46/6 50, www.gross glockner.at

B 2

An der Mautstelle oberhalb von Heili- genblut beginnt unsere Fahrt über die 48 km lange Großglockner Hochalpen- straße. Fertiggestellt wurde die be- rühmte Bergstraße mit ihren 36 Keh- ren 1935, nach fünf Jahren Bauzeit. Mit jährlich fast 900 000 Besuchern zählt die **Großglockner Hochalpenstraße** heute zu den drei wichtigstens Sehenswürdigkeiten Österreichs.

Franz-Josefs-Höhe ▶ Edelweiß- spitze

Am Kreuzungspunkt Guttal fahren Sie nach links, in Richtung Großglockner: Nach einer kurzen Fahrt gelangen Sie zum Aussichtspunkt **Schöneck** mit ei- ner informativen Schau über die Tier- und Pflanzenwelt auf den Glockner- wiesen und einem der vier »Murmi«-Spielplätze am Glockner. Hier erfährt der Nachwuchs auf spiele- rische Weise, wie aus dem Ei ein Schmetterling wird.

Vorbei am Wasserfall Fallbach und dem Glocknerhaus erreichen Sie die **Franz-Josefs-Höhe** (2369 m). Zur Lin- ken erheben sich die Schnee- und Fels- wände des Großglockners: Mit 3798 m ist er der höchste Berg Österreichs und überragt den längsten Gletscher der

Ostalpen, die **Pasterze**. Stellen Sie das Auto auf einem der Parkplätze ab und blicken über das Geländer in die Tiefe: Die Pasterze hat sich aufgrund des Kli- mawandels weit zurückgezogen, noch 1898 war der Gletscher 200 m höher und 1,8 km länger.

Ein Kino und ein kleines Museum füh- ren im Besucherzentrum in die Welt des Großglockners ein. Vor allem Kin- der haben Spaß daran: Sie können echtes Eis befühlen oder durch eine nachgebaute Gletscherspalte schlüpfen (tgl. 10–17 Uhr, Eintritt frei).

Eine leichte Bergtour führt über den Gamsgrubenweg zum **Wasserfallwin- kel**: Dabei kann man herrliche Aus- blicke auf den **Pasterzengletscher** genießen (tgl. 11 Uhr Führung ab Besu- cherzentrum Kaiser-Franz-Josefs-Hö- he). Zur Pasterze fährt auch die Glet- scherbahn (Berg- und Talfahrt 9,80 €, Kinder 4,90 €). Von hier geht es über einen gesicherten alpinen Steig (mit Bergausrüstung zu bewältigen) zum Pasterzengletscher. Müheloser ist ein 10-minütiger Fußweg zur Swarovski- Warte oberhalb des Besucherzentrums. Dort kann man mit dem Fernglas Mur- meltiere und Steinböcke beobachten.

Seit 1998 thront die Swarovski-Beobachtungswarte (▶ S. 154) über der Kaiser-Franz-Josephs Höhe und schenkt einen einmaligen Blick auf den Großglockner.

Nach dem ausgiebigen Aufenthalt auf der Franz-Josefs-Höhe fahren Sie wieder bergab, kurz nach dem Glocknerhaus kommen Sie an der Almsennerei Knapp Kasa vorbei, wo Sie sich mit einer Almjause stärken (hier gibt's auch hausgemachten Almkäse, Buttermilch oder Bio-Speck zu kaufen).

An der Kreuzung Guttal fahren Sie dann nach links und über die restlichen Kehren – vorbei am Skigebiet von Heiligenblut – bis zum **Hochtor**, der ehemaligen Passhöhe. Eine Ausstellung informiert über das römisch-keltische Heiligtum, das einst hier stand, und über die Bedeutung des Handelsweges über den Glockner. Auf einem Lehrwanderweg kann man die Passhöhe zu Fuß überqueren (ca. 30 Min.).

Durch das Hochtor (2507 m) verlassen Sie Kärnten. Eine 7 km lange Panoramastraße führt nun entlang der alten Römerstraße bis zum Fuschertörl und auf die **Edelweißspitze** (2571 m): Vom höchsten Punkt Ihrer Rundreise haben Sie noch einen herrlichen Ausblick auf zahlreiche Dreitausender und über die Täler auf der Salzburger Seite der Tauern, bevor Sie sich wieder auf die Rückfahrt nach Heiligenblut machen.

DURCH DAS KEUTSCHACHER SEENTAL – EINE RADTOUR MIT BERGWERTUNG

CHARAKTERISTIK: Eine Radtour vom trubeligen Wörthersee ins idyllische Keutschacher Seental mit einer Bergwertung auf Pyramidenkogel **DAUER:** 6–8 Std. **LÄNGE:** 25 km **EINKEHRTIPPS:** Wurstsalon Goritschnigg (▶ S. 28), Velden, Seecorso 6, Tel. 0 42 74/24 75 € | LakesSide Lounge, Marina Reifnitz, Süduferstr. 104 c, Tel.

 06 64/4 30 09 90, tgl. 12–22 Uhr € **AUSKUNFT:** Wörthersee Tourismus, Velden, Villacher Str. 19, Tel. 0 42 74/3 82 88, www.woerthersee.com ▶ H 5

Ist es Ihnen am Wörthersee zu überlaufen, dann empfiehlt sich eine Tour durch das südlich gelegene Keutschacher Seental. Vier idyllische Badeseen bilden eine grüne, liebreizende Landschaft: der Keutschacher-, der Rauschele-, der Bassgeigen- und der fischreiche Hafnersee.

Velden ▶ Hafnersee

Starten Sie am Corso von **Velden** und fahren dann entlang der berühmten Seepromenade Richtung Südosten, vorbei am Schlosshotel Velden: einst der Drehort zur TV-Serie »Das Schloss am Wörthersee« mit Roy Black. Heute ist das Schlosshotel ein Luxusresort, in dem man auch hervorragend speisen kann (abends im »Schlossstern« im Hotel, tagsüber im »Seespitz« direkt am Ufer des Wörthersees).

Weiter geht die Fahrt an den klassischen Wörthersee-Villen Miralago und Augsdorf vorbei, südlich in Richtung Augsdorf. Nun führt die Strecke kurz bergauf. Aber schon in **Augsdorf** öffnet sich die Landschaft: Ein grünes Tal liegt vor Ihnen. Der Radweg führt entlang der Landstraße und weiter bis Schiefling: Dort wenden Sie sich nach rechts und fahren über den Techelweg

zum beschaulichen **Hafnersee**, der im Sommer mit Wassertemperaturen von mehr als 26 °C zum Baden einlädt. Ein Natura-Trail zwischen Schiefling und dem Hafnersee führt durch Moore, Bruchwald und saure Wiesen.

Hafnersee ▶ Pyramidenkogel

Noch vor dem Hafnersee führt rechts ein Weg ab zum **Penkensee**, einem Bergsee zu Füßen der Sattnitz, einem kleinen Hügelzug, der das Keutschacher Seental vom Rosental trennt. Sie aber strampeln den Hafnersee entlang bis Plescherken, wo schon der **Keutschacher See**, der größte der vier Seen, vor Ihnen liegt. Vermeiden Sie die Straße und fahren Sie über einen Schotterweg am bewaldeten Südufer entlang, vorbei an einer Reihe von Campingplätzen bis nach Plaschischen, das bereits zur Gemeinde Keutschach am See gehört. Hier können Sie die Pause nutzen, um sich im Strandbad Keutschach abzukühlen. Nach der erfrischenden Verschnaufpause kommt nun die Bergwertung auf den **Pyramidenkogel**, eine 5 km lange Bergstraße, die auf 851 m führt. Auf dem Gipfel steht der neu errichtete Aussichtsturm, eine Holzkonstruktion, von der aus man einen herrlichen Rundblick über die Landschaft hat: den Wörthersee mit Klagenfurt, Pörtschach und Velden im Norden, das Keutschacher Seental im Süden oder weiter bis auf die Hohen Tauern und die Karawanken.

Pyramidenkogel ▶ Maria Wörth

Vom Pyramidenkogel führt eine schmale Straße nach **St. Margarethen** und **Reifnitz** direkt am Ufer des Wörthersees. Auf der Terrasse der LakeSide Lounge an der Marina Reifnitz können Sie sich erholen und eine Kleinigkeit essen. Mit dem Schiff geht's wieder zurück nach Velden. Haben Sie noch Kraft, dann radeln Sie die Strecke am Wörthersee-Südufer zurück, vorbei an Maria Wörth und Dellach. In **Maria Wörth** – zauberhaft auf einer Halbinsel im See gelegen – lohnt die Kirche St. Primus einen Besuch. Wegen ihrer romantischen Lage wird sie von Brautleuten gern als Hochzeitskirche gewählt. An der Bucht von Reifnitz liegt noch das als »Klein-Miramar« bezeichnete Schloss Reifnitz (in Privatbesitz). Es wurde 1898 errichtet und ist ein beliebtes Fotomotiv.

INFORMATIONEN

Aussichtsturm Pyramidenkogel

H 5

Der weltweit höchste Holzaussichtsturm mit drei frei begehbaren Aussichtsplattformen (die höchste auf 70 m), einer wettergeschützten SkyBox und der größten Rutsche Europas. Keutschach | Linden 62 | www.pyramidenkogel.info | April, Okt. 10–19, Mai, Sept. 9–20, Juni–Aug. 9–21, Nov.–März 10–18 Uhr | Eintritt 10,50 €, Kinder 5,50 €, Rutsche 4 €

Der Ort Maria Wörth (▶ S. 157) mit der ehemaligen Stiftskirche – einer beliebten Hochzeitskirche – ruht still und anmutig auf einem Inselchen im Wörthersee.

AM REISSECK – TOUREN IM HOCHGEBIRGE LEICHT GEMACHT

CHARAKTERISTIK: Eine einfache Art, um das Hochgebirge zu erleben: mit Aufzug und Schmalspurbahn. Wer will, kann eine schweißtreibende Bergtour anschließen **SAISON:** Mitte Mai–Mitte Okt. tgl. 8.30–17 Uhr (in einem Intervall von 20 Min.), Berg- und Talfahrt 19,50 €, Kinder 10,50 € **DAUER:** Tagesausflug **SCHWIERIGKEITS-GRAD:** leicht **EINKEHRTIPP:** Reißeckhütte, Reißeck, Tel. 06 64/4 12 85 71, Ende Juni–Ende Sept. € **AUSKUNFT:** Verbund-Tourismus, Kolbnitz, Zandlach 45, Tel. 0 47 83/24 10, www.verbund.com/tourismus

D 3

Ausgangsbasis für eine Fahrt mit der höchsten Schmalspurbahn Europas ist der Ort **Kolbnitz** im Mölltal. Die Fahrt beginnt auf 719 m Meereshöhe mit der Reißeck-Standseilbahn mit maximal 82 % Steigung: Dreimal muss man den Aufzug wechseln, bevor man auf 2245 m Seehöhe gelangt – dabei werden 1516 m Höhenunterschied überwunden. Und ebenso verändert sich das Panorama: Vom fruchtbaren Mölltal gelangt man über steile Flanken und über die Baumgrenze hinaus bis ins Hochgebirge mit einem Rundblick auf Dreitausendergipfel und Gletscher.

Schoberboden ▶ Reißeck

An der Bergstation **Schoberboden** erwartet Sie bereits eine kleine Schmalspureisenbahn, übrigens die höchste Europas: Die sogenannte Höhenbahn bringt Sie entlang der Bergflanke und durch einen Tunnel bis zur Endstation am Bergrestaurant **Reißeck**. Sie aber wenden sich von dort aus in Richtung Staumauer: Der **Große Mühldorfer Stausee** (2319 m) dient der Stromerzeugung. Vor der Staumauer gehen Sie nach links und wählen den Reißeck-Rundwanderweg, bei dem sich wäh-

rend einer einstündigen leichten Wanderung der Stausee überblicken lässt. Am Echopunkt über dem See können Sie testen, ob das Echo heute bei Laune ist. Dort befindet sich auch ein urtümlich anmutender Steinkreis. Zahlreiche interessante Informationspunkte erklären Ihnen Landschaft, Geologie und Vegetation.

Reißeck ▶ Rieckenalm

Am Ende der kleinen Rundwanderung kehren Sie zu Füßen der Staumauer in die **Reißeckhütte** auf 2287 m Höhe ein. In der 1908 errichteten Schutzhütte des Alpenvereins wird hausgemachter Schweinebraten oder Kaiserschmarrn aufgetischt. Und wer einmal den Sonnenaufgang im Gebirge erleben will, der kann in einem der elf Betten oder im urigen Matratzenlager (für 30 Personen) übernachten.

Die Hütte ist auch ein idealer Ausgangsort für eine Hochgebirgswanderung zum Riekenthörl (2525 m), zum Hochkedl (2558 m), der sich imposant hinter dem See erhebt, oder zum Großen Reißeck (2965 m). Für Kletterer ist die Route »Bella Vista« auf die Hohe Leier (2774 m) empfehlenswert.

Einen – allerdings nur für geübte Wanderer geeigneten – Abstecher lohnt die **Rieckenalm** am Zandlacher Boden. Hier befindet sich in 1525 m Seehöhe die bewirtschaftete Zandlacher Hütte mit einem spektakulären Ausblick auf den Talschluss des Rieckengrabens mit seinem Wasserfall und dem Granitfelsen der Grüblwand (Tel. 0 47 83/31 28, tgl. Juni–Okt.). Zum Übernachten stehen 19 Betten zur Verfügung, man kann von hier aber auch über eine Schotterstraße bis Kolbnitz zurückwandern.

Wollen Sie hingegen mehr über die **Staumauer** am Reißeck erfahren, dann erzählen Ihnen geschulte Führer (10, 12, 13.30 und 15 Uhr) in einer 90-minütigen Wanderung mit Führung über die Staumauer alles Wissenswerte über Stromerzeugung aus Wasserkraft, über den Naturraum am Reißeck und Kletter- und Wandermöglichkeiten (Eintritt 6 €, Kinder 3 €, Treffpunkt an der Bergstation Höhenbahn, Kartenverkauf an der Kasse bei der Talstation Reißeck Bergbahnen oder beim Wanderführer).

Treffpunkt zur Staumauerführung ist das Maskottchen »Tobi-Turbi« vor der Sonnenterrasse des Bergrestaurants Reißeck. Gleich daneben liegt ein Erlebnisspielplatz, auf dem den Kleinen die Stromerzeugung aus Wasserkraft spielerisch nahe gebracht wird. Die Reißeck-Bergbahnen sind von Mitte Mai bis Ende Oktober geöffnet. Mit der Kärnten Card kann man die Bahn gratis benutzen.

Seit 2012 findet hier immer Ende September der »Reißeck Wadlbeißer«, Österreichs längster Treppenlauf, statt. Dabei sind 8971 Stufen zu überwinden.

»Still und starr ruht der See …«. Diese Zeile könnte gut auf den Großen Mühldorfer Stausee (▶ S. 158) zutreffen – leicht zu erreichen mit der Reißeggbahn.

MIT DEM RAD DURCH DAS JAUNTAL IM SÜDOSTEN KÄRNTENS – KUNST UND BIKE

CHARAKTERISTIK: Mit dem Rad zu Pop-Art, Barock und Bauernhöfen **DAUER:** 4 Std. **LÄNGE:** 30 km **EINKEHRTIPP:** Altes Brauhaus (▶ S. 136), Bleiburg, Hauptplatz 9, Tel. 0 42 35/20 26, www.brauhaus.breznik.at € **AUSKUNFT:** Klopeiner See-Südkärnten, Tel. 0 42 39/22 22, www.klopeinersee.at

 ▶ L 5

Der Ausgangspunkt dieser Tour entlang des neu geschaffenen Kunst-Radweges durch den Südosten Kärntens liegt nördlich von Aich: Hier spannt sich die höchste Eisenbahnbrücke Europas über das **Jauntal**. Südlich davon wurde 2003 eine Hängebrücke geschaffen, um den Pilgern des Dreibergelaufs (einer Wallfahrt zu drei der vier heiligen Bergen im Südosten Kärntens) die Überquerung des **Feistritzgrabens** zu erleichtern. Der Klagenfurter Künstler Karl Vouk schuf zur Eröffnung auf einem kleinen Plateau die Skulptur »Landmark«, die einen Stier, einen Krebs, einen Widder und eine Leiter symbolisch vereint.

Aich ▶ Feistritz

Fahren Sie südlich entlang der Bundesstraße in Richtung Bleiburg und machen Sie erst am Hauptplatz von **Bleiburg** Halt: Im WernerBergMuseum sind die Werke des Malers zu sehen, der in den 1930er-Jahren aus Wuppertal hierher zog und auch als Bergbauer sein Brot verdiente. Werfen Sie einen Blick in den Skulpturengarten im Hof: Dort sind Arbeiten von Alfred Hrdlicka oder Fritz Wotruba zu sehen. Einen Besuch lohnt die barocke Stadtpfarr-

kirche von Bleiburg mit ihren sechs, ebenfalls von Karl Vouk geschaffenen Hemma-Glasfenstern, die an das Leben der Kärntner Landesheiligen erinnern. Nach einem Blick auf den von der Kärntner Pop-Art-Künstlerin Kiki Kogelnik geschaffenen Brunnen am Hauptplatz geht es weiter in südlicher Richtung nach Loibach und Winkel. Am Fuße des Aussichtsberges Petzen lädt der kleine **Pirkdorfer See** zum Bad ein. Bei einem Abstecher nach **Ruttach/Schmelz** in südlicher Richtung können Sie einen revitalisierten Bleischmelzofen sehen, der die einstige Bedeutung der Industrie in dieser Gegend wachruft. In **Feistritz**, unserem nächsten Ziel, sind ein alter Kalkbrennofen und die Poltnik-Mühle aus dem 19. Jh. zu bewundern.

Eberndorf ▶ Bleiburg

Über Pirkdorf und St. Michael ob Bleiburg radeln Sie weiter bis **Eberndorf**: Imposant thront über der Stadt das ehemalige Benediktiner Chorherrenstift (hier finden von Juli bis Mitte August die Eberndorfer Sommerfestspiele statt). Ganz in der Nähe liegt das 100 ha große **Sablatnigmoor**, eines der bedeutendsten Vogelschutzgebiete Kärntens.

Mehr als 170 verschiedene Vogelarten sind hier anzutreffen: neben Haubentauchern, Teichhühnern, Pirol, Wiedehopf und Eisvogel sind im Frühjahr und Herbst durchziehende Kormorane, Silberreiher und Fischadler zu beobachten. Der blaue Moorfrosch ist das Maskottchen des Naturschutzgebietes, mehr darüber erfährt man im Besucherzentrum der Tomar-Keusche (www.sablatnigmoor.at, Führungen Mai–Sept., Di 7, Mi–Fr 8, Sa 9 und Fr auch 18 Uhr, Eintritt 5 €, Kinder: 2,50 €).

Der große Balkon im ersten Stock ist der ideale Standpunkt, um die Gegend und die Wasseroberfläche nach Tieren abzusuchen. Zahlreiche Präparate bringen einem die Tierwelt des Moores nahe, man erfährt viel Wissenswertes über Lage und Entstehung des Moores. Nach diesem Abstecher geht's wieder in den Sattel, aber bevor Sie wieder Bleiburg erreichen, lohnt eine kurze Rast an der **Steinberger Quelle** neben dem Radweg: Dem weichen Wasser wurden einst Heilkräfte bei Augenleiden zugeschrieben. Dann ist schon **Schloss Bleiburg** zu sehen, ein Renaissancebau (im Privatbesitz), der ursprünglich im 12. Jh. auf einem Hügel über der Stadt errichtet wurde. Sein heutiges Aussehen erhielt er im 17. Jh. Als Abschluss der Radtour können Sie sich im gemütlichen Alten Brauhaus in Bleiburg (ab 17 Uhr) bei einem »Radler« stärken.

INFORMATIONEN

Werner Berg Museum

Bleiburg | 10. Oktober Platz 4 | www.wernerberg.museum/de | Di–So 10–18 Uhr | Eintritt 7 €, Kinder 3 €

Eine 140 m lange Hängebrücke nahe der Ortschaft Aich erleichtert Wanderern, Radlern und Pilgern das Überqueren des 60 m tiefen Feistritzgrabens (▶ S. 160).

DURCH DAS GAILTAL – EINE GERUHSAME TOUR ZU MALERN, MUSEEN UND ALMEN

CHARAKTERISTIK: Mit dem Auto von Villach aus durch das untere Gailtal bis Hermagor, inkl. Abstecher zur Eggeralm **DAUER:** ca. 6 Std. **LÄNGE:** 50 km **EINKEHR-TIPP:** Biedermeier Schlössl Lerchenhof, Hermagor, Untermöschach 8, Tel. 0 42 82/21 00,

www.lerchenhof.at, tgl. 7–24 Uhr €€ **AUSKUNFT:** Kärntens Naturarena, Hermagor, Hauptstr. 14, Tel. 0 42 82/31 31, www.naturarena.com
G 5

Die Tour ins Gailtal startet in **Warmbad Villach**, dessen 30 Grad warme Heilquellen bereits die Römer zu schätzen wussten. Davon zeugen noch heute die tiefen Spurrillen, die römische Wagen im Stein hinterlassen haben. Später war auch Napoleon – der während seines Feldzugs Villach als Quartier wählte – von der Therme begeistert und ließ einen eleganten Kurpark anlegen, der sich heute über 20 ha erstreckt.

Villach ▶ Nötsch im Gailtal

Von hier führt die Route nach Süden und dann westlich durch die kleinen Dörfer im Unteren Gailtal bis **Arnoldstein**, wo Sie einen Blick auf die Klosterruine werfen können. Weiter geht es links an der Gail entlang, linker Hand erheben sich die Almböden und Wälder der **Göriacheralm**. Von den zahlreichen noch bewirtschafteten Almen im Gailtal stammt auch der Gailtaler Almkäse, ein Hartkäse aus Kuhrohmilch. Einen Abstecher in die Almwelt können Sie von **Feistritz an der Gail** aus machen: Eine kleine Stichstraße führt auf die Werbutzalm und nach der Oisternig-Hütte zur Kirche **Maria Schnee**, die an der Grenze zu Italien zu Füßen des Oisternig (2052 m) ruht.

Wieder unten im Tal erreichen Sie nach Feistritz die Gemeinde **Nötsch im Gailtal:** Gleich vier bedeutende Maler (Mitte 19. Jh.) hatten hier ihren Lebensmittelpunkt und werden daher auch als Nötscher Kreis bezeichnet: Sebastian Isepp, Anton Kolig, Franz Wiegele und der Kolig-Schüler Anton Mahringer.

Nötsch im Gailtal ▶ Garnitzenklamm

Weiter geht es – zu Fußen der Villacher Alpe – über St. Stefan im Gailtal bis zum kleinen **Pressegger See**, einem der wärmsten Kärntner Badeseen. Am Nordufer liegt der 1. Kärntner Erlebnispark mit Wasserrutschen und Hupfburgen. Über Unter- und Obervellach gelangen Sie schließlich nach **Hermagor**, in die Bezirkshauptstadt. Das lebhafte Städtchen ist noch heute das wirtschaftliche Zentrum des Gailtales.

Im Café Semmelrock können Sie sich stärken, bevor Sie das Gailtaler Heimatmuseum im nahen **Möderndorf** besuchen: Eine Lutherbibel von 1541 ist eines der Prunkstücke des Museums im Schloss Möderndorf.

Nun gibt es zwei Alternativen, um die Reise ins Gailtal zu beenden: Sie überqueren im Süden von Hermagor die Gail und fahren von Möderndorf aus über

Über die Jahrtausende haben abschmelzende Gletscher und zu Tal stürzendes Gestein die 4,5 km lange Garnitzenklamm (▶ S. 162) bei Möderndorf geformt.

eine kleine Bergstraße auf den Oberdorfer Berg. Auf der **Eggeralm** können Sie im Gasthof »Zum Rudi« eine herzhafte Almjause genießen, bevor Sie sich wieder auf die Rückfahrt machen. Kurz vor Möderndorf lockt noch ein Abstecher zur **Garnitzenklamm**.

Oder Sie kehren nach Hermagor zurück. Nach 2 km in Richtung Gitschtal und Weissensee liegt auf der rechten Straßenseite ein kleines Biedermeierschlösschen: der **Lerchenhof**. Produkte aus eigener Landwirtschaft und von heimischen Bauern werden im Restaurant liebevoll zubereitet.

INFORMATIONEN

Gailtaler Heimatmuseum im Schloss Möderndorf
D 5

Hermagor | Möderndorf 1 | www.gailtaler-heimatmuseum.at | Mai–Mitte Juli, Sept.–Mitte Okt. Di–Fr 10–17, Mitte Juli–Aug. Di–So 10–17 Uhr | Eintritt 4 €, Kinder 2,50 €

Museum des Nötscher Kreises
D 5

Nötsch | Haus Wiegele 39 | www.noetscherkreis.at | Mitte April–Okt. Mi–So und an Feiertagen 14–18 Uhr | Eintritt 6 €, Kinder 4 €

SCHINKEN UND WEIN – EIN KULINARISCHER AUSFLUG ÜBER DIE GRENZE

CHARAKTERISTIK: Ein Ausflug über die Grenze ins Friaul, in die Schinkenhauptstadt San Daniele und die Weinbauregion nördlich von Udine **SAISON:** April–Okt. **DAUER:** Tagesausflug **LÄNGE:** 80 km **EINKEHRTIPP:** Trattoria dal Piciul, San Daniele, Cimano, Via dei Ponti 36, Tel. +39 04 32/9 57 39 €€€ **AUSKUNFT:** Turismo Friuli Venezia Giulia, www.turismofvg.it

Über die Autobahn geht unsere Reise von Villach ins Dreiländereck: Hier liegt das italienische Marktstädtchen **Tarvisio**, wie auch die südlichere Gemeinde Malborghetto Teil des Kanaltales, das bis 1920 teilweise zu Kärnten gehörte. Venezianische Paläste erinnern an die lange abwechslungsreiche Geschichte, demonstrieren aber auch, wie mustergültig das Gebiet nach dem verheerenden Erdbeben von 1976 wieder aufgebaut wurde. Von Tarvisio einen Abstecher wert sind die idyllischen Seen von **Fusine** an der Grenze zu Slowenien und der Marien-Wallfahrtsort **Monte Lussari**, der bei Friulanern, Kärntnern und Slowenen gleichermaßen beliebt ist. Man kann die in 1765 m Seehöhe gelegene Wallfahrtskirche von **Camporosso** aus zu Fuß oder von Valbruna aus mit einer Seilbahn erreichen.

Malborghetto ▶ San Daniele

Nächster Stopp unserer Reise ist **San Daniele** in Friuli: die Schinkenhauptstadt des Friaul. Über 400 000 Menschen sind hier allein am letzten Wochenende im August beim Schinkenfest zu Gast. Dabei sind die Produktionsregelungen für San-Daniele-Schinken sehr streng: Nur ausgewählte Gebiete in Italien sind für die Zucht von

Schweinen für den Schinken zugelassen, der – nach einer Verarbeitungszeit von drei Monaten – mindestens acht Monate reifen muss, um die kontrollierte Ursprungsbezeichnung DOP zu erhalten. Verkosten kann man fein geschnittenen Prosciutto di San Daniele in den Metzgereien der Stadt oder als Antipasto in den Restaurants, wie z.B. in der Trattoria dal Piciul in Cimano, wo gut, leicht und mediterran aufgekocht wird.

Auch kunsthistorisch hat San Daniele einiges zu bieten: den Dom, der den Hauptplatz überragt, daneben das alte Rathaus mit der berühmten Biblioteca Guarnieriana oder die kleine Kirche von San Antonio Abate mit ihren wertvollen Fresken. Sie stammen von Pelegrino da San Daniele, der daran von 1497 bis 1522 arbeitete.

San Daniele ▶ Tarcento

Von San Daniele geht es weiter gen Osten in Richtung **Tarcento**. Auf der Strecke kommt man an zahlreichen herrschaftlichen Anwesen vorbei: Von **Castello Ragogna** sind nur mehr Ruinen zu sehen, das Schloss von **Susans** aus dem 17. Jh. ist besser erhalten. An das Erdbeben von 1976 erinnern heute noch die Reste des einstmals imposanten Schlosses **Coloredo di Montalbano**.

Bei Tarcento beginnt die Region, wo der Verduzzo wächst, seine Trauben sind die Basis für den Süßwein Ramandolo. Der Weiler **Ramandolo** – ein Ortsteil von Nimis – gab dem Weißwein seinen Namen.

Attimis ▶ Villach

Das nahe **Attimis** wurde einst von drei Burgen beherrscht, von denen heute fast nur mehr Ruinen stehen. Über das Leben in einem mittelalterlichen Schloss erfährt man aber einiges im Museo della Terra dei Nove Castelli in Attimis.

Von Attimis wenden wir uns wieder nach Norden und fahren über Nimis zurück Richtung Villach. An der Autobahn nahe Tarvisio legen wir noch einen Stopp ein: Im **Museo della Foresta di Tarvisio** erhält man Einblick in die Flora und Fauna dieser Region – inklusive einem Spaziergang in einem kleinen botanischen Garten.

INFORMATIONEN

Museo della Terra dei Nove Castelli, Attimis

Das Museum widmet sich der mittelalterlichen Vergangenheit des Ortes. Faedis, Piazza IV Novembre 6 | www. museoattimis.it | Öffnungszeiten unter Tel. +39 04 32/78 97 00).

Museo della Foresta di Tarvisio

In dem 1988 eröffneten Waldmuseum dreht sich alles um das ca. 24 000 ha große Waldgebiet rund um Tarvisio. Autostrada Alpe-Adria A 23 am Parkplatz »La Foresta«, Loc. Bagni di Lusnizza, o S.S. 13 Pontebbana Bagni di Lusnizza | Öffnungszeiten unter Tel. +39 04 28/ 27 86 | Eintritt frei

San-Daniele-Schinken (▶ S. 164) muss acht Monate lang lufttrocknen, bevor er die Kriterien erfüllt, die diesen köstlichen Rohschinken aus Friaul auszeichnen.

Kärntner Badeseen wie der Weissensee
(▶ S. 92) kurbeln den Tourismus an.

KÄRNTEN
ERFASSEN

AUF EINEN BLICK

*Hier erfahren Sie alles, was Sie über das südlichste
Bundesland Österreichs wissen müssen – kompakte Informationen
über Land und Leute, von Bevölkerung und Sprache über
Geografie und Politik bis Religion und Wirtschaft.*

BEVÖLKERUNG

Der Großteil der Bevölkerung Kärntens ist deutschsprachig. Im Süden des Landes lebt eine slowenischsprachige Minderheit. Wie viele Kärntner der slowenischen Volksgruppe angehören, darüber variieren die Zahlen: Sie schwanken zwischen 50 000 (so eine Erhebung von 1991) und 14 000 (so die Volkszählung des Jahres 2001).

LAGE UND GEOGRAFIE

Kärnten ist das südlichste Bundesland Österreichs und grenzt im Westen an Osttirol, im Norden an Salzburg, im Osten an die Steiermark und im Süden an Slowenien und Italien. Die Region wird historisch unterteilt in Oberkärnten (von den Alpen und ihren Ausläufern geprägt) und Unterkärnten (vom Klagenfurter Becken dominiert). Im Süden wird die Region von den Karawanken und den Karnischen Alpen begrenzt. Der Wörthersee ist der größte See Kärntens. Der wichtigste Fluss der Region ist die Drau. Sie entspringt in Italien und fließt durch Osttirol und Kärnten weiter nach Slowenien.

◀ Am Karnischen Kamm, an der Grenze zu Italien, erhebt sich das Biegengebirge.

POLITIK UND VERWALTUNG

Der Kärntner Landtag regiert im Landhaus in Kärnten. Die Landtagswahl vom 3. März 2013 ergab für die SPÖ 14, für die FPÖ sechs, die ÖVP fünf, die Grünen fünf, das Team Stronach vier und das BZÖ zwei Mandate. Die SPÖ stellt durch ein Arbeitsübereinkommen mit ÖVP und den Grünen den Landeshauptmann: Peter Kaiser.

Kärnten ist in acht politische Bezirke und zwei Statutarstädte gegliedert. Neben den beiden Statutarstädten Klagenfurt und Villach gibt es noch weitere 130 Gemeinden.

RELIGION

Die römisch-katholische Religion dominiert seit den Zeiten der Gegenreformation in Kärnten. Der Landesheilige ist der hl. Josef, die Landesmutter die hl. Hemma, die einst ein Nonnenkloster in Gurk gegründet und den Dom von Gurk gestiftet hat. Noch heute ist die Diözese Gurk für den Großteil der Katholiken in Kärnten zuständig. Nach dem Burgenland hat Kärnten den zweithöchsten Bevölkerungsanteil an Bürgern evangelischen Glaubens.

SPRACHE

Offizielle Amtssprachen sind Deutsch und Slowenisch: Während Deutsch mit Kärntner Dialekt fast im ganzen Land gesprochen wird, ist Slowenisch vor allem in Südkärnten vertreten. Die Zweisprachigkeit geht noch auf die Zeit der Völkerwanderung zurück, als slawische Stämme das Königreich Karantanien gründeten. Das Zusammenleben verlief weitgehend problemlos bis nach dem Ersten Weltkrieg, als Südkärnten (mit damals einem Bevölkerungsanteil von rund 60 % Slowenen) vom Königreich der Serben, Kroaten und Slowenen beansprucht wurde. Bei einer Volksabstimmung (1920) entschied sich aber die Mehrheit der Bevölkerung Südkärntens für den Verbleib bei Österreich.

WIRTSCHAFT

Wichtigster Wirtschaftssektor ist der Fremdenverkehr. Die bedeutendste Saison für den Tourismus ist der Sommer – vor allem rund um die Kärntner Seen: 2008 wurden in Kärnten zwischen Mai und Oktober 9 Mio. Übernachtungen gezählt. Im Winter hingegen waren es – im Zeitraum zwischen November 2007 und April 2008 – nur 3,7 Mio. Übernachtungen. Die Metall verarbeitende Industrie und der Bergbau – einst ein wichtiger Wirtschaftsfaktor – sind heute kaum mehr von Bedeutung. Auch die Landwirtschaft ist seit 1945 um die Hälfte geschrumpft. Rund 64 % der Kärntner sind heute im Dienstleistungssektor tätig.

AMTSSPRACHE: Deutsch, Slowenisch
EINWOHNER: 555 473
FLÄCHE: 9538 qkm
GRÖSSTE STADT: Klagenfurt, 95 000 Einwohner
HÖCHSTER BERG: Großglockner, 3798 m
INTERNET: www.kaernten.at
RELIGION: 77,2 % katholisch, 10,3 % evangelisch, 2 % Islam
VERWALTUNG: 8 Bezirke, 2 Statutarstädte
WÄHRUNG: Euro

GESCHICHTE

Die Wurzeln Kärntens reichen bis in die Steinzeit zurück. Vor der Zeitenwende war das Gebiet Bestandteil des Königreichs Noricum. Um 50 v. Chr. gründeten die Römer nahe einer keltischen Ansiedlung auf dem Magdalensberg eine Stadt – die lange verschollen blieb.

50 v. Chr. Römerstadt auf dem Magdalensberg

Beim Pflügen stieß ein Bauer um 1502 unterhalb des Magdalensberggipfels auf die Statue eines bronzenen Jünglings. Schon bald brachten Grabungen zutage, dass sich darunter eine Römerstadt verbarg. Die Bauern der Umgebung hatten deren Überreste schon lange für Feldmauern und zum Bauen verwendet, einige Marmorstücke finden sich noch heute in der Mauer der kleinen Magdalensbergkirche. Die Römerstadt wurde gegen 50 v. Chr. nahe einer keltischen Ansiedlung von den Römern gegründet. Die Bedeutung der Stadt am Magdalensberg geht auf das Eisen zurück, das man in der Umgebung, nahe der heutigen Gemeinde Hüttenberg, fand. Ihre Blüte hielt aber nicht lange an: Bald darauf brachten Kaufleute aus der oberitalienischen Hafenstadt Aquileia die Statue des Jünglings auf den Magdalensberg. Er sollte im Tempel als Kriegsgott Mars-Latobius verehrt werden und wurde es auch – ebenso wie die anderen römischen Götter angebetet wurden.

Schon bald wurde den Römern das Leben auf dem Berg zu beschwerlich, auf dem Zollfeld entstand eine neue bedeutende Ansiedlung: Virunum. Die Siedlung am Magdalensberg verfiel. Und auch die Götterstatue verschwand: Beim Verlassen der Stadt wurde sie vermutlich vergraben und dann vergessen.

50 v. Chr.

Gründung einer Römerstadt nahe der keltischen Ansiedlung Noricum auf dem Magdalensberg

6. Jh.

Byzantiner, Langobarden und Franken machen ihren Einfluss geltend. Erste Welle der Christianisierung

7. Jh.

Eindringende heidnische Slawen vermischen sich mit der einheimischen norischen Bevölkerung und gründen das Königreich Karantanien

740

Beginn der bairischen Herrschaft, zweite große Missionierungswelle

Nach ihrer Entdeckung kam die Statue zuerst nach Salzburg, in die Residenz der Salzburger Erzbischöfe und dann nach Spanien, wo sich seine Spur verliert. Aber sein Bild blieb erhalten: Ein Abguss der Statue ist heute im Kunsthistorischen Museum in Wien zu sehen, eine Kopie dieser im Grabungsmuseum am Magdalensberg.

896 Arnulf, Kaiser von Kärnten

Vor dem Karolingermuseum in Moosburg steht ein Gedenkstein für Kaiser Arnulf von Kärnten. Arnulf war ein unehelicher Sohn des Karolingers Karlmann und wuchs auf der »Mosaburch« in Kärnten auf. Er wurde 876 zum »Präfekten der östlichen Marken« (Ostmark) ernannt und war nach dem Tod seines Vaters ab 880 Herzog von Kärnten. 885 wurde Arnulf von Kärnten, der damals mit Truppen an den Rhein marschierte, in Frankfurt zum König über die von ihnen beherrschten Gebiete gewählt. Damit brach das fränkische Gesamtreich politisch für immer auseinander. 888 zog er zum ersten Mal nach Italien, um die italienische Königswürde für sich zu erringen. Aber erst nach ständigem Hin und Her gelang es ihm, die Stadt Rom zu erobern: 896 wurde er zum römisch-deutschen Kaiser gewählt und von Papst Formosus gekrönt; allerdings wurde diese Krönung nach seinem Abzug aus Italien und dem Tod von Papst Formosus durch dessen Nachfolger Papst Johannes IX. 898 als ungültig erklärt. 891 gelang ihm bei Löwen in Flandern ein entscheidender Sieg über die Wikinger, der deren Raubzüge auf dem Reichsgebiet weitgehend beendete.

Wie andere Karolinger auch litt Arnulf wahrscheinlich an Epilepsie. Er starb 899 an den Folgen eines Schlaganfalls und wurde im Kloster St. Emmeram in Regensburg beigesetzt. An ihn erinnern bis heute der Stein vor dem Karolingermuseum und das »Kaiser Arnulfsfest alljährlich im Juli.

Um 995 Landespatronin Hemma

1938 wurde Hemma von Gurk – die Gründerin des Gurker Doms und von Stift Admont in der Steiermark – heiliggesprochen: Legenden gibt es viele

811 Karantanien wird Teil des Reiches von Karl dem Großen

889 Der Karolinger Arnulf, Markgraf von Karantanien, wird in Rom zum Kaiser gekrönt

976 Kärnten wird eigenständiges Reichsherzogtum. Der Herzog verwaltet auch Verona, Friaul und Istrien

über das Leben der Kärntner Landesheiligen, die ums Jahr 995 (auch: 1000) geboren wurde. Wie die »vom gerechten Lohn«, noch heute eine der bekanntesten: Abends pflegte Hemma die beim Kirchenbau in Gurk beschäftigten Arbeiter selbst zu entlohnen. Als einmal einer von ihnen über die Geringfügigkeit des Entgelts murrte, hieß Hemma ihn selbst in den Beutel greifen, um seinen Anteil zu bestimmen; und siehe da, er vermochte nicht mehr herauszunehmen, als Hemma ihm immer gegeben hatte und als er ohnehin bekommen hätte. Wirklichkeit und Legende zeichnen das Bild einer Powerfrau des Mittelalters. Hemma war eine der reichsten und mächtigsten Frauen im Kärnten ihrer Zeit. Von ihren Ahnen erbte sie reiche Besitzungen. Sie war mit Kaiser Heinrich II. verwandt und mit dem Grafen Wilhelm von Friesach und an der Sann verheiratet. Der Legende nach starb dieser bei der Rückkehr von einer Pilgerfahrt ins Heilige Land. Seine Witwe Hemma ließ daraufhin am Ort seines Dahinscheidens in Südostkärnten die Hemmakirche erbauen. Wahrscheinlich gilt heute allerdings, dass ihr Mann 1036 vom abgesetzten Kärntner Herzog Adalbero von Eppenstein ermordet wurde. Hemma verwendete ihre Mittel zur Stiftung zweier Klöster: Admont und Gurk. Der Bau des Benediktinerklosters in der Obersteiermark wurde erst Jahre nach ihrem Tod verwirklicht, die Vollendung des Frauenstiftes in Gurk durfte Hemma erleben. Am 15. August 1042 (oder 1043) wurde die erste Kirche in Gurk geweiht. Wenige Jahre nach der Vollendung dieses Werkes verstarb Hemma. Begraben wurde sie in der Krypta des Doms. Man hat allerdings den Besuchern inzwischen verboten, was früher als hilfreich vor Geburten angesehen wurde: das Durchkriechen unter dem Sarkophag.

976–1335 Herzogtum Kärnten

Ab 976 war Kärnten – zuvor Teil von Bayern – ein eigenes Herzogtum und blieb es bis 1335. Die Herzogseinsetzung bestand aus drei Teilen: die Einsetzung auf dem Fürstenstein in der Karnburg in »windischer Rede«, das

1043

Die hl. Hemma gründet ein Nonnenstift in Gurk und beginnt mit dem Bau des Doms

1335

Kaiser Ludwig der Bayer überträgt Kärnten an die Habsburger, die es mit Österreich, Steiermark und Krain vereinigen

1473–1483

Die Türken fallen fünfmal in Kärnten ein, zahlreiche Befestigungen entstehen heißt, auf slowenisch, anschließend ging es zur kirchlichen Weihe in den Dom Maria Saal, die Huldigung und Lehenvergabe fand schließlich am Herzogstuhl auf dem Zollfeld statt. Der Herzogstuhl wurde als »sedes Karinthani ducatus« 1161 zum ersten Mal urkundlich erwähnt. Er ist ein Doppelsitz, links saß der Pfalzgraf von Görz, rechts der Herzog von Kärnten. Zwischen 1286 und 1597 nahmen urkundlich nachgewiesen sieben Landesfürsten darauf Platz, ab diesem Zeitpunkt fand die Ernennung der Fürsten im Klagenfurter Landhaus statt.

13.–17. Jh. Macht der Landstände

Bei der Krönung der Fürsten waren die Kärntner Landstände maßgeblich anwesend: Diese föderalistische Frühform einer Landesregierung war mit Vertretern der Geistlichkeit, des Adels, der Städte und Märkte besetzt.

Den bedeutendsten Eingriff in die Landespolitik taten die Stände 1518, als sie Kaiser Maximilian I. baten, ihnen die 1514 abgebrannte Stadt Klagenfurt zu überlassen: Sie gaben ihm dafür das Versprechen, die Stadt zu einem Bollwerk gegen Feinde auszubauen: einerseits gegen aufständische Bauern, andererseits gegen die Türken, die eine ständige Bedrohung darstellten.

Klagenfurt wurde von den Landständen nicht nur wieder aufgebaut, sondern umgestaltet. Als Zeichen ihrer Macht ließen sie das Landhaus erbauen: Der prunkvolle große Wappensaal – in dem sie ihre Sitzungen abhielten – zeugt noch heute von ihrer Bedeutung. Sie ließen aber auch Befestigungsanlagen erbauen, den Lendkanal anlegen sowie den Klagenfurter Dom und die Landschaftsschule »Collegium sapientiae et pietatis« (die heutige Burg) errichten. Ihr Ende kam bald danach: Mit dem Zeitalter des Absolutismus verloren sie im 17. Jh. ihre Bedeutung.

Der Fürstenstein der Karnburg ist heute im Wappensaal des Kärntner Landhauses ausgestellt, der Herzogsstuhl steht nach wie vor auf dem Zollfeld. Beides sind übrigens recycelte Relikte aus der Römerzeit: der Herzogsstuhl ist ein umgebauter Sarkophag (wohl aus der

Während der Reformation werden weite Teile Kärntens protestantisch

Kaiser Joseph II. legalisiert den Protestantismus

Napoleon besetzt Kärnten, das 1809 an Frankreich fällt.

1797–1809

1520

1781

Römersiedlung Virunum am Zollfeld), der Fürstenstein eine umgedrehte Säule.

18./19. Jh. Maria Theresia und Napoleon

Vor allem Kaiserin Maria Theresia beschnitt die Macht der Stände und sicherte den Bauern das Recht auf Besitz zu. Dafür verlor das Land unter ihrer Herrschaft seine Selbstständigkeit. Während der napoleonischen Kriege kam Oberkärnten ab 1809 an Frankreich, ab 1814 zum habsburgischen Königreich Illyrien. Erst nach dem Revolutionsjahr 1848 erhielt ganz Kärnten seine administrative Selbstverwaltung zurück und wurde ab 1867 (bis zum Ende der Habsburgermonarchie 1918) Kronland.

1915–1945 Die beiden Weltkriege

Mit der Kriegserklärung Italiens an Österreich-Ungarn im Mai 1915 wurden die Karnischen und die Julischen Alpen Frontlinie. Der Oktober 1918 markierte das Ende der Donaumonarchie, Kärnten wird Teil der Republik Österreich. In Südkärnten wurden Truppen des Königreichs der Serben, Kroaten und Slowenen zurückgeschlagen. Aber Kärnten verlor auch Besitzungen in Raibl, dem Kanaltal, dem Mießtal, Unterdrauburg und die Gemeinde Seeland im Kankertal.

Nach dem Zweiten Weltkrieg kam Kärnten wie Osttirol und die Steiermark unter britische Besatzung und blieb dort bis 1955.

1976–2008 Jörg Haider

Jörg Haider machte früh in der im politischen Spektrum rechts angesiedelten FPÖ (Freiheitliche Partei Österreichs) Karriere. Bereits 1976 wurde er Parteisekretär in Kärnten, 1979 zog er als jüngster Abgeordneter in den österreichischen Nationalrat ein. 1986 wurde er Vorsitzender der Bundespartei. 1989 wurde er nach mehr als 13 % Stimmenzugewinnen bei der Landtagswahl mit Unterstützung der ÖVP zum Landeshauptmann von Kärnten gewählt. Nach einem Misstrauensantrag von ÖVP und SPÖ verlor er dieses Amt 1991 wieder. Anlass für den Misstrauensantrag war eine Äußerung Haiders

1918 Ende der Donaumonarchie, Kärnten wird Teil der Republik Österreich

Österreich wird Teil des Deutschen Reichs, slowenische Organisationen werden bald darauf verboten

1938

zur »ordentlichen Beschäftigungspolitik« im Dritten Reich, für die er sich später entschuldigte.

Bei den Nationalratswahlen 1999 wurde die FPÖ unter seiner Führung hinter der SPÖ nach Stimmen zweitstärkste Partei. 2000 war Haider an der Bildung einer Koalitionsregierung zwischen ÖVP und FPÖ maßgeblich beteiligt, was international zu Protesten führte. Nach Wahlniederlagen der Bundes-FPÖ schlug Haider eine Neugründung der Partei vor. Da das aber in der FPÖ auf Missfallen stieß, rief er 2005 das BZÖ (Bündnis Zukunft Österreich) ins Leben und wurde dessen erster Vorsitzender. Bei der Nationalratswahl 2008 trat Haider als Spitzenkandidat des BZÖ an, nahm aber das Mandat nicht an, sondern blieb Landeshauptmann in Kärnten. Am 11. Oktober 2008 verunglückte er mit 1,8 Promille Alkohol im Blut bei einem Autounfall im Südwesten Klagenfurts. Haider war ein großer Populist, der es bestens verstand die Stimmungen in seiner Heimat aufzugreifen und in politisches Gewicht umzuwandeln. Meist bewegte er sich dabei am äußeren rechten Rand. Er machte Ausländer, Asylbewerber und »Sozialschmarotzer« für die Missstände verantwortlich und stellte ihnen das Bild des anständigen, hart arbeitenden Österreichers entgegen. Nicht wenigen Kärntnern scheint er damit aus dem Herzen gesprochen zu haben, und weder zwielichtige Geschäfte mit Saddam Hussein noch Vorwürfe der Untreue im Zusammenhang mit der Privatisierung der Hypo-Alpe-Adria-Bank können seinem Andenken etwas anhaben. Bei einer Umfrage 2013 gaben drei von vier befragten Bürgern an, Haider würde heute in der Politik fehlen.

2013

Infolge einer Reihe von Skandalen wie beispielsweise der Hypo Alpe Adria-Affäre geriet das BZÖ in Kärnten stark unter Druck; alle anderen Landesparteien forderten Neuwahlen. Eine vorgezogene Landtagswahl fand im März statt. Die SPÖ wurde stärkste Partei (37,13 %); die FPK errang nur 16,85 % der Stimmen. Peter Kaiser (SPÖ) wurde Landeshauptmann.

Kärnten kommt nach Kriegsende unter britische Besatzung und bleibt dort bis 1955

Jörg Haider wird wieder Landeshauptmann von Kärnten und bleibt es bis zu seinem Tod im Oktober 2008

1999

1945

1989

Nach 40 Jahren Regierung verliert die SPÖ (Sozialistische Partei Österreichs) die Landtagswahlen. Der rechtskonservative Jörg Haider (FPÖ) wird erstmals Landeshauptmann

2013

Das von Jörg Haider gegründete BZÖ (Bündnis Zukunft Österreich) verliert die Wahlen, den Landeshauptmann stellt wieder die SPÖ

KULINARISCHES LEXIKON

A

Abschmalzen – in erhitztem Fett schwenken

Achterl – Achtelliter, kleinstes Weinmaß

Apfelstrudel – Strudelteig mit Apfel-, Zimt- und Rosinenfüllung

Aschanti – Erdnuss

B

Beinfleisch – Rindfleisch von der Brust (Brustbein)

Beuschel – geschnetzelte Lunge in Mehlsauce, meist mit Knödeln serviert

Blunzen – Blutwurst

Brettljause – kalte Platte (Speck, Wurst, Käse)

Buchteln – im Ofen gebackener Hefeteig, mit Powidl (Zwetschkenmus) oder Marmelade gefüllt und mit heißer Vanillesauce serviert

Buschenschänke – bäuerlicher Betrieb, in dem Selbstproduziertes serviert wird, meistens kalte Speisen wie eine Brettljause, sehr oft auch selbst produzierter Most (Apfelwein)

D

Dampfnudel – Hefeteigkloß, der warm mit Preiselbeersahne oder Aprikosenmarmelade serviert wird

E

Eierschwammerl – Pfifferling

Erdäpfel – Kartoffeln

F

Faschierte Laberln – Frikadellen, Buletten

Faschiertes – Hackfleisch (meist Rind und Schwein gemischt)

Fisolen – grüne Bohnen

Frigga – deftiges Gericht mit Friulaner Wurzeln, wobei Maisgrieß mit Speck, Käse und Eiern in der Pfanne gebraten wird

Frittaten – Suppeneinlage aus Pfannkuchenstreifen

G

Germteig – Hefeteig

Großer Brauner – großer Espresso mit Milch

G'selchtes – Geräuchertes

G'spritzter – 0,125 l Wein gemischt mit 0,125 l Sodawasser

H

Hadn – Buchweizen (im Jauntal die Basis des »Hadnsterz«)

Häuptelsalat – grüner Salat

Hauswürstel – getrocknete Räucherwurst, die normalerweise bei keiner Brettljause fehlt

Herrenpilz – Steinpilz

Holler – Holunder

K

Kohlsprossen – Rosenkohl

Karfiol – Blumenkohl

Karree – Rippenstück

Kasnudeln – Teigtaschen aus Nudelteig, gefüllt mit Kartoffeln, Quark, Grammelschmalz (Schweinefett), Fleisch oder Spinat, mit heißer Butter serviert

Kleiner Brauner – kleiner Espresso mit Milch

Kletzennudeln – Teigtaschen
mit einer Fülle aus getrockneten Birnen (Kletzen), Zucker und Zimt
Krautfleckerl – gedünsteter Weißkohl
mit Teigwaren
Kren – Meerrettich
Kukuruz – Mais

L

Letscho – Sauce aus Paprika, Tomaten
und Zwiebeln
Liptauer – Streichkäse (Quark, Paprika,
Zwiebel, Kümmel, Butter, Kapern)
Lungenbraten – Lendenbratenfilet

M

Malakofftorte – Creme-Biskuittorte
Marillen – Aprikosen
Mehlspeisen – warme und kalte Süß-
speisen (nicht unbedingt mit Mehl
zubereitet), als Dessert einer Mahl-
zeit oder zwischendurch
Melange – kleiner Espresso mit viel
geschäumter Milch
Mohnnudeln – Germ- oder Kartoffel-
teigrollen, mit Mohn, Zucker und
Butter übergossen
Mohr im Hemd – Schokoladenbiskuit
mit Schokosauce und Sahne
Most – vergorener Apfel- oder Birnen-
wein

O

Obers – Sahne
Obstler – selbst gebranntcs Schnaps,
meist aus Äpfeln und Birnen

P

Palatschinken – gefüllter Pfannkuchen
Paradeiser – Tomate
Powidl – zähflüssig-dickcs Pflaumcn-
mus, als Fülle in Mehlspeisen, z. B.
Buchteln

R

Reindling – Hefeteigkuchen, mit Rosi-
nen, Zimt und Nüssen gefüllt
Ribiseln – Johannisbeeren
Ritschert – Eintopf aus Räucherfleisch,
Bohnen, Gerste und Gemüse

S

Schinkenfleckerl – Auflauf aus Teig-
waren und Schinkenstücken
Schlögel – Kalbs-, Schweins- oder
Hammelkeule
Schwammerl – Pilz
Schwedenbombe – Schokokuss
Selchkarree – Kasseler
Selchfleisch – geräuchertes Fleisch
Stamperl – Schnapsglas
Stelze – Haxe (Eisbein)
Sterz – Kärntner (und steirischer)
Klassiker aus Maisgrieß, mit Speck
und Eiern in der Pfanne gebraten
Striezel – Hefeteigzopf
Surbraten – gebeiztes, nicht geräu-
chertes Schweinefleisch

T

Tafelspitz – gekochtes mageres Rind-
fleisch
Topfen – Quark
Topfenstrudel – Strudelteig mit
Quarkfüllung, warm oder kalt

V

Verlängerter – Kaffee mit heißem
Wasser verdünnt
Vogerlsalat – Rapunzelsalat

W

Weckerl – längliches Brötchen

Z

Zwetschkenröster – Kompott aus ge-
dünsteten Pflaumen

SERVICE

Anreise und Ankunft

MIT DEM AUTO

Die schnellste Anreise mit dem Auto aus Deutschland führt über München und Salzburg und die Tauernautobahn A10 in den Süden: Man muss dabei zwar die Tauern (Tauern- und Katschbergtunnel) durchqueren und hat in den Sommermonaten mit Blockabfertigung an den Tunneleinfahrten zu rechnen, kommt dafür aber nach nur knapp 2 Std. Fahrt ab der österreichischen Grenze in Kärnten an.

Für die Autobahnen in Österreich benötigt man eine Mautvignette, die man an den Grenzen und an Tankstellen kaufen kann: Die günstigste Version gilt 10 Tage ab dem Tag der Ausstellung und kostet 8,50 € pro Pkw. Tauern- und Katschbergtunnel sind separat mautpflichtig (10 €).

Eine reizvolle Alternative führt ebenfalls über Salzburg: die Großglockner Hochalpenstraße, die auf unzähligen Kehren die Hohen Tauern quert und als eine der schönsten Alpenstraßen gilt. Sie ist allerdings nur im Sommer befahrbar (Maut: 33 €). Eine andere Route führt über Kitzbühel und Lienz durch den Felbertauerntunnel (Maut: 10 €), eine dritte Variante über Obertauern und den Salzburger Lungau und den Katschberg (ohne Mautstraße).

Eine Alternative mit Bahnverladung ist die Tauernschleuse zwischen Böckstein im Salzburger Land und Mallnitz in Kärnten (und zurück): Dabei wird das Fahrzeug auf die Bahn verladen, und die Passagiere nehmen für die viertelstündige Fahrt in einem Zugabteil Platz. Die Züge verkehren stündlich, in der Hauptreisezeit im 30-Min.-Takt. Eine Strecke mit einem Pkw kostet 17 €.

Aus der Schweiz fährt man ebenfalls am einfachsten über München bzw. die Tauernautobahn A10 nach Kärnten. Eine landschaftlich reizvolle Alternative führt über Innsbruck und die Brennerautobahn nach Südtirol, bei Brixen fährt man östlich ins Pustertal ab und weiter nach Lienz/Osttirol. Entlang der Drau ostwärts gelangt man nach Spittal an der Drau bzw. Villach.

MIT DEM FLUGZEUG

Klagenfurt ist der wichtigste Flughafen Kärntens: Er wird von größeren Fluglinien wie der Austrian Airlines ebenso angeflogen wie von Ryanair oder Air Berlin. Die Flugdauer ab Frankfurt beträgt etwa 1,5 Std. (www.klagenfurt-airport.com).

Auf www.atmosfair.de und www.myclimate.org kann jeder Reisende durch eine Spende für Klimaschutzprojekte für die CO_2-Emission seines Fluges aufkommen.

MIT DEM ZUG

Kärnten ist über den Eisenbahnknotenpunkt Villach auch gut mit der Eisenbahn erreichbar. Züge aus Deutschland kommen über die Tauernstrecke via Salzburg und Böckstein, Züge aus Wien über Graz. Auf der Tauernstrecke verkehren auch Autoreisezüge zwischen deutschen Städten und Villach.

Informationen über den Reisezugverkehr: Tel. 05 17 17 (zum Ortstarif) bzw. www.oebb.at Informationen über Autoreisezüge aus Deutschland: www.dbautozug.de

Auskunft

IN DEUTSCHLAND, ÖSTERREICH UND DER SCHWEIZ

Österreich Werbung

Tel. 0 18 02/10 18 18 | www.austria.info/de

Österreich Werbung

Tel. 08 42/10 18 18 | www.austria.info/ch

Kärnten-Information H 5

Velden | Casinoplatz 1 | Tel. 04 63/30 00 | www.kaernten.at

Diplomatische Vertretungen

Deutsche Botschaft und Konsulat

Metternichgasse 3, 1030 Wien | Tel. 01/71 15 40 | Mo–Fr 9–12 Uhr

Schweizer Botschaft und Konsulat

Prinz-Eugen-Str. 7, 1030 Wien | Tel. 01/79 50 50 | Mo–Fr 9–12 Uhr

Buchtipps

Lojze Wieser: Kärnten (Wieser-Verlag, Klagenfurt, 1998) Als kleine Reiselektüre empfiehlt sich dieser Band aus der Reihe »Europa erlesen«. Der Herausgeber hat in einem schön gebundenen Bändchen, das man auch in die Tasche stecken kann, allerlei Literatur aus und über Kärnten zusammengetragen. Von Paracelsus über Musil bis zu Handke und Bachmann reicht die Bandbreite der Autoren.

Josef Winkler: Das wilde Kärnten: Menschenkind. Der Ackermann aus Kärnten. Muttersprache (Suhrkamp-Taschenbuch, 1995) Tief in die Kärntner Seele führt die Kärnten-Trilogie des Büchner-Preisträgers ein: Der in Kamering bei Paternion aufgewachsene Winkler beginnt seine in den drei Romanen ausgebreitete Kärnten-Anthologie mit dem Selbstmord zweier 17-Jähriger in seinem Heimatort.
Robert Musil: Der Mann ohne Eigenschaften (I., II. Buch: rororo-Taschenbuch, 1994); **Peter Handke: Wunschloses Unglück** (Suhrkamp-Taschenbuch, 2001); **Ingeborg Bachmann: Sämtliche Gedichte** (Piper-Taschenbuch, 2010) Was wäre die österreichische Literatur ohne die Kärntner Autoren Robert Musil, Peter Handke oder Ingeborg Bachmann? Drei ihrer Schlüsselwerke stimmen ebenfalls auf Österreich und Kärnten ein.

Feiertage

1. Januar Neujahr
6. Januar Heilige Drei Könige
Ostermontag
1. Mai Tag der Arbeit
Mai/Juni Christi Himmelfahrt
Mai/Juni Pfingstmontag
Mai/Juni Fronleichnam
15. August Mariä Himmelfahrt
10. Oktober Landesfeiertag
26. Oktober Nationalfeiertag
1. November Allerheiligen
8. Dezember Mariä Empfängnis
25. Dezember Weihnachtstag
26. Dezember Stephanitag

Geld

In fast jeder Bank und in vielen Supermärkten kann man mit der EC- oder Kreditkarte Geld abheben. Kreditkarten werden zwar in den meisten Geschäften und in vielen Hotels, aber immer noch nicht in Restaurants, Cafés oder Gasthöfen oder Pensionen akzeptiert. Öffnungszeiten der Banken: Mo–Fr 8–12 und 14–16.30 Uhr.

Links und Apps

LINKS

www.kaernten.at
Unter dieser Adresse der regionalen Tourismusorganisation findet man eine umfangreiche Sammlung mit Reisetipps und Wissenswertem.
kaernten.orf.at
Die regionale Website des Österreichischen Rundfunks gibt aktuelle Veranstaltungshinweise
www.hohetauern.at
Wissenswertes und Aktuelles über den Nationalpark Hohe Tauern
www.biosphaerenparknockberge.at
Informationsportal über das neue Schutzgebiet
www.woertherseeschifffahrt.at
www.drauschifffahrt.at
www.schifffahrt.at/millstättersee,
www.schifffahrt.at/ossiachersee

APPS

Kärnten Touren Guide
Nützlicher Wegbegleiter für Touren in Kärnten, bei der Planung und während der Reise
iOS, Android | kostenlos
Kärnten News
Die neuesten Tipps rund um Ihr Urlaubsziel plus dem aktuellen Wetter
iOS, Android | kostenlos

Nationalpark Hohe Tauern

Unter www.hohetauern.mobi hat man Zugriff auf Tourenvorschläge und die wichtigsten Termine in Österreichs größtem Schutzgebiet.
iOS, Android | kostenlos

Kärnten Card

Sie gilt während der Sommermonate (Mitte April–Mitte Okt.) und bietet freien Eintritt in rund 100 Attraktionen in ganz Kärnten, darunter Museen, Bergbahnen und Bäder. Ermäßigungen gibt es zudem in bus und Bahn Erhältlich ist sie in 140 Verkaufsstellen, z. B. in den Tourismusbüros, in vielen Hotels bekommt man sie bei der Buchung gratis!
www.kaerntencard.at | 1 Woche: 36 €, Kinder 16 €; 2 Wochen 46 €, Kinder 22 €; 5 Wochen 59 €, Kinder 29 € (Kinder zahlen ab 6 Jahren, ab dem 3. Kind ist die Karte frei)

Medizinische Versorgung

KRANKENVERSICHERUNG

Für Deutsche und Schweizer ist die Vorlage einer Europäischen Krankenversicherungskarte (EHIC) ausreichend. Als zusätzlicher Versicherungsschutz empfiehlt sich der Abschluss einer Auslandskrankenversicherung, da diese Krankenrücktransporte mitversichert.

KRANKENHAUS

In allen Bezirkshauptstädten Kärntens gibt es Krankenhäuser. Die wichtigste Klinik in Kärnten befindet sich in Klagenfurt.
Landeskrankenhaus Klagenfurt: Klagenfurt, St. Veiter Str. 47 | Tel. 04 63/53 80 | www.lkh.klu.at

APOTHEKEN

Apotheken sind in der Regel Mo–Fr von 8–12 und 14–18 und Sa 8–12 Uhr geöffnet. In der Nacht und an Wochenenden informiert ein Aushang über die nächste Notapotheke.

Nebenkosten

1 Tasse Kaffee	2,80 €
1 Bier	3,50 €
1 Cola	2,50 €
1 Brot (ca, 500g)	2,50 €
1 Weißbrotstange	0,80 €
1 Schachtel Zigaretten	4,50 €
1 Taxifahrt (pro km)	2,00 €
1 Liter Normalbenzin	1,40 €
Mietwagen/Tag	ab 50,00 €

Notruf

Tel. 112 (Polizei, Feuerwehr, Rettungsdienst)
Tel. 140 (Bergrettung/Alpinnotruf)
Tel. 0 50/5 36 15 88 (Lawinenwarndienst)

Post

Postämter haben Mo–Fr von 8–12 und 14–18 Uhr geöffnet, in größeren Städten wie Villach oder Klagenfurt auch Sa von 8–12 Uhr. Das Porto für eine Karte oder einen Brief (bis 65 g) nach Deutschland und in die Schweiz kostet 0,70 €. Die Briefkästen sind gelb.

Rauchen

Auch in Österreich ist das Rauchen in Ämtern, Flug- und auf Bahnhöfen inzwischen untersagt. Ausnahme bilden speziell gekennzeichnete Raucherzonen. Anders ist es in Restaurants, Bars oder Kaffeehäusern: Hier obliegt es dem Besitzer, ob er sein Lokal als Raucher- oder Nichtraucherlokal deklariert.

Reisedokumente

Deutsche und Schweizer können mit einem gültigen Reisepass oder Personalausweis (Identitätskarte) einreisen. Auch Kinder unter 16 Jahren benötigen einen eigenen Ausweis.

Reisezeit

Kärnten hat das ganze Jahr über Saison: Im Winter kommen bei Schnee und Frost Skifahrer und Langläufer voll auf ihre Kosten, im Sommer hingegen überschreiten die Temperaturen schon des Öfteren 30 °C und locken viele Badegäste an die zahlreichen Badeseen. Kärnten gilt auch als das österreichische Bundesland mit den meisten Sonnenstunden. Und im Frühling und Herbst verlockt die grüne Landschaft mit einem ausgewogenen Klima zu herrlichen Rad-, Wander- und Bergtouren, bei denen man zu dieser Jahreszeit sicherlich weniger Touristen als im Sommer begegnet. Eine passende Regenbekleidung sollte man allerdings immer dabei haben, wenn auch die Niederschläge niemals lange anhalten.

Telefon

VORWAHLEN

D, CH nach Österreich 00 43
Österreich nach D 00 49
Österreich nach CH 00 41
Gespräche im Festnetz innerhalb Österreichs sind nach Zonen gestaffelt: Die günstigste ist die Regionalzone – bis 50 km. Gespräche nach Deutschland oder in die Schweiz (Auslandszone 1) kosten rund 0,40 €/Min. Sa, So und zwischen 18 und 8 Uhr sind die Gebühren niedriger. In Österreich stehen fünf Mobilfunknetze zur Verfügung: A1, T-mobile, Telering, Orange und 3.

Tiere

Hunde und Katzen benötigen zur Einreise einen EU-Heimtierausweis (stellt der Tierarzt aus) mit Nachweis einer Tollwutimpfung. Das Tier muss durch einen Mikrochip identifizierbar sein.

Trinkgeld

Es ist natürlich nicht obligatorisch, wird aber gern gesehen: vor allem von Kellnern, Hotelpersonal und Taxifahrern. Üblich sind rund 5 bis 10 % der Rechnungssumme, einfachheitshalber wird aber zumeist auf die nächst höhere Zahl aufgerundet.

Verkehr

AUTO

Kärnten ist ein Land, das von Flussläufen, Tälern und Gebirgen gekennzeichnet ist: Es ist daher empfehlenswert, sich vor der Anreise eine detaillierte Straßenkarte zu besorgen, Dörfer und Sehenswürdigkeiten sind allerdings auch gut beschildert.

In den Städten gilt: Das Zentrum und die wichtigsten Sehenswürdigkeiten sind gut beschildert, man kommt ohne große Probleme ohne Karte ins Zentrum und wieder zurück. An Wochentagen empfiehlt es sich, in Parkgaragen oder in der blau markierten Kurzparkzone zu parken. Die Kurzparkzone gilt im Stadtzentrum von Klagenfurt wochentags von 8–17 Uhr, an Wochenenden ist das Parken in der Kurzparkzone gratis möglich. Eine halbe Stunde Parken in Klagenfurt kostet 0,60 €. Kurzparkscheine erhält man an speziellen Parkautomaten nahe der Kurzparkzone. Auf den österreichischen Bundesstraßen gilt eine Höchstgeschwindigkeit von 100, auf Autobahnen 130 km/h, in Ortschaften und Städten 50 km/h. Die Promillegrenze liegt bei 0,5.

BAHN UND BUS

Kärnten kann man sehr gut mit öffentlichen Verkehrsmitteln entdecken: Die Eisenbahn verbindet die wichtigsten Städte wie Klagenfurt und Villach ebenso miteinander wie Spittal, St. Veit, Völlermarkt, Arnoldstein und Wolfsberg. Wohin die Eisenbahn nicht fährt, da ist das Bussystem gut ausgebaut, das alle – auch die entlegensten – Dörfer und Gemeinden mit fixen Buslinien verbindet. Auch in den Städten ist das Bussystem gut ausgebaut.

www.oebb.at, www.postbus.at

Klima (Mittelwerte)

	Januar	Februar	März	April	Mai	Juni	Juli	August	September	Oktober	November	Dezember
Tagestemperatur	0	4	10	15	20	23	25	24	21	14	6	0
Nachttemperatur	-8	-6	-2	3	7	11	12	12	9	4	-1	-6
Sonnenstunden	2	4	5	6	7	8	8	8	6	4	2	2
Regentage pro Monat	6	6	7	8	10	11	10	9	7	7	8	6

FAHRRAD

Das Rad ist eine sehr gute Fortbewegungsmöglichkeit in Kärnten, wenn man Zeit hat. Das Radwegenetz ist in ganz Kärnten sehr gut ausgebaut, und es gibt eine Reihe von sehr schönen Fahrradrouten mit speziell auf Biker ausgerichteten Hotels und Unterkünften: Die bekannteste ist der Drauradweg, der sich von der slowenischen Grenze quer durch Kärnten bis zur Osttiroler Grenze entlang der Drau zieht. Fahrradverleihe findet man in den Städten und den meisten Tourismusorten. Aber auch der 75,6 km lange Glocknerradweg durch das Mölltal und der 90 km lange Karnische Radweg zwischen Kötschach-Mauthen und Villach (▶ S. 44) zieht viele Fans des Radsports an. Brandneu ist der sogenannte How Country Trail, der derzeit auf der Petzen in Südkärnten gebaut und im August 2014 eröffnet wird. Mit 8 km Länge wird er Europas längste Mountainbikestrecke sein.

Der Fahrradverleih »Das Radl« (Online-Fahrradreservierung unter: www.das-radl.pixelpoint.biz) hat drei Verleihstellen in Kärnten in der Nähe von oder direkt an Bahnhöfen. Ein Citybike kostet 10 € am Tag.
Villach | Draupromenade 6 | Tel. 06 76/6 35 40 24 | tgl. 8.30–18 Uhr
– Bahnhof Faak | Tel. 06 50/2 69 54 16 | tgl. 8–17.30 Uhr
– Bahnhof Bodensdorf | Tel. 06 50/2 69 54 14 | tgl. 8–17.30 Uhr

MIETWAGEN

Reist man ohne eigenes Auto an, dann sind Mietwagen sehr hilfreich, um die unbekannteren Seiten Kärntens kennenzulernen. Mietwagen findet man am Flughafen Klagenfurt, an den Bahnhöfen von Villach und Klagenfurt und in den Stadtzentren.

NOSTALGIE-EISENBAHNEN

Auf der nur wenige Kilometer langen Strecke zwischen Treibach und Pöckstein nahe Gurk verkehrt im Sommer eine Museumsschmalspurbahn, die von einer Dampflokomotive gezogen wird (Infos: www.gurkthalbahn.at). Gut eignet sich für die Fahrt durch das Rosental in Südkärnten auch der Bummelzug, der von Juli bis Mitte September jeden Samstag und Sonntag durch das Rosental dampft. Die Fahrt geht von Weizelsdorf nach Ferlach (Infos unter: www.nostalgiebahn.at).

SCHIFFFAHRT

Kärnten ist ein Land der Seen, da darf natürlich die Schifffahrt nicht zu kurz kommen: Auf den größeren Seen und auf der Drau verkehren regelmäßig Rundfahrtsboote.
www.wörtherseeschifffahrt.at
www.drauschifffahrt.at
www.schifffahrt.at/millstättersee
www.schifffahrt.at/ossiachersee

PARKHÄUSER
KLAGENFURT
Garage am Domplatz
Zentral gelegen, im Herzen der Stadt.

VILLACH
Parkhaus Zentrum
Nahe der Drau und der Stadtmitte.
Hausergasse 13

TAXIS

Sie sind durch ein Dachschild gekennzeichnet. Standplätze gibt es an verschiedenen Positionen in den Städten und normalerweise auch vor den Bahnhöfen. Der Fahrpreis richtet sich nach dem Taxameter, höhere Tarife gelten an Sonn- und Feiertagen und nachts sowie für Funktaxis. Adressen und Rufnummern stehen auf der Unschlaginnenseite der Kärntner Telefonbücher, gern gibt auch Ihr Vermieter über regionale Taxi-Anbieter Auskunft.

Funktaxi:

Klagenfurt: AAA Tel.-Funktaxi | Tel. 04 63/17 12

Villach: Austria-Funktaxi | Tel. 0 42 42/17 16

Zeitungen und Zeitschriften

Die großen überregionalen österreichischen Tageszeitungen »Standard«, »Presse« oder »Kurier« unterhalten ebenso eine eigene Kärntenredaktion wie die Boulevardblätter. Am umfangreichsten sind die Kärntenberichterstattung und der aktuelle Veranstaltungskalender allerdings in den lokalen Tageszeitungen »Kleine Zeitung« und »Kärntner Tageszeitung«. Unter den Wochenzeitungen informiert die Gratiszeitung »Kärntner Woche« über Veranstaltungen in allen Bezirken.

Zoll

Reisende aus Deutschland dürfen Waren abgabenfrei mit nach Hause nehmen, wenn diese für den privaten Gebrauch bestimmt sind. Bestimmte Richtmengen sollten jedoch nicht überschritten werden (z. B. 800 Zigaretten, 90 l Wein, 10 kg Kaffee). Weitere Auskünfte unter www.zoll.de und www.bmf.gv.at/zoll.

Reisende aus der Schweiz dürfen Waren im Wert von 300 SFr abgabenfrei mit nach Hause nehmen, wenn diese für den privaten Gebrauch bestimmt sind. Tabakwaren und Alkohol fallen nicht unter diese Wertgrenze und bleiben in bestimmten Mengen abgabenfrei (z. B. 200 Zigaretten, 2 l Wein). Weitere Auskünfte unter www.zoll.ch.

Entfernungen (in km) zwischen wichtigen Orten

	Gurk	Heiligenblut	Hermagor	Klagenfurt	Spittal a. d. Drau	St. Veit a. d. Glan	Velden	Villach	Völkermarkt	Wolfsberg
Gurk	–	195	120	43	90	23	62	58	50	74
Heiligenblut	195	–	92	156	82	177	136	120	186	218
Hermagor	120	92	–	80	47	97	60	46	110	142
Klagenfurt	43	156	80	–	73	20	22	38	29	60
Spittal a. d. Drau	90	82	47	73	–	90	53	37	103	135
St. Veit a. d. Glan	23	177	97	20	90	–	39	55	30	78
Velden	62	136	60	22	53	39	–	17	51	83
Villach	58	120	46	38	37	55	17	–	67	99
Völkermarkt	50	186	110	29	103	30	51	67	–	33
Wolfsberg	74	218	142	60	135	78	83	99	33	–

Kultur.
Klagenfurt
am Wörthersee

Stadtgalerie Klagenfurt
Internat. Ausstellungsgeschehen von der Klassischen Moderne bis zur jungen, experimentellen Kunst auf 1000m² plus live-art-performance im LivingStudio und art4kids. Theatergasse 4, 9020 Klagenfurt am Wörthersee, Tel.: +43 463 537 5545
www.stadtgalerie.net

Robert Musil Literatur Museum
Veranstaltungszentrum für zeitgenössische Literatur mit Dauerausstellungen zu Robert Musil, Ingeborg Bachmann und Christine Lavant. Bahnhofstraße 50, 9020 Klagenfurt am Wörthersee, Tel.: +43 463 501429
www.musilmuseum.at

Alpen-Adria-Galerie
Kunst ohne Grenzen mit Schwerpunkt Fotografie, Design, Objektinstallation, Malerei, neue Medien. Theaterplatz 3, 9020 Klagenfurt am Wörthersee, Tel.: +43 463 537 5224
www.stadtgalerie.net

Bergbaumuseum Klagenfurt
Entwicklungsgeschichte der Erde im ehemaligen Luftschutzbunker. Mineralienschau, Paläontologie und eine jährliche Sonderausstellung auf 3000m². Prof.-Dr.-Kahler-Platz 1, 9020 Klagenfurt am Wörthersee, Tel.: +43 463 537 5230
www.bergbaumuseum.at

Gustav Mahler Komponierhäuschen
Im Komponierhäuschen am Wörthersee schuf der Komponist von Weltrang zwischen 1900 und 1907 seine Hauptwerke. Ausstellung und Veranstaltungen von Mai bis Oktober. Tel.: +43 463 537 5632
www.gustav-mahler.at

---

kulturRaum Klagenfurt
Seit 2009 setzt der kulturRaum mit zahlreichen Aktivitäten innovative Impulse: Kulturserver, Kultur im öffentlichen Raum, Kreativwirtschaft uvm. Theatergasse 4, 9020 Klagenfurt am Wörthersee, Tel.: +43 463 537 5227

www.kulturraum-klagenfurt.at

ORTS- UND SACHREGISTER

Wird ein Begriff mehrfach aufgeführt,
verweist die **fett** gedruckte Zahl auf die Hauptnennung.
Abkürzungen: Hotel [H] · Restaurant [R]

Liebe Leserinnen und Leser,

vielen Dank, dass Sie sich für einen Titel aus unserer Reihe MERIAN *momente* entschieden haben. Wir wünschen Ihnen eine gute Reise. Wenn Sie uns nun von Ihren Lieblingstipps, besonderen Momenten und Entdeckungen berichten möchten, freuen wir uns. Oder haben Sie Wünsche, Anregungen und Korrekturen? Zögern Sie nicht, uns zu schreiben!

Alle Angaben in diesem Reiseführer sind gewissenhaft geprüft. Preise, Öffnungszeiten usw. können sich aber schnell ändern. Für eventuelle Fehler übernimmt der Verlag keine Haftung.

© 2014 TRAVEL HOUSE MEDIA GmbH, München
MERIAN ist eine eingetragene Marke der GANSKE VERLAGSGRUPPE.

TRAVEL HOUSE MEDIA
Postfach 86 03 66
81630 München
merian-momente@travel-house-media.de
www.merian.de

Alle Rechte vorbehalten. Nachdruck, auch auszugsweise, sowie die Verbreitung durch Film, Funk, Fernsehen und Internet, durch fotomechanische Wiedergabe, Tonträger und Datenverarbeitungssysteme jeglicher Art nur mit schriftlicher Genehmigung des Verlages.

BEI INTERESSE AN MASSGESCHNEIDERTEN MERIAN-PRODUKTEN:
Tel. 0 89/4 50 00 99 12
veronica.reisenegger@travel-house-media.de

BEI INTERESSE AN ANZEIGEN:
KV Kommunalverlag GmbH & Co KG
Tel. 0 89/9 28 09 60
info@kommunal-verlag.de

1. Auflage

VERLAGSLEITUNG
Dr. Malva Kemnitz
REDAKTION
Richard Schmising
LEKTORAT
Rosemarie Elsner
BILDREDAKTION
Manfred Viglahn, Tobias Schärtl
SCHLUSSREDAKTION
Roberta de Righi
HERSTELLUNG
Bettina Häfele, Katrin Uplegger
SATZ/TECHNISCHE PRODUKTION
Sabine Dohme, Planegg bei München
REIHENGESTALTUNG
Independent Medien Design, Horst Moser, München (Innenteil), La Voilà, Marion Blomeyer & Alexandra Rusitschka, München und Leipzig (Coverkonzept)
KARTEN
Gecko-Publishing GmbH für MERIAN-Kartographie
DRUCK UND BINDUNG
Firmengruppe Appl, aprinta Druck, Wemding

Ein Unternehmen der
GANSKE VERLAGSGRUPPE

PEFC™
PEFC/04-32-0928

BILDNACHWEIS
Titelbild: Am Großglockner (Your Photo Today: R. Binder)
AAC/S. Bohnacker 159 | Almdorf Seinerzeit 129 | Anzenberger: C. de Grancy 121, M. Horvath 123 | N. Artner 56 | Bildagentur Huber 45, 112, C. Doerr 2, Gräfenhain 107, J. Huber 94, 166/167, K.Kreder 145, Mirau 89, S. Parisi 127 | Bildagentur Zoonar GmbH 54 | Caro: Riedmiller 80 # Corbis 161 # dpa Picture-Alliance: M. Gruber 190u, G. Lenz 133, K. Stoegmueller 38, TipsImages: S. Scata 190u | W. Ehn 138 | Fotolia: E. Guilane-Nachez 171l, G. Kollidas 173 | Gemeinde Keutschach 16 | Getty 174l | G. Gleiss 87 | Granatium 13 | Hotel Schloss Seefels 25 | Imagebroker: Alamy 130 | Imagno 76 | imago: O. Höher 101, imagebroker/Siepmann 29 | Interfoto 192o | L. Lammerhuber 41 | Laif: S. Bungert 69, T. Gerber 6, 58/59, 147, G. Haenel 49, 57, 85, A. Moraschner 50, C. Kaiser 26, G. Stand 99, M. Taliercio 47 | Lonely Planet Images: M. Moos 67 | look-foto 20/21, 163, R. Mirau 63, 135 | mauritius images: R. Mirau 22, E. Stranner 37, 60, 115, M. Siepmann 97, 119 | W. Michenthaler 12 | Minimundus 65 | Nationalpark Hohe Tauern: Zupanc 4/5, Popp 104, 109, 168 | Parkhotel Pörtschach 72 | Pfau Brennerei 30 | Porschemuseum/Künstlerstadt Gmünd PM 103 | R. Reck 71 | Reit-Eldorado 42 | Schapowalow: SIME 157 | Schloss Ferlach 141 | Shutterstock 13r, 18, 55, 174r 175 | Speick.de 14 | Therme Karawankenhof/M. Rabenstein 19 | Tierpark Rosegg/ U. Reichmann 143 | tinefoto.com/M. Steinthaler 17 | TVB Bad Kleinkirchen: M. Gruber 125 | Ullstein 148 | Werner Berg Museum/Art Brut KG 137 | Wikipedia 171r, 172l, 172r | www.go-images.com / W. Ehn 15 | YourPhotoToday: PM 155, PM/M. Angermayr 152/152

KÄRNTEN GESTERN & HEUTE

Die unterhalb des Großglockners mit Blick auf die Schobergruppe erbaute **Erzherzog-Johann-Hütte** ist Österreichs höchstgelegene Schutzhütte (3454 m). Namensgeber war Erzherzog Johann von Österreich, ein Förderer des Alpinismus. Nach dem Felsen, auf dem sie thront, wird sie auch »Adlersruhe« genannt. Seit der Eröffnung 1880 wurde das Gebäude mehrfach erweitert und modernisiert. Die Grenze zwischen Kärnten und Tirol führt übrigens quer durch die Hütte.